RELIURE SERREE
Absence de marges
intérieures

Couvertures supérieure et inférieure
manquantes

VALABLE POUR TOUT OU PARTIE
DU DOCUMENT REPRODUIT

LE
MARIAGE DE LASCARS

I

LIBRAIRIE E. DENTU, ÉDITEUR

DU MÊME AUTEUR

	fr.		fr.
Les Amours d'Olivier (suite et fin de la *Baladine*), 3ᵉ édit., 2 vol.	6	La Maîtresse masquée, 3ᵉ édit., 2 vol.	6
Les Amours de Province, 2ᵉ édit., 3 vol.	9	La Marquise Castella, 3ᵉ éd., 2 vol.	6
La Bâtarde, 3ᵉ édit., 2 vol.	6	Le Mari de Marguerite, 1ᵉʳ édit., 3 vol.	9
La Baladine, 3ᵉ édit., 2 vol.	6	Les Maris de Valentine, 8ᵉ édit., 2 vol.	6
Le Bigame, 6 édit. 2 vol.	6	Sa Majesté l'Argent, 6ᵉ édit., 5 vol.	15
La Voyante, 2ᵉ édit., 4 vol.	12	Le Médecin des Folles, 5ᵉ édit., 5 vol.	15
I. — Blanche Vaubaron, 2 vol.		P.-L.-M., 3ᵉ édit. 6 vol.	18
II. — L'Agence Rodille, 2 vol.		I. — La Belle Angèle, 2 vol.	
Le Crime d'Asnières, 4ᵉ édit., 2 vol.	6	II. — Rigolo, 2 vol.	
I. — L'Entremetteuse.		III. — Les Yeux d'Emma-Rose, 2 vol.	
II. — La Rastaquouère.		Les Pantins de Madame le Diable, 4ᵉ édit., 2 vol.	6
Le chalet des Lilas, 3ᵉ édit., 2 vol.	6	Une Passion, 4ᵉ édit., 1 vol.	3
Une Dame de Pique, 3ᵉ édit., 2 vol.	6	Le Parc aux Biches, 3ᵉ édit., 2 vol.	6
Une Débutante, 3 édit., 1 vol.	3	La Porteuse de Pain, 3ᵉ édit., 6 vol.	18
La Demoiselle de Compagnie, 3ᵉ édit., 4 vol.	12	Le Roman d'une Actrice, 3ᵉ édit., 2 vol.	6
Le dernier duc d'Hallali, 3ᵉ édit., 4 vol.	12	I. — Paméla des Variétés.	
Deux Amies de St-Denis, 4ᵉ édit., 1 vol.	3	II. — Madame de Franc-Boisy.	
Deux Amours, 4ᵉ édit., 2 vol.	6	Le Secret de la Comtesse, 5ᵉ édit., 2 vol.	6
I. — Hermine.		I. — Le Capitaine des Hussards.	
II. — Odille.		II. — Armand.	
Un Drame à la Salpêtrière, 2ᵉ édit., 2 vol.	6	Le Secret du Titan, 2ᵉ édit., 2 vol.	6
Le Fiacre nº 13, 6ᵉ édit., 4 vol.	12	Simone et Marie, 3ᵉ édit., 6 vol.	18
La Fille de Marguerite, 3ᵉ édit., 6 vol.	18	Son Altesse l'Amour, 4ᵉ édit., 6 vol.	18
Les Filles de Bronze, 5ᵉ édit., 5 vol.	15	La Sorcière Rouge, 4ᵉ édit. 3 vol.	9
Les Filles du Saltimbanque, 2ᵉ édit., 2 vol.	6	Les Tragédies de Paris, 7ᵉ édit., 4 vol.	12
I. — La Comtesse de Kéroual.		Le Ventriloque, 4ᵉ édit. 3 vol.	9
II. — Berthe et Georgette.		I. — L'assassin de Mariette.	
Jean-Jeudi, 5ᵉ édit., 2 vol.	6	II. — La femme du Prussien.	
Madame de Trèves, 8ᵉ édit., 2 vol.	6	III. — Le Mari et l'Amant.	
La Maison des Mystères, 2ᵉ édit., 2 vol.	6	La Veuve du Cuissier, 8ᵉ édit., 2 vol.	6
La Maîtresse du Mari, 5ᵉ édit., 1 vol.	3	La Vicomtesse Germaine, 7ᵉ édit., 3 vol.	9

ÉMILE COLIN. — IMPRIMERIE DE LAGNY.

XAVIER DE MONTÉPIN

LE MARIAGE
DE
LASCARS

I

PARIS
E. DENTU, ÉDITEUR
LIBRAIRE DE LA SOCIÉTÉ DES GENS DE LETTRES
3, PLACE DE VALOIS, 3

1889
(Tous droits réservés)

LE
MARIAGE DE LASCARS

I

LA SOIRÉE DU 29 MAI 1770

Pendant la soirée du 29 au 30 mai 1770, entre onze heures et minuit, une foule compacte encombrait les abords de la place Louis XV, menaçant à chaque minute de déborder sur cette place et de la couvrir tout entière comme une marée humaine, malgré les efforts combinés de nombreux piquets des gardes-suisses et des gardes-françaises qu'on voyait mettre en œuvre tous les moyens, depuis les supplications jusqu'aux coups de crosse de fusil, pour contenir et faire reculer le flot toujours montant des envahisseurs.

L'affluence et l'obstination de ces curieux étaient justifiées d'ailleurs par l'étrangeté des apprêts auxquels d'innombrables travailleurs se livraient dans le large espace, déblayé tout nouvellement, que la force armée, fidèle à sa consigne, maintenait libre avec énergie.

Le spectacle nocturne, entrevu par les Parisiens entassés sur tous les points, offrait aux regards quelque chose de quasi-fantastique dont il était difficile de se rendre compte tout d'abord.

Les clartés des torches, tantôt vives, tantôt tremblantes, selon que la brise de la Seine soufflait avec plus ou moins de vivacité, éclairaient d'immenses échafaudages affectant des formes bizarres.

Par instants, de grêles colonnades, des *squelettes* de temples et de palais, se détachaient en noir sur un fond faiblement lumineux, puis tout retombait dans une demi-obscurité où se noyaient à la fois l'ensemble et les détails de l'œuvre commencée.

Parmi ces portiques, ces piédestaux, ces pyramides, semblables à l'ébauche monumentale d'une ville mythologique, et vaguement indiqués, tantôt par un trait d'ombre, tantôt par un trait de feu, passaient et repassaient les ouvriers actifs, sans cesse en mouvement, comme des fourmis dans une fourmilière.

Les feux des torches se croisaient et décrivaient des zigzags imprévus, pareils à ces étincelles qui courent sur la cendre noircie d'un papier mal éteint. — Parfois leurs flammes disparaissaient tout à coup pour reparaître une minute après, au sommet des échafaudages, au faîte des pyramides, ou sur le couronnement des temples.

Les voix aigres de la scie, le bruit strident et cadencé des marteaux, se faisaient entendre sans relâche et formaient un ensemble tapageur que l'oreille la plus paresseuse aurait saisi facilement depuis les collines de Chaillot ou depuis ces hauteurs que couronne aujourd'hui l'arc de triomphe de l'Étoile.

Joignez à ce bruyant concert la rumeur monotone et continuelle formée par les conversations de trois ou quatre mille curieux, par les jurons des soldats débordés, par les cris de colère et de désappointement des bourgeois forcés de battre en retraite, sous peine de sentir sur leurs pieds meurtris le poids des lourdes crosses garnies de cuivre, et vous aurez une idée à peu près exacte de ce qui se passait aux alentours de la place Louis XV, à la date et à l'heure indiquées par nous un peu plus haut.

Nous devons à nos lecteurs une explication, et pour la donner, nous allons pénétrer en leur compagnie dans l'espace interdit au public.

Toutes ces escouades d'ouvriers et de porteurs de torches se hâtaient avec une agitation fiévreuse de mettre la dernière main aux énormes préparatifs du feu d'artifice promis par la ville de Paris à l'occasion du mariage de M. le Dauphin (depuis Louis XVI) avec Marie-Antoinette, archiduchesse d'Autriche, — feu d'artifice qui devait être tiré le lendemain, 30 mai 1770.

Des fêtes magnifiques venaient d'avoir lieu à Versailles pendant toute la seconde quinzaine d'avril; — ces fêtes, disent les chroniques du temps, avaient offert une magie continuelle, un spectacle sans précédents, où les parures somptueuses et changeantes, l'éclat des diamants et des pierres précieuses, la richesse des équipages, les illuminations aux mille couleurs, les feux d'artifices renouvelés chaque soir, s'étaient disputés l'admiration d'une foule immense, accourue de toutes les provinces pour jouir de ces solennités vraiment royales.

Quatre millions de lampions semés dans les jardins et dans le parc, comme les étoiles sur le ciel d'une belle nuit, avaient ébloui le public; — *trente mille* fusées, à un écu la pièce, réunies en un seul bouquet dont la durée n'excéda pas deux minutes, avaient achevé son enivrement.

Bref, la réalisation du programme des fêtes de Versailles s'était soldée par un chiffre rond de *vingt millions de livres* (1).

La ville de Paris n'avait pas voulu se montrer moins magnifique que sa rivale, et elle prétendait, par son feu d'artifice du lendemain, atteindre et dépasser le niveau de toutes ces somptuosités.

Jamais, en effet, depuis l'invention de la poudre, les merveilles de la pyrotechnie n'avaient offert des proportions si grandioses. Des chefs-d'œuvre de décor et d'architecture, dignes de faire l'admiration des siècles à venir, venaient d'être improvisés pour briller une heure, disparaître et s'anéantir à jamais.

Les moindres dispositions de ce feu d'artifice mémorable et funeste nous ont été transmises. — La décoration principale représentait le temple de l'hymen, précédé d'une immense et magnifique colonnade.

Ce temple, adossé à la statue de Louis XV, s'entourait d'une haute et large terrasse, aux nombreux escaliers, aux rampes découpées, aux balustrades élégantes. Des dauphins allégoriques, prêts à vomir des tourbillons de feu, occupaient les quatre angles supérieurs de la terrasse.

Des fleuves, s'appuyant comme des cariatides aux faces principales, avaient mission de répandre des nappes et des cascades d'étincelles multicolores.

Une pyramide d'une incroyable hauteur, surmontée elle-même par un globe, dominait le fronton du

(1) Historique.

temple. Les armes de France et d'Autriche, timbrées de la couronne royale, devaient se dessiner sur ce globe en traits de flammes.

Un nombre incalculable de pièces d'artifices, fusées, chandelles romaines, feux de bengale, etc., s'étalaient en bon ordre autour de la décoration principale.

Derrière la statue de Louis XV, les artificiers disposaient le corps de réserve pyrotechnique, c'est-à-dire le bouquet dont l'effet prodigieux était destiné à faire pâlir dans toutes les mémoires, prétendait-on, le flamboyant bouquet de Versailles.

Les bons bourgeois de Paris ne se dissimulaient pas que tout cela leur coûterait très cher et, sans doute en raison de cette certitude, ils venaient assister dès la veille aux préparatifs, et prendre du plaisir pour leur argent.

La nuit était singulièrement sombre. — De grands nuages, courant sur la surface du ciel, ne permettaient point aux clartés de la lune d'arriver jusqu'à la terre. — La Seine, dont les eaux calmes devaient réfléter de si ardentes lueurs le lendemain, coulait, noire comme un fleuve d'encre, entre ses rives presque partout gazonnées, et que des quais de pierre de taille n'enfermaient pas encore.

Un observateur penché vers la rivière aurait pu voir cependant une petite lueur courir sur les eaux.

Cette lueur était celle d'une lanterne, attachée à la pointe d'un bateau plat, pareil à ceux dont se servent les pêcheurs, et descendant le courant avec rapidité.

Arrivé presque en face de l'endroit où se trouve aujourd'hui l'hôtel du ministre des Affaires étrangères, ce bateau quitta le milieu de la Seine et prit la direction de la rive gauche où il aborda au bout d'une ou deux minutes.

On entendit un bruit de chaînes; — un homme s'élança sur la berge et amarra solidement l'esquif à un pieu destiné à cet usage, puis, cette besogne faite, il dit d'une voix étouffée à dessein :

— Maintenant, monsieur, vous pouvez descendre...

Un personnage assis à l'arrière de l'embarcation, et que les ténèbres rendaient invisible, se leva aussitôt et mit pied à terre.

— Tu es sûr que c'est bien ici qu'il faut descendre? demanda ce personnage.

— Oui, monsieur, parfaitement sûr, — répondit le premier interlocuteur, — et la preuve, c'est que voilà le poteau où Sauvageon attache son bachot... — il n'y a pas à se tromper à ça, voyez-vous...

— Où se trouve le cabaret de Sauvageon?

— Oh! pas loin d'ici... — à cinquante pas de nous, tout au plus... En regardant bien, là, à main droite, vous pouvez voir un peu de lumière qui filtre à travers les fentes de la porte et des volets.

— Oui... oui... je vois...

— Si, toutefois et quantes, monsieur, vous allez jusque-là, — reprit le conducteur du bateau, — méfiez-vous... il y a, tout le long de la berge, des trous dans le gazon qui ne sont pas commodes du tout... On met le pied dedans, on tombe, on roule à la Seine, et, comme il fait nuit noire, on se *neye*...

— Je n'irai probablement pas jusqu'au cabaret; répondit à ces recommandations prudentes le personnage invisible.

Et il s'engagea, sans hésiter, sur la berge dangereuse, sillonnée de crevasses et d'excavations.

Après avoir fait quelques pas, il s'arrêta et prêta l'oreille. — Le bruit d'une marche lourde attira son attention. — A coup sûr quelqu'un se dirigeait de son côté.

Il resta immobile et il attendit. — Le bruit des souliers pesants se faisait entendre de plus en plus distinctement. — Une rencontre devenait imminente entre les deux inconnus cachés l'un à l'autre par l'obscurité.

L'homme du bateau prit le parti d'avertir de sa présence le nouveau venu qui déjà le touchait presque.

— Qui êtes-vous et que cherchez-vous? — demanda-t-il tout à coup.

— Qui êtes-vous vous-même, et que venez-vous faire ici?... — répondit une voix enrouée, une de ces voix rauques et traînantes, particulières aux gosiers ravagés par l'usage ou plutôt par l'abus des alcools.

Un court silence suivit le choc de la double interrogation que nous venons de reproduire, puis l'homme du bateau murmura cette phrase, ou plutôt ce membre de phrase, qui sans doute constituait la première partie d'un mot de passe compliqué :

— *Je viens du Nord....*

— *Et j'arrive à Versailles...* — continua le nouveau venu.

— *Je suis de noce...* — reprit le premier interlocuteur.

— *Et je vais au feu...* — acheva la voix rauque. — Nous sommes en règle. — Vous êtes bien celui que j'attends..

— Et vous celui que je cherche...

— En personne naturelle et véritable pour vous servir si la chose est possible... — Onze heures et demie viennent de sonner aux Invalides... — J'étais tout debout sur le pas de la porte de Sauvageon, j'ai vu le falot du bateau mettre le cap sur l'embarcadère... — Je me suis dit : *Voilà mon particulier qui vient*... — *Ne le faisons pas attendre*... — *En avant, marche !*... — Et me voilà... — donc, présent, et tout à fait à vos ordres, moyennant, bien entendu, qu'il y aura bénéfice honnête... — entrons-nous au cabaret?...

— Non.

— Tant pis... parce que, voyez-vous, en buvant on cause mieux... — Mais enfin la chose vous regarde.. — Vous voulez rester ici, restons-y, et apprenez-moi de quoi il retourne...

II

ENTREVUE NOCTURNE

— Oui, — répéta l'homme à la voix rauque — apprenez-moi de quoi il retourne...

— Ne le savez-vous pas déjà?... — lui demanda son interlocuteur...

— Je ne sais que ce qu'on m'a dit, et c'est fort peu de chose...

— Que vous a t-on dit?

— Que beaucoup de seigneurs de la Cour, et des plus huppés, avaient usé vainement de leur influence sur le roi pour empêcher le mariage du Dauphin avec l'autrichienne Marie-Antoinette... que ces seigneurs, furieux de leur déconvenue, voulaient se venger par quelque moyen hardi, et protester du moins d'une façon terrible contre une alliance qui portera malheur au royaume.

— C'est la vérité... — murmura le personnage mystérieux — et celui qui vous a parlé ainsi était bien instruit... — qu'a-t-il ajouté?

— Rien... — répliqua l'homme à la voix rauque, — il m'a seulement dit de me trouver ce soir au cabaret de Sauvageon avec une dizaine de mes gens... qu'un seigneur viendrait m'y chercher et me proposerait une affaire dans laquelle il y aurait beaucoup à gagner... — je demandai comment je reconnaîtrais ce seigneur... il me fut répondu qu'il arriverait entre onze heures et demie et minuit, dans un bateau qui aurait une lanterne attachée à sa pointe, et qu'il m'aborderait en disant : *Je viens du Nord*, ce à quoi je répliquerais : *et j'arrive à Versailles*, enfin il m'apprit le mot d'ordre au grand complet... — Vous êtes venu — nous avons échangé le mot — il ne vous reste plus qu'à me mettre au courant de ce que vous souhaitez de moi, et j'attends vos communications... — Soyez tranquille, d'ailleurs, si vous êtes raisonnable, je le serai pareillement et nous nous entendrons sans peine...

— Vous vous nommer Huber, n'est-ce pas ? — reprit le personnage mystérieux.

— Oui, je me nomme Huber — répondit l'homme à la voix rauque avec une sorte de farouche orgueil — oh ! vous pouvez parler de moi à M. de Sartines, il me connaît bien, allez ! et ses agents aussi me connaissent !... Ils ont tout fait pour m'avoir... ils portent de mes marques ! et ils ne m'ont pas eu cependant !... et ils ne m'auront jamais !... celui qui mettra la main sur Huber n'est pas encore au monde, je vous en réponds, sans vanité...

— Je vois que vous êtes un intrépide.

— Je m'en pique ! j'ai fait mes preuves, rien ne m'effraye et il y a deux choses qui m'attirent, l'argent et le danger.

— Je vois que vous êtes l'homme qu'il me faut.

— C'est fort probable, mais pour s'entendre il faut s'expliquer... — Expliquez-vous.

— Je vais le faire... Combien de braves gens avez-vous en ce moment dans le cabaret de Sauvageon ?

— Une dizaine.

— Et vous répondez d'eux ?

— Autant que de moi-même. Ce sont des bons ! ce sont des solides ! une vraie crème, quoi ! mes lieutenants, enfin, car nous sommes organisés comme un régiment. Chacun commande une petite bande, et moi je suis le maître à tous... ces bons garçons m'obéissent au doigt et à l'œil... — Ah ! dam ! c'est naturel, ils se sentent bien commandés et ça leur donne confiance...

— Vous et vos lieutenants, quel nombre de gaillards déterminés pouvez-vous réunir d'ici à la soirée de demain ?

— De deux cent soixante-quinze à trois cents.

— C'est peu.

— C'est beaucoup, au contraire !... ces trois cents-là en valent mille !... Je ne vous parle point là de coquins vulgaires... C'est la fleur... la fine fleur des bandits de Paris ! Ah çà ! mais, mon digne seigneur, auriez-vous par hasard l'intention de nous envoyer attaquer Sa Majesté le roi dans son palais de Versailles et de nous faire enlever la Dauphine ?

— Il ne s'agit de rien de pareil.

— Alors de quoi s'agit-il donc ?

— Vous savez que demain soir on tire le feu d'artifice en l'honneur du mariage de l'autrichienne.

— Certainement. — Tout Paris s'entassera sur la place Louis XV. Ce sera une foule, une cohue, comme on n'en aura jamais vu...

— Les poches des hommes seront bien garnies, reprit le personnage mystérieux, les femmes, en toilettes des gala, porteront des colliers, des boucles d'oreilles et des bagues d'une grande valeur.

— Je me suis déjà préoccupé de tout cela, les bons coups ne manqueront pas, et mes lapins (je les appelles *mes lapins*) se promettent une ample récolte.

— Que diriez-vous donc si une circonstance imprévue, un incident inouï, se produisant soudain, jetaient au milieu de cette foule immense le désordre et la terreur, épouvantaient les plus braves, faisaient perdre la tête aux plus résolus?... — qu'arriverait-il, si cette multitude entassée, saisie d'un vertige subit, s'efforçait de fuir par les issues trop étroites, se bousculant, se renversant, s'étouffant, se foulant aux pieds, pendant des heures entières?

— Ah! s'écria Huber d'une voix plus rauque que de coutume, et qu'une féroce avidité rendait tremblante — ah! si pareille chose arrivait, ce serait un spectacle à ravir la pensée! — Je crois me voir d'ici, mes braves lapins et moi, nous frayant un chemin à coups de couteau au milieu de cette cohue affolée, redoublant partout sur notre passage la confusion et la terreur, arrachant les colliers des femmes, et dévalisant les hommes comme en pleine forêt de Bondy! — Tudieu! quelle curée magnifique! J'aimerais autant cela, savez-vous, que mettre à sac une ville conquise! mais c'est un rêve! ce serait trop beau! ça ne peut pas se réaliser.

— C'est là qu'est votre erreur, répliqua le personnage mystérieux... — ce que vous appelez un rêve se réalisera demain.

— Vrai?...

— Je vous le jure.

— Mais cette circonstance imprévue, cet incident

inouï, dont vous avez parlé, quels sont-ils?... — qui donc les produira?

— A ces questions, je ne puis répondre, il doit vous suffire de savoir qu'ils se produiront dix minutes à peine après le commencement du feu d'artifice, et que le désordre et l'épouvante atteindront des proportions telles, que votre imagination elle-même ne saurait les concevoir.

— J'en accepte l'augure... est-ce pour m'annoncer cela que vous m'avez fait venir ici?

— C'est pour vous donner des instructions, ou plutôt des ordres.

— Vous ordonnez... donc, vous payez?

— Je paye, et largement!... — tendez la main et prenez cette bourse.

Huber obéit, et reçut un petit sac de peau dont le poids lui sembla de bon augure.

— Qu'y a-t-il là-dedans? demanda-t-il.

— Trois mille livres en or.

— Commandez, monseigneur... le chef et les lapins sont à vous...

— Vous disposez de trois cents gaillards résolus et prêts à tout... faites à chacun d'eux, demain, une distribution d'argent, de vin et d'eau-de-vie... qu'ils soient, quand viendra le soir, non pas ivres, mais dans cet état d'excitation qui double la force et l'audace...

— Soyez paisible... c'est compris et ce sera littéralement exécuté...

— Placez vos hommes, de bonne heure, par petits groupes de trois ou quatre, armés de couteaux et de pistolets, sur tous les points de la place Louis XV... — donnez-leur la consigne de ne pas bouger jusqu'au moment où le désordre éclatera comme un coup de foudre... — qu'ils se précipitent alors au plus épais de la foule effarée... — qu'ils dominent par leurs cris sauvages les cris de terreur et de désespoir... qu'ils frappent, qu'ils violentent, qu'ils pillent, et surtout qu'ils tuent ! En échange de cette curée immense à laquelle nous les convions, qu'ils nous donnent des monceaux de cadavres !... Nous voulons que le deuil et les pleurs de Paris servent d'épithalame aux noces de l'Autrichienne !... — Nous voulons que la date du 30 mai 1770 mette une tache de sang ineffaçable sur la couche nuptiale du roi futur... — Nous voulons enfin que le peuple décimé maudisse à tout jamais celui qui s'appellera Louis XVI...

— Ah ! sacrebleu ! murmura le bandit auquel s'adressait l'homme mystérieux, voilà de la belle et bonne haine, ou je ne m'y connais pas !... mais ceci n'est pas mon affaire... — moi, je me moque de la politique, l'essentiel est que vous soyez obéi... et vous le serez ponctuellement.

— J'y compte ! répliqua le mystérieux personnage — je viens de me laisser entraîner par l'impétuosité des sentiments qui m'animent... C'est un tort... j'ai dit ce que je devais taire, vous avez entendu ce que vous ne deviez point entendre. Soyez discret ! votre silence sera payé !..

— Je serai muet comme la tombe !... dormez en paix et ne craignez rien.

— Que pas un de vos hommes ne soupçonne les motifs véritables de ce qui se passera demain soir.

— Ah ! monsieur, interrompit fièrement Huber, quelle pauvre idée vous faites-vous de moi ! Jamais, au grand jamais, je ne rends de comptes à mes lapins !...

la bonne aubaine du pillage est pour eux chose très suffisante, et prétexte tout naturel, ils n'ont pas besoin d'en savoir plus long.

— C'est bien. Dites-leur en outre d'obéir, comme à vous-même, à quiconque prononcera devant eux le mot d'ordre : — *Je viens du nord et j'arrive à Versailles.*

— La consigne sera donnée, et mes lapins connaissent la subordination, je m'en pique... c'est moi qui les ai formés... ils feront tout ce qu'on voudra, j'en réponds, excepté cependant des actes de vertu!... Avez-vous d'autres recommandations à me faire.

— Non.

— Alors, suffit... ce qui est convenu est convenu... Au plaisir de vous revoir, monseigneur... et toujours, comme bien vous pensez, tout à votre service...

Huber, pirouettant lourdement sur ses talons ferrés, reprit le chemin du cabaret de Sauvageon, et le mystérieux personnage se dirigea vers le bateau qui l'avait amené, et dont le fanal brillait à travers les ténèbres comme une luciole dans une touffe d'herbe.

Il escalada le plat-bord et reprit sa place à l'arrière.

— Où faut-il vous conduire présentement, monsieur, s'il vous plait? demanda le rameur en détachant la chaine et en saisissant ses avirons.

— Où tu m'as pris... — répondit l'inconnu.

Aussitôt l'esquif s'éloigna de la berge et remonta la Seine dans la direction du Pont-Royal, mais avec lenteur, car il lui fallait lutter, et non pas sans peine, contre le courant assez rapide en cet endroit.

III

LE CABARET DU BORD DE L'EAU

Le cabaret de Sauvageon était une bicoque de l'aspect le plus misérable, construite sur la berge avec des planches pourries provenant, pour la plupart, de bateaux démolis. — Un toit de chaume, en mauvais état, recouvrait ce grossier assemblage de débris.

Cette bicoque n'avait qu'un rez-de-chaussée percé d'une porte et de deux fenêtres. — Trois ou quatre saules rabougris, plantés sur le revers du talus, presqu'à la hauteur du toit, lui jetaient leur ombre maigre. — La Seine, lorsqu'elle élevait de quelques pieds son niveau, arrivait jusqu'à la porte. — Quelque crue d'eau un peu forte devait infailliblement emporter, un jour ou l'autre, une si fragile masure, dont l'intérieur ne comportait qu'une seule pièce, garnie de banquettes de bois brut et de petites tables, et pourvue d'une soupente dans laquelle le propriétaire couchait sur des bottes de paille rarement renouvelées.

En l'absence de toute cave et de tout cellier, un *chantier*, disposé près de la soupente, supportait deux ou trois barriques de vin et un petit tonneau d'eau-de-vie.

Aucune auberge, aucun cabaret — la chose est évidente — ne pouvaient offrir une installation plus simple et plus chétive que celle du bouge en question. — Ce bouge possédait cependant une clientèle, sinon choisie, du moins nombreuse... — Nos lecteurs en auront bientôt la preuve.

Nous avons laissé Huber, le chef des *lapins*, se dirigeant vers la masure, après avoir quitté son interlocuteur mystérieux.

Au moment d'atteindre le seuil, il s'arrêta, et tirant de sa poche le petit sac de peau donné par l'inconnu, il l'ouvrit et glissa dans l'un des goussets de sa veste une cinquantaine de pièces d'or; — ensuite le sac, soigneusement refermé, disparut sous les vêtements du bandit.

Ceci fait, Huber poussa la porte et entra.

Une dizaine de gaillards, jeunes et vieux, de mines hétéroclites ou sinistres, les uns vêtus de haillons pittoresques, comme de véritables Guzmans d'Alfarache, les autres harnachés de costumes prétentieux et flétris, aux galons noircis et aux déchirures béantes, fumaient, jouaient aux cartes et buvaient, le tout sans bruit, sans querelles, et d'une façon vraiment fort discrète.

Sauvageon allait de l'un à l'autre, s'arrêtant à droite et à gauche, versant à celui-ci une rasade de vin bleu, donnant à celui-là un conseil sur la carte à jouer — tout à tous, en un mot, et tout à chacun.

Sauvageon devant remplir dans ce récit autre chose qu'un rôle de comparse, il nous paraît utile de dessiner rapidement, et en quelques traits de plume, son portrait physique et moral.

C'était un petit homme d'une trentaine d'années, chétif

et d'apparence souffreteuse. Sa figure pointue et blafarde, piquetée de taches de rousseur, couronnée d'une chevelure rousse et ornée de petits yeux gris à paupières rouges, offrait une frappante analogie avec le museau du furet.

Sorti on ne savait d'où, venu à Paris très jeune et sans un sou vaillant, il avait fait, pour vivre, tous les métiers, et il n'en avait pas mieux vécu.

A l'heure où nous le présentons à nos lecteurs, il cumulait la double industrie de pêcheur et de cabaretier. — Propriétaire d'un vieux bateau, volé par lui deux ou trois ans auparavant à l'île Saint-Denis, et qu'il s'était empressé de repeindre pour le déguiser, il tendait des nasses le soir, il prenait des goujons et parfois une anguille, et il allait vendre, chaque matin, sa pêche de la nuit précédente.

Pilleur d'épaves dans toute la force du terme, il s'était emparé, peu à peu, des planches flottantes que charriait la Seine lorsque quelque *chaland*, conduit par une main maladroite, s'était brisé contre les piles dangereuses du Pont-au-Change ou du Pont-Notre-Dame.

Avec ces planches, et sans l'aide de personne, il avait construit sa bicoque, bien décidé à faire, de cette bicoque, un cabaret, et plein de confiance en sa bonne étoile qui lui permettrait de l'achalander.

La maison bâtie, il n'y manqua plus que du vin et des pratiques.

— Quand j'aurai le vin, les buveurs viendront, se dit Sauvageon, mais pour avoir le vin, comment faire ?

Il était sans argent, et il nous paraît presque superflu d'ajouter qu'il ne possédait pas le plus petit crédit.

Sauvageon, dont les principes offraient une élasticité prodigieuse, songea d'abord à sortir, la nuit, armé d'un gourdin de forte taille, à s'en aller attendre quelque passant attardé dans les terrains déserts qui formaient alors une vaste ceinture à l'hôtel des Invalides, et à dévaliser les passants, mais une réflexion l'arrêta :

— Je suis chétif et sans grande vigueur, pensa-t-il ; — or, pour peu que je m'adresse à plus fort que moi — (et j'ai toutes les chances du monde pour cela) — je reviendrai de mon expédition nocturne, moulu de coups et tout fracassé... — Décidément, cherchons autre chose...

Tandis qu'il cherchait et ne trouvait rien, il aperçut un soir, avec ravissement, un gros bateau chargé d'un nombre infini de barriques et de tonneaux, qui s'amarrait juste en face de sa bicoque, afin d'y passer la nuit et de continuer ensuite son chemin, vers Bercy ou la Rapée.

L'œil de Sauvageon étincela, ses lèvres murmurèrent :

— La fortune me sourit ! — voilà précisément ce qu'il me fallait !...

Quand l'obscurité fut profonde et quand l'heure avancée permit de croire que le patron du bateau et ses aides dormaient d'un lourd sommeil au fond de leur cabine, Sauvageon détacha son esquif, traversa la Seine, accosta le bateau dont la cargaison le fascinait, se hissa comme un singe jusque sur le pont, détacha deux tonneaux de belle taille, les fit rouler l'un après l'autre dans la Seine, et se mit en devoir de les remorquer jusqu'à sa demeure.

Il arriva sans encombre à son débarcadère, mais, une fois là, il se trouva en présence de la partie la plus difficile de sa besogne. — Il fallait faire franchir aux lourdes barriques le talus, fortement incliné, qui s'étendait depuis le bord de l'eau jusqu'à la porte de la bicoque.

C'était une entreprise herculéenne !...

Si chétif et si faible que fût Sauvageon, il ne recula point devant cette entreprise, il improvisa des leviers et des rouleaux, et, lorsqu'enfin, après de longues heures d'un travail acharné, l'épuisement le renversa presque sans connaissance sur le sol, il avait triomphé de l'impossible et les deux tonneaux reposaient fraternellement sous le toit de la bicoque.

Dès le lendemain Sauvageon, triomphant, fit savoir à la population altérée des marins d'eau douce qu'il ouvrait un cabaret, dans lequel on trouverait de bon vin, à bon marché.

Les buveurs furent rares d'abord, puis plus nombreux, puis ils affluèrent, et le bouge que nous connaissons devint le rendez-vous de tous les *rats de Seine*, c'est-à-dire de tous ces bandits qui vivaient du fleuve et autour du fleuve, sinistre et étrange population, disparue aujourd'hui, mais dont les souvenirs existent encore, et au milieu de laquelle il nous faudra conduire plus d'une fois nos lecteurs dans la suite de ce récit.

Huber, le maître suprême des *lapins*, appartenait, quoique d'une manière indirecte, ainsi que nous le verrons plus tard, à cette population, et, comme il avait les meilleures raisons du monde pour voir en Sauvageon un homme sûr et discret, il faisait souvent du cabaret du bord de l'eau le lieu de réunion des chefs de sa bande, lorsqu'il se proposait de les entretenir de quelque expédition prochaine.

Ce personnage, dont nous avons entendu la voix,

mais dont nous ignorons encore la personne, était un homme d'une quarantaine d'années, court et trapu, à figure de boule-dogue, et dont les formes massives annonçaient une vigueur extraordinaire.

Pour nous éviter de tracer un portrait plus détaillé, il nous suffira de dire qu'Huber offrait la réalisation la mieux réussie du type de *geôlier* qu'on voit apparaître dans tous les mélodrames, à l'acte de la prison, portant un colossal et bruyant trousseau de clefs, et coiffé d'un bonnet de peau de renard enfoncé sur les yeux...

Nos lecteurs connaissent maintenant le chef des lapins, aussi bien et aussi complètement que si sa photographie venait de passer sous leurs regards.

Le costume de ce misérable était des plus simple. Il consistait en un habit de drap gris à boutons d'acier, une veste pareille et une culotte couleur poivre et sel, — des bas bleus à côte dessinaient ses mollets énormes, — un petit chapeau lampion reposait carrément sur la chevelure crépue et d'un noir bleuâtre qui couronnait sa tête ronde et grosse comme un boulet de quarante-huit livres.

Au moment où Huber franchit le seuil du cabaret, il se fit un silence parmi les buveurs.

Evidemment les *lapins* professaient à l'endroit de leur chef une déférence pleine de respect et de soumission.

En outre, ils semblaient se trouver dans l'attente de quelque communication importante.

Huber se tourna vers le maître du logis.

— Ecoute un peu ici, toi ; lui dit-il avec un geste impérieux.

— Présent, répondit Sauvageon qui s'approcha vivement.

— Tu vas monter la garde auprès de la porte, — reprit Huber, — et tu ne laisseras approcher personne, j'ai à causer avec mes lapins... — est-ce compris?

— C'est compris — murmura le cabaretier, — je vas me mettre en faction dehors, et, si quelque curieux venait par ici, je ferais le signal ordinaire.

Huber hocha la tête affirmativement.

Sauvageon sortit aussitôt.

— Attention, mes bons garçons, commença le bandit, — je vous apporte des nouvelles...

Tous les yeux et toutes les oreilles se tournèrent vers lui.

— J'ai besoin, pour demain soir, — reprit-il, — de notre monde au grand complet, et j'ai besoin de savoir, à l'instant même, sur combien de braves gens je puis compter — faites donc votre calcul sur vos doigts, et, quand viendra votre tour, répondez-moi catégoriquement... y sommes-nous, mes lapins?

— Nous y sommes, capitaine, répondirent toutes les voix avec un ensemble parfait.

— Silence dans les rangs? *Macaroni*, parle le premier, de combien d'hommes disposes-tu?

— Je suis en état d'en amener à mon chef ni plus ni moins de vingt-cinq, répliqua Macaroni avec un fort accent italien que nous nous abstenons de reproduire, et ce sont tous des gaillards incomparables, des braves à trois poils comme on en voit peu...

Huber ramassa par terre un morceau de charbon, à l'endroit où se voyait le foyer éteint, et, sur une table de bois blanc, il traça le chiffre 25.

Ensuite il reprit l'interrogatoire, de la façon la plus laconique, se contentant de prononcer un nom pour obtenir un chiffre :

— Rissolé, combien ?
— Trente.
— Laudrinet ?
— Vingt-huit.
— Patte-Poule ?
— Seize.
— Subtil ?
— Trente-deux.
— Bergamotte ?
— Quarante.
— Liseron ?
— Ving-six.
— Casque-à-mèche ?
— Vingt-cinq.
— Jarret-d'or ?
— Trente-quatre.
— Cerf-volant ?
— Vingt-neuf...

A mesure qu'un des lapins répondait, Huber traçait un nouveau chiffre sur la table, au-dessous des chiffres précédents.

Lorsque tous les bandits eurent déclaré le contingent qu'ils se trouvaient en mesure de fournir à première réquisition, le capitaine donna une preuve éclatante de ses connaissances arithmétiques, il fit l'addition, non sans quelque peine, et il eut la joie d'arriver au total imposant de deux cent quatre-vingt-cinq hommes, prêts à mettre le feu, sans hésitation et sans remords, aux quatre coins de la bonne ville de Paris.

— Voilà qui va le mieux du monde, mes lapins, s'écria le capitaine enchanté ; — avec une pareille troupe sous mes ordres, et avec vous pour lieutenants, je me ferais fort de déclarer la guerre à Sa Majesté le roi Louis XV, et je me croirais d'avance assuré de la victoire !

Un *hurrah* d'enthousiasme accueillit cette forfanterie, et les gobelets d'étain furent vidés jusqu'à la dernière goutte à la santé du capitaine.

IV

CYDALISE

Très satisfait de la manifestation qui venait d'avoir lieu, et dans laquelle il voyait un gage certain de sa popularité croissante, Huber donna ses instructions à ses lieutenants.

Chacun d'eux reçut quatre pièces d'or, avec l'ordre de se trouver le lendemain, à huit heures du soir, sur l'esplanade des Invalides, et d'amener à ce rendez-vous général les hommes de sa bande, animés par une forte ration d'eau-de-vie, munis de couteaux en bon état, et de pistolets bien chargés et bien amorcés.

— Capitaine — fit observer Bergamotte — jamais, jusqu'à ce jour, nous n'avons *travaillé* sur un même point, avec toutes les compagnies au grand complet...

— De quoi s'agit-il donc ?

— Vous voulez le savoir ?... — demanda Huber.

— Oui... oui... oui... — s'écrièrent les bandits, dont les dispositions prises par leur chef excitaient vivement la curiosité.

— Eh bien, tenez-vous l'esprit en repos ! — répliqua le capitaine en riant ; — si vous ne le savez pas ce soir, vous le saurez demain, mes lapins...

Abandonnons le cabaret du bord de la Seine et ses hôtes sinistres, et suivons le canot que nous avons laissé remontant à force de rames le cours de la Seine, conduisant, du côté du Pont-Royal, le personnage mystérieux dont l'or et les paroles venaient de préparer un de ces crimes épouvantables qui tiennent une place dans l'histoire et souillent d'une hideuse tache de sang la page où ils sont inscrits.

Parvenu entre le Pont-Royal et le Pont-Neuf, le bateau tourna vers la gauche et il aborda à peu près à l'endroit où se trouve aujourd'hui le Pont-des-Saints-Pères.

L'inconnu donna un louis au batelier, mit pied à terre, se perdit dans les ténèbres, gagna l'un des escaliers du quai et reparut bientôt sous le feu des réverbères allumés à l'entrée de la cour du Louvre.

C'était un jeune homme de vingt-cinq à vingt-huit ans, grand et mince, de haute mine, d'une belle et noble figure, mais dont le nez fortement aquilin et les yeux fixes et perçants, offraient une vague ressemblance avec le bec crochu et les prunelles étincelantes des oiseaux de proie.

Son costume presque entièrement noir, mais couvert de broderies, réunissait la simplicité, la richesse et l'élégance.

L'épée qu'il portait en verrouil, et ses souliers à hauts talons rouges, affirmaient ses prétentions au titre de gentilhomme.

Il s'arrêta près d'un réverbère et regarda sa montre.

— Minuit et demi tout au plus... — murmura-t-il — rien ne m'empêche d'aller passer une heure ou deux chez Cydalise...

Une chaise à porteurs stationnait à quelques pas. —

L'inconnu en prit possession, donna ses ordres et les porteurs le conduisirent rapidement rue Saint-Honoré, dans la cour d'un hôtel assez vaste, où ils le déposèrent au pied d'un large escalier, illuminé comme pour une fête.

Autant les rues de la ville étaient sombres, désertes, silencieuses, autant cette cour se montrait pleine de mouvement, de bruit et de lumières ; — les chevaux de trois ou quatre carrosses piaffaient sur le pavé ; — des porteurs de chaises se querellaient ; — des laquais aux livrées multicolores riaient et juraient.

— Je crois — se dit le jeune homme avec un sourire — je crois que je vais rencontrer, là-haut, bonne et nombreuse compagnie...

Il gravit les marches de l'escalier ; — il trouva, dans une antichambre somptueuse, un grand diable d'huissier, tout de noir habillé et portant au cou la chaîne d'argent, insigne de ses fonctions.

Cet huissier le salua jusqu'à terre et lui demanda :

— Faut-il annoncer monsieur le baron ?

— Inutile — répliqua le jeune homme — je me présenterai très bien moi-même...

Puis il ajouta :

— Qui avons-nous là-dedans ?...

— Les habitués, monsieur le baron, — répondit l'huissier et, de plus, deux ou trois seigneurs que je n'ai pas encore vus chez nous...

L'huissier ouvrit la porte qui séparait l'antichambre de trois salons en enfilade, et le jeune homme qu'à deux reprises nous venons d'entendre appeler *monsieur le baron*, franchit le seuil du premier de ces salons...

Les appartements de réception, dans lesquels il venait de pénétrer, étaient véritablement princiers. —

Partout des plafonds peints à fresque, des lustres en cristal de Bohême, partout des dorures, de riches étoffes et toutes les merveilles de ce charmant style auquel la marquise de Pompadour donna son nom.

Un grand nombre d'hommes, les uns appartenant à la haute aristocratie et habitués de l'Œil-de-Bœuf, — les autres faisant partie de la caste des traitants, des financiers, des fermiers-généraux, et facilement reconnaissables au luxe des broderies d'or et des pierres précieuses qui surchargeaient leurs costumes, encombraient ces vastes pièces.

Quelques-uns, debout dans les embrasures des fenêtres, ou couchés à demi sur de moelleux sophas, devisaient des nouvelles du jour et parlaient des fêtes du lendemain.

Le plus grand nombre, assis à des tables de jeu placées de distance en distance, agitaient des cornets d'une main fiévreuse, remuaient des cartes et entassaient devant eux des monceaux de louis et des paquets de billets de caisse.

Le jeu était la divinité qu'on adorait dans ce logis!...

A peine le jeune homme venait-il de faire quelques pas à travers la foule, que la maîtresse de la maison accourut à lui.

— Cher monsieur de Lascars, — s'écria-t-elle, — c'est fête ici quand vous y venez ! — Quel bonheur de vous voir, mais aussi quelle rareté ! — Que devenez-vous donc, grand Dieu?... — Voici certainement plus de quinze grands jours que vous n'avez mis les pieds céans...

— Vraiment, ma belle Cydalise, — demanda le baron de Lascars en souriant, — vous m'avez fait l'honneur insigne de remarquer mon absence?...

— Ingrat ! vous le voyez bien ! — Je ne sais pas pourquoi, mais, quand il y a trop longtemps que vous n'êtes venu, il me manque quelque chose...

— Ceci me touche d'autant plus, que vous avez chaque soir belle et nombreuse compagnie pour vous faire oublier l'absent...

— Belle et nombreuse, et effet, mais ça ne m'empêche pas de tenir à vous plus qu'à tous les autres...

— Pourquoi vous éloignez-vous de moi quand le nombre de mes amis augmente tous les jours ? — Tenez, ce soir encore, on vient de m'amener trois seigneurs nouveaux, le vicomte de la Guette, le comte de Nantillac, et enfin le beau marquis d'Hérouville, chevalier des ordres et colonel d'un régiment du roi.

Les sourcils du baron de Lascars se contractèrent, un nuage couvrit son front, et son visage prit une expression haineuse.

— Ah ! — murmura-t-il d'une voix sourde, — vous avez ici, ce soir, le marquis d'Hérouville.

— Mon Dieu, oui... — J'espère que voilà un nom qui fait bien dans un salon ! — Aussi je ne me sens pas de joie !... — Sans compter que le marquis est, après vous, le plus beau gentilhomme qu'il soit possible de voir !... — Est-ce que vous le connaissez ?

— Fort peu... — Je l'ai rencontré deux ou trois fois à la Cour.

— A propos de la Cour, est-ce que c'est vrai ce qu'on dit ?...

— Que dit-on ?

— On prétend que vous n'allez plus à Versailles parce que vous êtes brouillé avec le roi, et que Sa Majesté vous a défendu de paraître devant lui...

Lascars devint très pâle et garda le silence.

Cydalise répéta :

— Est-ce que c'est vrai ?

— Oui, — répondit le baron — c'est vrai.

— Qu'est-ce que vous avez fait au roi, pour vous mettre mal avec lui ?

— Je me suis révolté contre ces rôles de valets qu'on impose à Versailles à tous les gentilshommes ! J'ai l'échine trop peu souple pour la ployer sans cesse comme les parfaits courtisans ! — J'ai dit bien haut ce que je pensais, et, à la Cour, la franchise est un crime...

— Eh bien, foi de bonne fille, vous avez eu raison ! — A votre place j'aurais agi tout comme vous ! — d'ailleurs vous êtes noble, vous êtes riche, vous n'avez besoin de personne...

Puis, sans transition, Cydalise ajouta :

— Allez-vous vous mettre au jeu ?

— C'est mon projet.

— Vous trouverez dans le dernier salon des parties bien animées... — Le marquis d'Hérouville, entre autres, fait preuve d'une audace sans pareille... tout à l'heure il gagnait trois cent mille livres... il a reperdu comme il avait gagné, en trois coups ! — et il riait ! — C'était superbe ! ! — Il paraît que le marquis est un puits d'or...

— Oui, sa fortune est énorme en effet...

— Eh bien, cher baron, tâchez d'y faire une forte brèche... — C'est un adversaire digne de vous...

Ayant ainsi parlé, la maîtresse de la maison quitta Lascars et courut accueillir un nouvel arrivant, avec non moins de grâce qu'elle venait d'en montrer à son premier interlocuteur.

Cydalise avait une trentaine d'années. — Elle faisait partie du corps de ballet de l'Opéra en qualité de danseuse de quatrième ordre. — Elle était de moyenne taille, et non moins maigre que la célèbre mademoiselle Guimard, alors dans tout l'éclat de sa vogue et de sa beauté.

Cydalise était peu jolie, point spirituelle, mais fort intelligente à l'endroit de ses intérêts.

Comprenant à merveille qu'elle ne devait compter ni sur sa beauté, ni sur son talent pour se créer une fortune, elle avait imaginé d'installer chez elle un tripot de bonne compagnie où, grâce aux relations qu'elle se créait facilement à l'Opéra, bon nombre de seigneurs ne dédaigneraient point sans doute de venir perdre leur argent.

Le succès ne se fit guère attendre et dépassa ses espérances. — En moins de quelques mois sa maison devint à la mode. — Elle eut le soin prudent d'en écarter les chevaliers d'industrie, les aigrefins, les aventuriers; elle ne reçut que des gens connus, recommandables par leur naissance ou par leur fortune.

Grâce à ces précautions sages, les grands seigneurs affluèrent chez la danseuse où ils avaient la certitude de ne point s'*encanailler* (comme on disait à cette époque), et de trouver à point nommé les émotions d'une partie nerveuse; — car dans ces salons blancs et or, aux panneaux illustrés d'amours, de nymphes, de bacchantes, on jouait un jeu d'enfer, et le plus riche pouvait, si la chance lui tenait rigueur, se ruiner parfaitement bien en une seule nuit.

Avons-nous besoin d'apprendre à nos lecteurs que, le jeu étant le Dieu du temple dont Cydalise était la déesse, une somme fort ronde, prélevée pour les frais du culte sur les enjeux de chaque partie, entrait quotidiennement dans la caisse de la danseuse, couvrait amplement toutes les dépenses, et constituait, au bout de l'année, un bénéfice honnête d'une centaine de mille livres...

On voit que l'intelligente personne se capitonnait tout tranquillement pour l'avenir une existence couleur de rose, et qu'elle avait la certitude matérielle de se constituer une fortune rondelette, grâce à l'inflexible obole prélevée sur les vaincus aussi bien que sur les vainqueurs...

Lorsque nous aurons ajouté que Cydalise ne recevait chez elle aucune femme, et ne faisait point d'exception, bien entendu pour ses camarades du corps du ballet, il ne nous restera pas un mot de plus à dire sur son compte...

Le baron de Lascars traversa sans s'arrêter le premier et le deuxième salon, répondant à peine, et d'un air distrait, aux saluts et aux compliments des gentilshommes de sa connaissance qui se trouvaient sur son passage.

Il franchit le seuil de la dernière pièce.

C'était là que se trouvaient les fortes émotions, les gros enjeux et les grands joueurs.

V

LE JEU

Les premiers mots qui frappèrent l'oreille du baron Lascars furent ceux-ci, prononcés par une voix joyeuse et bien timbrée :

— Messieurs, je perds soixante mille livres, sans compter les cent mille écus que j'avais gagnés et qui ont repartis... Pour une seule nuit, c'est assez. — Vous trouverez bon que je m'en tienne là et que j'abandonne les cartes... — Je cède ma place à un plus heureux...

En disant ce qui précède, un jeune homme quitta le siège sur lequel il était assis devant une table de jeu qu'entouraient des parieurs et des curieux empressés. Ce jeune homme était le marquis d'Hérouville dont nous avons entendu Cydalise parler à Lascars.

Toute la personne du marquis justifiait la réputation d'éclatante beauté dont il jouissait à la cour et à la ville. — Rien ne se pouvait voir de plus noble et de plus charmant à la fois que les traits de son visage et que l'expression de sa physionomie fière et spirituelle. L'exquise douceur de son sourire tempérait et faisait oublier ce que son regard offrait de hautain et d'impé-

rieux. Une jolie femme aurait envié l'éclat de son tein[t]
qui cependant n'avait rien d'efféminé, et la finesse d[e]
ses mains patriciennes.

Sa taille, haute et souple, se recommandait par d[es]
proportions irréprochables et d'une suprême élégance[.]
— Sa jambe fine et nerveuse, dessinée par un bas d[e]
soie blanc à coins d'argent, était digne d'une statue d[e]
Bacchus ou de Mars, — grand mérite à une époqu[e]
qui faisait un cas particulier de la beauté plastique.

C'est à M. d'Hérouville que le roi Louis XV adres[sa]
ces paroles, conservées par les chroniqueurs du di[x-]
huitième siècle :

— Marquis, vous êtes le plus bel homme de m[a]
cour.

— Après Votre Majesté, Sire... — répondit le jeu[ne]
courtisan.

Agé de trente ans, tout au plus, très grand seigneu[r,]
immensément riche et plein de fougue, le marq[uis]
menait une existence forcément dissipée ; il abando[n-]
nait Versailles pour Paris aussi souvent que son s[er-]
vice ne le retenait pas au château, il se faisait l'h[ôte]
assidu de tous les lieux de plaisir, depuis les couliss[es]
de l'Opéra jusqu'aux petites maisons de ces dam[es,]
jouant largement, perdant gaîment, donnant s[ans]
compter, et conservant jusque dans ses folies quelq[ue]
chose de noble et de délicat parfaitement d'acc[ord]
avec sa nature loyale et chevaleresque.

Tel était Philippe-Amédée-Tancrède d'Hérouvi[lle]
au moment où nous le présentons à nos lecteurs.

Le marquis portait un habit de velours violet br[odé]
de soie noire, une veste de moire blanche et une cul[otte]
de taffetas gris perle.

Une petite épée de parade, dont la poignée enri[chie]

e pierres précieuses valait au moins cinq cents louis, complétait ce costume.

— Est-ce vous qui me remplacerez, La Guette? reprit monsieur d'Hérouville en s'adressant à l'un des deux gentilshommes qui faisaient ce soir-là, comme lui, leurs débuts dans la maison.

— Volontiers... répondit le vicomte de la Guette.

— Vous ne craignez donc pas que ma place vous porte malheur? — poursuivit le marquis en riant.

— Ma foi non... *changement de main, changement de veine!...* un vieux proverbe des joueurs l'affirme... Je vais peut-être vous venger, et je conseille à notre ami Noizay de prendre garde à lui...

Le chevalier de Noizay était l'heureux adversaire du marquis d'Hérouville, à qui, nous le savons, il venait de gagner soixante mille livres.

Le vicomte de La Guette s'assit et une nouvelle partie s'engagea.

La chance tourna presque aussitôt, et se montra cruellement hostile à celui qu'elle avait favorisé jusqu'à ce moment.

En moins d'une demi-heure les rouleaux d'or amoncelés devant M. de Noizay s'étaient fondus comme un bloc de neige sous les rayons du soleil d'avril.

— Votre revanche... dit La Guette.

Le chevalier consulta sa montre.

— Grand merci de cette offre courtoise, répliqua-t-il ensuite — mais je ne puis en profiter...

— Pourquoi donc?...

— J'ai, cette nuit, certain rendez-vous, dont l'heure est même un peu passée... — la crainte de faire *Charpagne* me clouait sur mon siège, mais, maintenant que de mes gains il ne me reste pas un sou, je me sens le droit de me retirer et j'en use... — bonsoir messieurs...

— Messieurs — reprit le vicomte de La Guette — je n'aurai point, par votre faute, n'est-il pas vrai, le déplaisir d'emporter cette montagne d'or?... Je compte sur vous pour en alléger le poids importun... Lequel de vous va se mesurer avec moi, après la défection de Noizay?..

— Monsieur le vicomte — dit une voix dans la foule des spectateurs qui se pressaient sur un triple rang autour de la table de jeu — j'aurai l'honneur de faire votre partie, si vous voulez bien me le permettre...

Le joueur heureux se retourna vers celui qui venait de lui parler.

— Ah! c'est vous, monsieur de Lascars, répliqua-t-il en saluant de la tête et de la main — je suis entièrement à vos ordres et tout l'honneur sera pour moi...

En entendant prononcer le nom de Lascars, le marquis d'Hérouville fronça le sourcil, une expression de défiance et de mépris se peignit sur son visage, enfin il fut au moment de prendre la parole, mais la réflexion l'arrêta et il se contenta d'écarter doucement les curieux les plus proches afin de se placer à côté de l'adversaire du vicomte.

— Quel est votre jeu, monsieur le baron? — demanda ce dernier à Lascars qui venait de s'asseoir.

— Mon jeu sera le vôtre, monsieur... — Je ne connais pas de plaisir plus vif que de risquer beaucoup sur une carte, et vous partagez tout à fait, je crois, ma manière de voir à cet égard...

— Cinq cents louis vous conviennent-ils?..

— Parfaitement.

Lascars tira de sa poche un portefeuille bourré de

...llets de la caisse des Fermiers Généraux, papier-mon...
...ie équivalent à peu près aux billets de banque de
...tre époque, et il le posa devant lui.

— Il y a là dedans cent mille livres, — dit-il, — je
...uhaite les doubler ou les perdre...

— Soit, monsieur le baron, — répliqua La Guette, —
...e vous tiendrai tête volontiers jusqu'à mon dernier
...u, je vous en donne ma parole...

Le jeu commença.

Lascars perdit la première partie, puis la seconde ;
il gagna la troisième, — il reperdit ensuite plusieurs
...s, et, en définitive, après plus d'une heure d'alter-
...tives favorables et défavorables, il constata que les
...nt mille livres de son portefeuille étaient réduites à
...ngt mille...

Ses pertes atteignaient par conséquent le chiffre
...nd de quatre-vingt mille livres.

Ceci ne l'empêchait point de sourire avec une amé-
...té parfaite, et sa figure n'offrait pas la moindre trace
...dépit.

— Mordieu, monsieur le baron — s'écria La Guette,
vous êtes ce que j'appelle un beau joueur!... — Je
...connais guère qu'Hérouville qui perde aussi galam-
...ent que vous! — nous continuons, n'est-ce pas?

— Je l'espère bien, monsieur le vicomte.

La partie, un instant interrompue, reprit aussitôt
...n cours, seulement la chance avait profité de cet
...tr'acte si court pour changer de côté, et, trahissant
...s intérêts de M. de La Guette, elle s'apprêtait à favo-
...er Lascars avec une étrange persistance.

Le baron rentra d'abord en possession de tout ce
...'il avait perdu; — il conquit ensuite les soixante
...ille livres constituant le premier bénéfice de son

adversaire et, ne s'arrêtant pas en si beau chemin, en gagna de plus vingt mille que ce dernier tira de sa poche.

— Ma foi, monsieur le baron — dit alors le vicomte d'une voix légèrement altérée — vous m'avez mis à sec... — Croyez que je me vois, avec un regret très vif, obligé de quitter le jeu...

— Mais pourquoi le quitter? demanda Lascars — je suis vraiment au désespoir de vous dépouiller ainsi!... — ma veine ne saurait durer toujours... elle doit être épuisée! — acceptez une revanche...

— Je viens d'avoir l'honneur de vous dire que j'étais à sec.

— Eh! qu'importe cela? — me faites-vous l'injure de douter de votre crédit en cette occurrence!... Continuez sur parole!.. Je vous en supplie... je tiendrai tout ce que vous voudrez et aussi longtemps que vous le voudrez...

— S'il en est ainsi, monsieur, j'accepte, et je vous remercie de grand cœur... — vous plaît-il jouer cinquante mille livres ?...

— C'est à vous de donner des ordres et à moi de les recevoir...

Monsieur de La Guette déchira une page blanche de son portefeuille; sur cette page il écrivit au crayon :

« *Bon pour la somme de cinquante mille livres payables à vue et au porteur.* »

Il signa, et il plaça ce chiffon de papier en face du monceau d'or et de billets du baron de Lascars.

La nouvelle partie fut de courte durée ; en moins de cinq minutes le vicomte avait perdu.

Une faible rougeur colora son visage, et, à deux reprises, il passa la main sur son front.

— Foi de gentilhomme, — murmura Lascars — je suis désespéré de mon bonheur ! j'en suis presque honteux !...

— Vous avez tort ! — répliqua monsieur de la Guette devenu souriant — Au jeu, comme à la guerre et comme en amour, chacun pour soi !... — je vous demande la permission de doubler ma mise...

— J'y consens volontiers et, bien mieux, je vous propose de jouer d'un seul coup tout ce que j'ai là devant moi...

— C'est-à-dire, combien ?

— Deux cent trente mille livres, environ...

Monsieur de La Guette hésita pendant une seconde. À coup sûr il soutenait contre lui-même un combat violent, mais il était joueur jusque dans la moelle de ses os ; il se laissa donc entraîner, comme font tous les joueurs, et il répondit :

— Monsieur le baron, je tiens les deux cent trente mille livres...

Un petit murmure d'étonnement et d'anxiété courut parmi les spectateurs de cette hardiesse insensée.

On jouait gros jeu chez Cydalise, et l'on voyait souvent des fortunes se faire et se défaire en une nuit, mais cependant le chiffre de la somme aventurée sur une seule carte dépassait quelque peu les limites ordinaires...

Le marquis d'Hérouville, immobile et muet comme une statue, attachait sur le baron un regard perçant et d'une fixité inquiétante.

VI

L'OUTRAGE

La partie se jouait en cinq points, comme l'éc[…] contemporain.

C'était à Lascars de donner les cartes.

Il tourna le roi, ce qui équivalait à un point, et i[l] trouva dans les mains une si brillante réunion d'ato[uts] qu'il fit toutes les levées et, par conséquent, joig[nit] deux points nouveaux à celui qu'il avait conquis d[e…]

— A vous, monsieur le vicomte, — dit-il ensuite.

M. de la Guette était excessivement ; — une [agi]tation fiévreuse faisait trembler sa main, tandis q[u'il] distribuait les cartes.

Il gagna le coup et marqua un point.

Lascars mêla rapidement le jeu, fit couper, don[na] et il s'apprêtait à tourner la dernière carte quand [une] main fine et blanche, mais dure et inflexible co[mme] une tenaille d'acier, lui saisit le poignet à l'improv[iste] en même temps qu'une seconde main s'appuyait son épaule, et qu'une voix parfaitement calme disait à côté de lui :

— La Guette, mon ami, reprenez cet argent et ces billets... — Vous n'avez rien perdu... — M. le baron de Lascars vous vole depuis une demi heure.

Tous les témoins de cette scène inattendue, et le vicomte de La Guette lui-même, semblèrent pétrifiés par l'étonnement tandis que Lascars poussait un cri de rage et s'efforçait, mais en vain, d'échapper à la puissante étreinte du marquis.

— Lâche ! — balbutia-t-il d'une voix étranglée, — lâche et misérable imposteur ! tout votre sang ne suffira pas pour laver cette mortelle insulte !... — Je vous tuerai !... ah ! je jure que je vous tuerai !...

— Monsieur de Lascars, — reprit Tancrède d'Hérouville sans rien perdre de son sang-froid, — je vous conseille de revenir au calme et à la prudence que votre situation commande !... — évitez le scandale et le bruit, vous devez les craindre plus que personne !... Je vous connais, monsieur de Lascars, et quiconque vous connaît se défie !... — Je vous observe depuis l'instant où vous êtes venu vous asseoir à cette table... — Mes yeux n'ont pas quitté vos mains... — J'ai vu distinctement, à chaque coup, l'adresse infâme remplacer le hasard loyal, et les cartes filer sous vos doigts...

Lascars, que la colère et la honte suffoquaient, faisait des efforts inouïs pour parler, mais ne pouvait articuler un seul mot.

Le marquis d'Hérouville reprit, en s'adressant à une des personnes qui se trouvaient les plus rapprochées des joueurs ;

— Monsieur de Montauran, ayez, je vous prie, la

complaisance d'étaler sur la table le jeu dont cet homme allait se servir, et veuillez aussi retourner la dernière carte... — J'ai la certitude matérielle que cette carte est un roi, et la certitude non moins formelle, que trois atouts, si ce n'est plus, accompagnent ce roi...

Le gentilhomme à qui Tancrède venait de s'adresser fit à l'instant même droit à sa requête.

Il retourna le *roi de cœur*...

Parmi les cartes étalées se trouvaient *la dame, le valet* et *l'as de cœur*...

— Vous le voyez, messieurs, — continua le marquis d'Hérouville, — s'il vous avait été possible d'admettre que je formulais trop légèrement une accusation si grave, il vous serait maintenant impossible de conserver l'ombre d'un doute...

— La preuve est en effet sans réplique, — répondit M. de Montauran, — n'est-ce pas votre avis, messieurs?

— Oui, oui, — s'écrièrent avec une évidente conviction les habitués des salons de Cydalise. — Le marquis a cent fois raison !...

— Et maintenant, monsieur de Lascars, — poursuivit Tancrède en lâchant le poignet du joueur déloyal et en cessant de peser sur son épaule, — il y a là cent mille livres qui sont à vous... — D'où vous vient cette somme ?... où l'avez-vous volée ? Je n'ai point à m'occuper de cela, puisqu'elle ne sort pas de nos poches... — reprenez-la donc et allez-vous en!...

Aussitôt que Lascars se sentit délivré de l'étreinte de ces deux mains qui le clouaient sur place, il se releva et il offrit aux regards le terrible spectacle d'un visage livide, décomposé, hideux.

Ses yeux s'injectaient de sang, — ses lèvres pâles

rimaçaient, — une ride profonde et d'un aspect sinistre se creusait sur son front, — des flocons d'écume blanche se formaient aux coins de sa bouche.

Les nombreux spectateurs qui maintenant s'entassaient autour de nos personnages (car le bruit d'une querelle avait attiré dans le dernier salon tous les hôtes de Cydalise), s'écartèrent à l'instant, par un mouvement instinctif et machinal, pour laisser un passage libre...

Mais Lascars ne songeait guère à battre en retraite...
Tancrède d'Hérouville, debout en face de lui, impassible, la tête haute, les bras croisés sur la poitrine, enveloppait d'un regard chargé de mépris.

Lascars fit un pas vers le marquis, et d'une voix étrange, méconnaissable, très basse mais parfaitement distincte, il lui dit :

— Vous m'avez appelé voleur !..

Tancrède fit un signe affirmatif.

— Eh bien ! — reprit lentement Lascars, jetant ses paroles une à une au visage de son adversaire, — vous en avez menti !... entendez-vous, monsieur, vous en avez menti !...

Le marquis d'Hérouville haussa les épaules.

— Des injures parties de si bas, — répliqua-t-il, — ne sauraient monter jusqu'à moi... vous êtes démasqué... vous n'avez rien à faire ici désormais... Allez-vous-en donc, je vous le répète, sinon des gens de police viendront vous jeter dehors, et je crains pour vous, monsieur, qu'au lieu de vous laisser libre, comme je le fais, ils ne vous mettent en lieu sûr...

— Vous m'avez outragé, — continua Lascars avec une rage froide plus effrayante que le délire même de la fureur, — vous m'outragez encore !.. vous m'en rendrez raison !...

Le marquis haussa les épaules pour la seconde fois.

— Tenez, — dit-il, — vous êtes fou !

— Et vous, — cria le baron, — vous êtes lâche !... oui, lâche !.. — répéta-t-il en voyant un éclair d'indignation passer dans les yeux du marquis. — Oui, trois fois lâche, si vous refusez de croiser l'épée avec un gentilhomme que vous insultez !

— Gentilhomme ! dites-vous, — répliqua monsieur d'Hérouville, — je n'en croirien, car noblesse oblige !... — Non, vous n'êtes pas noble, ou vous ne l'êtes plus, vous qu'un ordre royal a banni de la cour pour cause d'indignité et d'infamie !.. (Vous voyez que je vous connais bien, monsieur le baron de Lascars) Chevalier d'industrie, fripon, voleur au jeu, la caste dont vous vous prétendez issu vous renie et vous chasse !... Si vous avez été gentilhomme autrefois, vous êtes aujourd'hui dégradé !...

Lascars se sentait pris de vertige.

Son visage, livide un instant auparavant, devenait pourpre comme cel d'un homme que l'apoplexie va foudroyer...

D'un geste rapide il dénoua, ou plutôt il arracha sa cravate qui l'étranglait.

Il frappa du pied le sol qui se dérobait sous lui, et cria :

— Marquis d'Hérouville, pour la dernière fois voulez-vous vous battre avec moi ?

Tancrède lui tourna le dos et répondit par-dessus l'épaule :

— Est-ce qu'on se bat avec un fripon ? Drôle, allez vous faire pendre ailleurs !...

Lascars chancela. — On put croire, pendant une ou deux secondes, qu'il allait s'abattre et rouler sans connaissance sur le tapis, mais il n'en fut rien. Les symptômes d'anéantissement disparurent, sa poitrine oppressée se gonfla, il tira son épée, il bondit vers M. d'Hérouville, il le contraignit à se retourner en le saisissant par le bras, il lui frappa la joue du plat de son arme et il dit, ou plutôt il râla ces mots :

— Lâche! te battras-tu maintenant?

Les spectateurs, haletants d'effroi, voulurent se précipiter entre les deux hommes.

— Laissez faire, messieurs, laissez faire! — ordonna Tancrède avec le même calme prodigieux dont il faisait preuve depuis le commencement de cette scène, — on ne croise point l'épée avec un voleur, c'est vrai, mais on peut, sans déroger, se défendre contre un assassin...

Et, dégaînant alors à son tour, il se mit en garde avec la promptitude de l'éclair.

La foule recula.

En moins d'une seconde, un espace circulaire assez vaste se trouva libre autour des adversaires.

Les hôtes du tripot devenaient maintenant avides d'assister à ce spectacle étrange de deux gentilshommes prêts à s'égorger dans un salon splendide, sous les clartés éblouissantes que versaient à profusion le lustre et les girandoles.

Cydalise seule, désespérée d'une scène violente et scandaleuse qui ne pouvait manquer de compromettre au plus haut point la bonne renommée de sa maison, poussait les hauts cris, pleurait à chaudes larmes, sans égard pour le rouge et pour le blanc qui couvraient ses joues, et faisait voler autour d'elle des nuages parfumés

3.

de poudre à la maréchale, en arrachant à pleines mains, non ses cheveux mais ses fausses nattes...

Les lames s'engagèrent.

Lascars et Tancrède étaient à peu près de même force ; les deux épées de parade, légères et pointues comme des aiguilles, offraient une longueur égale. Les chances du combat semblaient donc parfaitement équilibrées, mais la fureur aveuglait le baron, tandis que le sang-froid inaltérable du marquis donnait à ce dernier un avantage manifeste.

Dès les premières passes les témoins du duel, tous passés maîtres dans la noble science de l'escrime, virent clairement que Lascars n'avait qu'un but : frapper mortellement ! et qu'il visait au cœur de son adversaire, sans souci de se découvrir lui-même, tandis que M. d'Hérouville se bornait à parer les coups, ce qu'il faisait avec une habileté prodigieuse et un bonheur persistant.

Lascars, furieux de trouver sans cesse une muraille d'acier entre la pointe de son épée et la poitrine qu'il voulait atteindre, redoublait de rage et d'efforts...

A ce jeu il s'épuisa vite.

Les veines de son front se gonflaient ; — de grosses gouttes de sueur ruisselaient sur ses tempes et sur ses joues — ses jambes devenaient tremblantes, et sa main agitée de frémissements convulsifs, ne portait plus que des coups mal assurés.

Le moment qu'attendait Tancrède d'Hérouville était arrivé.

— Il faut en finir... — murmura-t-il.

Changeant de tactique aussitôt, il battit à trois reprises le fer de son ennemi, puis liant ce fer avec une adresse et une force irrésistible, il le fit tomber à ses pieds.

Lascars se baissa vivement pour ressaisir son arme. Mais déjà le marquis l'avait devancé.

Prompt comme la foudre, Tancrède se redressa, tenant à la main l'épée du vaincu, et il s'écria :

— Cette lame déshonorée ne servira plus à personne !...

En même temps, saisissant la tige d'acier par la poignée et par la pointe, il la brisa sur son genou et il jeta les morceaux derrière lui.

— Mon rôle en cette affaire est fini ! — continua-t-il — celui des laquais commence !... qu'ils mettent cet homme à la porte !

. . . .

Un instant après, Roland de Lascars, tête nue, sans épée, la pâleur au front, la haine et le désespoir dans l'âme, traversait au milieu des huées de la valetaille la cour de l'hôtel de Cydalise et s'enfonçait, chancelant, parmi les ténébreuses profondeurs de la rue Saint Honoré, et tout en marchant il balbutiait :

— Je me vengerai, dussé-je y laisser ma vie!... Tu me fais verser des larmes de honte, marquis d'Hérouville, eh bien, en échange, moi, je t'arracherai des larmes de sang !

. . . .

Dans les salons que nous venons de quitter, les gentilshommes s'empressaient autour de Tancrède, et le félicitaient à qui mieux mieux de sa conduite et de sa victoire.

— J'ai fait ce que je devais, — répondait le marquis avec une parfaite simplicité, — il n'y a pas grand mérite à cela. — Pouvais-je, en bonne conscience, voir dépouiller, sans rien dire, mon ami sous mes yeux, et tolérer parmi vous la présence d'un homme dont le seul contact est une souillure... — Ce misérable appartient réellement à une famille très honorable et de bonne noblesse, qu'il déshonore... — Bien accueilli par le roi, il se faisait à la cour l'agent et la cheville ouvrière des plus basses intrigues... — Il descendait jusqu'à se mettre à la solde de l'étranger qui lui payait chèrement son espionnage et ses rapports... Louis XV, instruit de tout, s'est contenté de le chasser de Versailles. — C'était trop d'indulgence, il fallait, en bonne justice, envoyer ce coquin pourrir à la Bastille.

— Vous avez parfaitement raison, mon cher marquis, — répliqua le vicomte de La Guette, — mais une chose en tout ceci m'afflige et m'inquiète...

— Laquelle?

— C'est que vous venez de vous faire, en monsieur de Lascars, un ennemi mortel.

Tancrède eut aux lèvres un sourire plein de dédain et d'insouciance.

— Qu'importe cela? — répondit-il, — un tel ennemi n'est point à craindre... — on rencontre un reptile, on l'écrase et l'on passe.

Monsieur de La Guette secoua la tête d'un air de doute.

— Vicomte, — demanda Tancrède, — il me semble que vous n'êtes point de mon avis?

— Non, certes! et je suis même d'un avis tout opposé.

— Quel est-il?

— C'est qu'on peut mépriser le reptile, mais qu'il ne faut pas le dédaigner.

— Pourquoi?

— Parce que, venimeux et lâche, il se redresse sous

le pied qui l'écrase, il mort par derrière, et sa morsure envenimée est inguérissable.

— Cher ami, parlez, clairement. — Où donc en voulez-vous venir !

— A ceci : — Vous avez publiquement arraché cette nuit, au baron de Lascars, le masque qui cachait son visage... — vous l'avez écrasé de vos mépris... — vous l'avez foulé aux pieds... — vous l'avez chassé de cette maison comme on chasse un laquais voleur... — mais il emporte son venin, et j'ai lu dans ses yeux qu'il ne vivrait que pour la vengeance... — Ainsi donc, défiez-vous!...

— Merci de ce bon conseil, vicomte, — répliqua Tancrède.

— Le suivrez-vous ?

— Ma foi, non... et à la grâce de Dieu!...

VII

ROLAND DE LASCARS

Quelques mots sur le passé du baron Roland de Lascars nous semblent nécessaires, avant de continuer un récit dans lequel il doit jouer l'un des rôles principaux.

Ce gentilhomme, issu d'une famille sinon illustre, du moins très ancienne du Limousin, était, en sa qualité de fils unique, le dernier représentant de sa race.

La mort de son père l'avait rendu possesseur, à l'âge de vingt-deux ans, d'une fortune considérable. — Deux terres, dont l'une portait son nom, constituaient à son profit un revenu de soixante mille livres, équivalant à plus de deux cent mille francs à notre époque.

Il était en outre propriétaire d'un fort bel hôtel situé dans la rue Saint-Louis, au Marais.

Roland de Lascars, très favorisé de la nature sous le rapport des avantages physiques, et non moins bien doué du côté de l'intelligence, cachait sous un extérieur séduisant et sous les formes d'un langage facile, gracieux, brillant même, un cœur profondément corrompu et l'âme d'un scélérat.

Dès sa première jeunesse, nous pourrions presque dire dès son enfance, sa perversité précoce avait prouvé qu'il portait en lui le germe de tous les vices. Son père ne s'était fait aucune illusion à cet égard, et forcé de reconnaître que ses efforts, ses prières et ses larmes ne parvenaient ni à corriger, ni même à modifier ses dispositions fatales, il s'était senti mourir avant l'âge, miné par le chagrin, et envisageant avec une profonde terreur l'avenir de son unique enfant.

À peine maître de sa fortune, Roland s'empressa de réaliser les tristes prévisions du vieillard.

Il se jeta à corps perdu dans tous les excès, dans toutes les orgies, dans tous les bourbiers du vice. Loin de commander à ses passions, il leur mit la bride sur le cou, et, non content de se laisser entraîner par elles, il les éperonna sans cesse en se faisant le compagnon assidu des débauchés les plus perdus de Paris.

Les jours et les nuits du baron ne furent alors qu'une longue bacchanale entrecoupée de duels, de rapts et de violences. Le plaisir, pour ce jeune misérable n'était, jamais plus vif que lorsqu'il côtoyait le crime, et en cela il se montrait digne de marcher sur les traces du duc de Fronsac, son émule et son ami, le plus pervers peut-être des roués du dix-huitième siècle. Personne n'ignore que cet infâme seigneur, fils du célèbre maréchal de Richelieu, risqua, par une belle nuit, de brûler Paris, pour enlever des bras de sa mère, à la faveur de l'incendie, une malheureuse enfant qui lui résistait et qu'il voulait perdre.

Le poète Gilbert eut le courage, bien rare à cette époque, de stigmatiser, dans des vers magnifiques et impérissables, un si monstrueux attentat.

À mener une telle vie, et avec de tels compagnons,

le baron Roland de Lascars dévora sa fortune en quelques années. Les terres furent vendues pièce à pièce, son hôtel de Paris hypothéqué jusque dans ses fondations.

Quoique ruiné, il ne changea rien à ses habitudes et ne diminua point son train. Son nom, sa position dans le monde, le crédit qu'il s'attribuait à la Cour, éblouirent pendant quelque temps ses fournisseurs, aussi bien que les usuriers qui le laissaient puiser dans leurs coffres.

Un jour vint, cependant, où toute ressource lui fit défaut, le terrain manquait sous ses pieds ; — les créanciers devenaient farouches.

Roland implora la générosité de Louis XV qui lui vint royalement en aide, paya ses dettes et le remit à flot.

Il s'empressa de reconnaître ces bienfaits par la plus noire ingratitude et, ainsi que nous avons entendu Tancrède d'Hérouville le lui jeter au visage, il devint espion de Cour à la solde de l'étranger. — Dénoncé par quelqu'un de ses complices à M. de Sartine qui s'empressa de révéler au roi sa bassesse et ses trahisons, il fut, par un reste d'indulgence, laissé libre et seulement banni de Versailles.

Cette punition, quoique très modérée, lui causa une irritation profonde et lui mit au cœur une haine aveugle pour Louis XV. Déjà, depuis longtemps, il haïssait le Dauphin, sans autre motif que l'horreur instinctive inspirée au vice par la vertu.

— Ah ! se dit-il, je me vengerai.

Mais se venger d'un roi n'est pas chose facile, et Lascars dut se borner d'abord à déverser sa rage dans des brochures infâmes, imprimées en Hollande, et à composer des chansons brutales et des pamphlets satyrques, distribués sous le manteau, brochures et pamphlets dont les limiers du lieutenant de police cherchaient vainement l'auteur anonyme.

Pendant plusieurs mois il eut recours, pour soutenir son luxe, à toutes sortes d'escroqueries et de moyens honteux... — il se mit à voler au jeu, et, grâce aux leçons d'un *professeur de langue verte* (1) échappé des galères, il devint promptement assez habile pour être certain de dépouiller sans courir aucun risque les joueurs inexpérimentés et confiants.

Il attendait toujours qu'une occasion propice lui permît enfin d'atteindre la vengeance qu'il convoitait.

Le mariage du Dauphin avec l'archiduchesse Marie-Antoinette d'Autriche vint lui fournir cette occasion ardemment convoitée.

L'histoire l'affirme, — (et nous ne faisons ici que le répéter après elle,) — la faction puissante opposée à l'alliance autrichienne, et qui comptait au sein du corps municipal des conjurés et des agents, résolut d'ensanglanter par une effrayante catastrophe les fêtes données en l'honneur des souverains futurs (2).

D'indignes gentilshommes, qui avaient ou qui du moins croyaient avoir à se plaindre de la cour, accep-

---

1) On appelait *professeur de langue verte* les joueurs émérites et filous qui formaient des élèves. De nos jours le nom est changé peut-être, mais malheureusement l'espèce existe encore.
(2) Longtemps après la catastrophe du 30 mai, *le Dauphin* devenu *Louis XVI disait dans une lettre* :
« Le dépit de ceux qui avaient apporté obstacle à mon mariage se changea en rage le jour de la fête. Mais il est fort essentiel de couvrir d'un voile impénétrable ce qui s'est passé dans cette journée, et de ne pas laisser soupçonner les coups affreux qu'on voulait porter. » *(Note de l'auteur.)*

tèrent l'exécrable tâche d'organiser cette catastrophe.

Roland de Lascars accueillit avec des transports de joie l'offre qui lui fut faite de devenir le chef de ces organisateurs.

Il reçut des sommes énormes, avec mission de les répandre libéralement pour acheter des complices. — Il s'attribua comme bien on pense la plus forte partie de ces sommes, mais, s'il épargna l'argent, il fut prodigue de son zèle et de ses démarches.

Nous l'avons vu déjà à l'œuvre.

Après son entrevue sur les grèves de la Seine, auprès du cabaret de Sauvageon, avec Huber, le chef des *Lapins*, Roland de Lascars eut l'idée, non point d'aventurer, mais de doubler ou de tripler au jeu, par des moyens à lui connus, une somme de cent mille livres dont il était porteur.

Nous savons quelle déception amère et quel juste châtiment l'attendaient dans les salons de Cydalise, grâce à la présence du marquis d'Hérouville qui, dans sa loyale indignation, s'était chargé d'arracher le masque du misérable, ou plutôt de lui broyer ce masque sur le visage.

L'hôtel de la rue Saint-Louis, quoique grevé d'hypothèques pour des sommes supérieures à sa valeur réelle, appartenait toujours, du moins en apparence, au baron de Lascars.

En quittant la rue Saint-Honoré, Roland prit donc le chemin du Marais, mais il était tellement anéanti, tellement brisé de corps et d'âme, par la scène terrible qui venait d'avoir lieu, qu'il se sentit bien vite incapable de marcher. Il se laissa tomber défaillant sur un banc de pierre, à la porte d'une maison ; — il y resta pendant plus d'une heure, semblable à un homme

LE MARIAGE DE LASCARS 55

dont l'intelligence et les membres viennent d'être paralysés à la fois.

Peu à peu, cependant, la faculté de penser, sinon d'agir, lui revint, — il appela le cocher d'un carrosse de louage qui passait à vide, et, comme cet homme objectait la fatigue excessive de ses chevaux, il lui promit un louis pour une course et se fit conduire à la porte de son hôtel.

Roland de Lascars entretenait parmi ses gens une discipline sévère. — Pas plus que Louis XIV il n'admettait qu'un valet pût le faire attendre, ne fût-ce qu'une minute.

A quelque heure de la nuit qu'il jugeât convenable de rentrer, le *suisse* devait se trouver en grand costume sur le seuil de la porte monumentale, sa hallebarde d'une main, un flambeau de l'autre pour éclairer jusqu'au vestibule, où le valet de chambre de service était prêt à recevoir ses ordres et à les exécuter sur-le-champ.

Il ne fut dérogé en aucune façon, cette nuit-là, au cérémonial habituel. — Seulement le Suisse, gros homme à ventre prépondérant, dont la figure large et cramoisie ressemblait, sous les boudins de sa perruque poudrée, à une fraise dans du coton, se dit à lui-même en voyant descendre de carrosse son maître, tête nue, le visage livide et décomposé, les yeux gonflés et rougis, les jambes flageolantes :

— Tarteifle!... mein Herr le paron, il fient te mener choyeuse fie afec tes cheunes tucs et marquis, pien sûr!... il èdre ifre gomme un Bolonais!..

Puis, gardant pour lui seul ces irrespectueuses conjectures, il traversa la cour d'un pas lent et majestueux, suivi par M. de Lascars qui trébuchait à chaque pas [et] paraissait ne se soutenir qu'à grand peine.

Le valet de chambre, debout sous le vestibule [et] tenant un candélabre à trois branches, échangea mys[té]rieusement avec le suisse un coup d'œil moqueur e[t] précédant son maître, prit le chemin de la chambre [à] coucher à travers une enfilade de salons dont l'ame[u]blement somptueux semblait démentir la ruine d[u] maître du logis.

Sur la table de nuit, à côté du lit du baron, se trou[]vait toujours ce que, dans le langage du dix-huitièm[e] siècle, on appelait un *en-cas*.

Un petit pain à croûte blonde, une volaille froid[e] des fruits confits et un flacon de vin d'Espagne, sup[]portés par un plateau de vermeil, composaient l'en-c[as] destiné à satisfaire quelque velléité d'appétit nocturn[e.]

Le baron n'accorda aucune attention aux comes[]tibles, mais, saisissant le flacon de Xérès, il remplit [et] vida à deux reprises, jusqu'à la dernière goutte, u[n] long verre de cristal de Venise, en forme de tulipe.

Convaincu, comme son compère le suisse, que mo[n]sieur de Lascars sortait d'un joyeux souper où il av[ait] bu plus que de raison, le valet de chambre se détour[na] pour cacher un sourire, et se livra fort irrévérencieu[se]ment à une réflexion ainsi formulée :

— Il ne manquait plus que cela! le baron [va] s'achever! — avant deux minutes il roulera sur [le] tapis !... — en vérité, ces gentilshommes se grise[nt] aussi bien que leurs laquais !...

Roland reposa son verre vide sur le plateau.

Le valet se dit :

— Veillons au grain... — monsieur va tomber !

VIII

LORRAIN

La prévision du valet ne devait point se réaliser et l'effet produit sur Lascars par sa double libation de vin de Xérès fut diamétralement opposé à celui qu'attendait ce fidèle serviteur.

A peine le généreux breuvage eut-il fait circuler dans les veines du baron sa chaleur vivifiante, qu'un changement complet s'opéra si soudainement qu'il sembla tenir du prodige.

La taille de Roland se redressa ; — ses jambes incertaines reprirent leur aplomb ; — la pâleur livide de son visage disparut, pour faire place à une vive coloration ; — les yeux enfin, atones et ternis jusqu'à ce moment, retrouvèrent leur éclat habituel et leur regard d'oiseau de proie.

Seulement, le front du gentilhomme resta voilé d'un nuage sombre, le pli profond creusé entre ses sourcils ne s'effaça point, et le sourire qui vint à ses lèvres eut une expression d'amertume presque farouche.

— Monsieur le baron n'est pas plus ivre que moi! pensa le valet. — Pourquoi donc a-t-il perdu son chapeau et son épée par la ville?... — Pourquoi donc avait-il tout à l'heure une si drôle de figure ? Pourquoi donc enfin regarde-t-il droit devant lui comme un homme qui songe à en tuer un autre ?... — Décidément il a dû se passer cette nuit quelque chose que je ne sais pas, mais que je voudrais bien savoir...

Roland s'absorba pendant quelques secondes dans de réflexions dont nos lecteurs devinent sans peine la nature, puis il secoua la tête, comme pour chasser loin de lui les pensées qui l'assiégeaient, et il demanda d'une voix sèche et brève :

— Que faites-vous ici, Lorrain ?

— J'attends les ordres de monsieur le baron...

— Déshabillez-moi.

Le valet obéit sans retard, et un petit nombre de minutes lui suffirent pour achever la toilette de nuit de son maître.

Roland, vêtu d'une légère robe de chambre de toile peinte, s'assit au pied de son lit et céda de nouveau malgré lui aux invincibles préoccupations qui le dominaient.

Lorrain recula d'une dizaine de pas, et se tint debout, immobile, dans une attitude respectueuse.

M. de Lascars leva tout à coup les yeux, aperçut son valet, tressaillit d'impatience et s'écria, presque avec colère :

— Je n'ai plus besoin de vos services... ne le voyez-vous pas?... qu'attendez-vous?...

— J'attends que monsieur le baron me fasse l'honneur de m'interroger.

— Vous interroger! répéta Roland.

— Si cela plaît à monsieur le baron...
— Et, à quel sujet?
— Au sujet de la mission que monsieur le baron a bien voulu me confier ce matin; je me suis acquitté de mon mieux de cette mission, et je suis prêt à rendre compte du résultat obtenu par mes démarches...

Roland attacha sur Lorrain un regard étonné, — les événements accomplis depuis quelques heures occupaient son esprit, ou plutôt l'obsédaient, au point de lui faire perdre tout souvenir des faits antérieurs, même des plus rapprochés.

— Je vous ai chargé d'une mission?... moi! — murmura-t-il, en vérité, je ne sais pas ce que vous voulez dire...

— Je vois que monsieur le baron oublie — répliqua le valet — mais, si monsieur le baron veut bien me le permettre, il me sera facile de lui rafraîchir la mémoire.

— Faites-le donc sans retard.

— Il s'agit de la jeune demoiselle blonde que monsieur le baron a remarquée plusieurs fois quand elle passait devant l'hôtel, à deux heures précises de l'après-midi, accompagnée tantôt d'un monsieur âgé, tantôt d'une vieille dame...

Lascars fit un mouvement brusque.

— Oui, oui, — dit-il — je me souviens ! je ne sais où j'avais l'esprit tout à l'heure... je crois que je deviens distrait...

Tandis qu'il prononçait ces mots, le nuage qui couvrait son front disparut et un sourire exempt d'amertume vint à ses lèvres.

La certitude qu'il allait pouvoir rompre momentanément avec les préoccupations qui le torturaient, pro-

duisit sur lui l'effet d'un baume calmant et réparateu[r]
— Parlez-moi de cette jeune fille... — continua-t-[il]
— je vous écoute avec intérêt.

Lorrain reprit :

— Monsieur le baron, hier au soir, m'enjoignit [de]
guetter la demoiselle blonde, facilement reconnaissab[le]
au portrait parfaitement exact qu'il avait tracé de [sa]
personne, m'ordonna de la suivre, de savoir où se tro[u]
vait situé son logis, et de m'informer adroitement [de]
toutes les choses qui la concernait...

— C'est bien cela... — qu'avez-vous fait?

— J'ai agi pour le mieux, et j'ose espérer que mo[n]
sieur le baron sera content... — D'abord, j'ai quitté [ma]
livrée, ainsi que je crois devoir toujours le faire lorsq[ue]
je vais en expition galante pour le compte de monsie[ur]
le baron...

— Vous êtes un homme avisé et un bon serviteur.
Continuez...

— Donc, — poursuivit le valet de chambre, — [je]
m'habillai très simplement, en tout petit bourgeois, [de]
manière à n'attirer sur moi l'attention de personne,
quittai l'hôtel, vers une heure et demie, et je m'insta[llai]
dans la rue à cent pas d'ici... Je n'attendis pas lo[ng]
temps... — au moment où sonnaient deux heures, [je]
vis arriver de loin la jeune fille et le vieux monsie[ur]
— (ces gens-là sont réglés comme une horloge!)
grâce à la description faite par monsieur le baron, [il]
n'y avait pas moyen de se tromper... tout y était dep[uis]
A jusqu'à Z... — le père, grand et maigre, sec et rai[de]
avec un pauvre costume et une mine hautaine com[me]
s'il roulait dans un carrosse doré avec quatre laquais [par]
derrière... — la demoiselle en robe grise et noire a[vec]
un mantelet de soie noire toute fanée, des peti[ts]

LE MARIAGE DE LASCARS 61

[...]ules bien mignonnes, des cheveux blonds et des yeux [n]oirs.

— Vous avez regardé attentivement cette jeune fille, [m]aître Lorrain?

— J'ai pensé devoir le faire pour le bien du service.

— Êtes-vous connaisseur en fait de beauté?

Le valet de chambre se rengorgea en baissant les [ye]ux, et prit un air tout à la fois fat et modeste.

— Dam! monsieur le baron — répliqua-t-il, — je ne [m']y connais certainement pas comme un seigneur, mais, [pa]rmi les gens de ma classe, je passe pour avoir assez [bo]n goût.

— Eh bien! comment trouvez-vous cette personne?

— La demoiselle blonde aux yeux noirs?

— Elle-même.

Lorrain joignit les mains, leva les yeux vers le pla[fo]nd et sa physionomie mobile et rusée exprima l'en[th]ousiasme le plus profond et le plus complet.

— Ah! s'écria-t-il — j'ai vu certainement de bien [jo]lies filles dans ma vie, quand ce ne serait que celles à [qu]i je donnais la chasse d'après les ordres de monsieur [le] baron... mais jamais, non au grand jamais, mes [ye]ux n'ont contemplé quelque chose de comparable, et [je] ne croyais point qu'une pareille figure pût exister [au]trement que dans les tableaux peints par les pein[tre]s... — une si grande et si parfaite beauté, c'est [co]mme le soleil... il ne faudrait pas la regarder trop [lo]ngtemps en face... on aurait des éblouissements...

Lascars sourit.

— Les gens de votre classe, dit-il, ont raison de [tr]ouver que vous avez du goût... J'ajouterai que vous [vo]us exprimez en de forts bons termes pour un valet [sa]ns éducation et sans usage...

4

— Monsieur le baron me comble! balbutia Lorra[in]
avec conviction.

— J'attends la suite.

— M'y voici : — la jeune fille et le vieux monsie[ur]
passèrent... — ils ne firent point attention à moi, et j[e]
les suivis en ayant soin de me maintenir à bonne di[s]tance...

— Où allaient-ils.

— A la place Royale... — J'ai tout lieu de croire q[ue]
c'est le but de leur promenade de chaque jour... je l[es]
vis marcher de long en large pendant à peu près u[ne]
demi-heure sous les marronniers, qui sont cette ann[ée]
très touffus et couverts de fleurs, puis ils s'assirent s[ur]
un des bancs et ils se mirent à causer à voix basse.

— Que se disaient-ils?

— J'ai eu beau m'approcher d'eux par derrière, sa[ns]
en avoir l'air, je n'ai pas pu entendre un seul mot...
Ils restèrent là jusqu'à quatre heures, puis le vie[ux]
monsieur se leva et donna le bras à la jeune fille; i[ls]
se remirent en marche, parcourant le même chem[in]
qu'ils avaient suivi pour venir, et je recommençai[s]
les suivre.

— Vous menèrent-ils loin?

— Jusqu'au bout de la rue Vendôme, où ils entr[è]rent dans une maison très propre, mais habitée de [la]
cave au grenier par de *petites gens*, et où les loye[rs]
sont à bon marché.

— C'est là qu'ils demeurent?

— Oui, monsieur le baron... j'attendis un peu [de]
temps avant de franchir le seuil à mon tour pour m'[en]
assurer, puis j'abordai le portier, un brave homme qui [n'a]
pas plus d'esprit qu'il n'en faut pour remettre des fon[ds]
aux vieilles culottes, ce dont il fait d'ailleurs son éta[t].

e lui demandai un nom en l'air, le premier qui me vint
u bout de la langue... — Il me répondit qu'il ne savait
e que je voulais dire, mais comme il est de Picardie
et que moi, je suis de Lorraine, je lui persuadai sans
la moindre peine que nous étions *pays*, et je l'emmenai
avec moi au cabaret afin de célébrer, le verre en main,
notre heureuse rencontre. — Naturellement, tout
en buvant, la conversation s'engagea. Bien entendu,
je ne manquai pas de lui faire une foule de questions. — il est bavard plus qu'une pie-borgne, il
ne se fit point prier et me raconta les faits et gestes
de tous ses locataires... Là-dessus, je pris quelques
notes.

— Comment se nomme la jeune fille blonde? demanda vivement Lascars.

Lorrain tira de sa poche un petit portefeuille doré
sur tranche, — il l'ouvrit et le consulta.

— Pauline Talbot... — répondit-il ensuite.

— Le monsieur âgé est son père?

— Oui, monsieur le baron?

— Et la vieille dame.

— Une gouvernante qui a élevé la jeune demoiselle.

— Une gouvernante! répéta Lascars. Ces gens-là
sont donc riches?

— Il paraît qu'ils l'ont été autrefois, et beaucoup,
mais ils ne le sont plus, sans se trouver cependant
tout à fait dans la misère... — Il leur reste de quoi
vivre tant bien que mal, en se privant de tout... C'est
la pauvreté décente, à ce que m'a dit mon brave
homme de portier qui a pour ces Talbot beaucoup de
considération, quoiqu'ils ne lui donnent au jour de

l'an que de maigres étrennes... L'ancienne gouvernante s'est attachée à la demoiselle comme à sa propre enfant et, lorsque la ruine est venue, elle n'a pas voulu quitter cette petite, mais y a longtemps qu'elle ne touche plus de gages qu'elle reste dans la maison sur un pied d'égalité...

— Et — demanda Lascars — la jeune fille, la blonde sirène aux yeux noirs, Pauline Talbot, est-elle sage?

— Si elle est sage! — s'écria Lorrain; — ah! monsieur le baron, à entendre mon portier Picard, c'est un ange, un véritable ange du bon Dieu, descendu sur la terre avec des ailes blanches comme la neige.

— Ainsi, point d'amourette, même la plus petite?

— Elle ne sait seulement pas ce que c'est... — (c'est toujours le portier qui parle), mais je croirais volontiers la chose, attendu que son père ou la vieille dame ne la quittent jamais une minute... et je vous réponds qu'ils la gardent bien...

IX

PAULINE TALBOT

— En vérité — dit Lascars après un silence — tout que vous m'apprenez là, Lorrain, redouble mon estime pour cette jeune fille...
— Il est certain — répliqua le valet — il est parfaitement certain que la chère enfant mérite de tourner la tête à un roi... — Ah! si Lebel la voyait !...
— Aussitôt que j'aurai mené à bien certaines affaires importantes qui me préoccupent en ce moment, je viserai à me faire aimer de Pauline Talbot.
— Ce sera difficile... — murmura Lorrain en hochant la tête.
— Difficile ! répéta Lascars.
— Oui, monsieur le baron, pour ne pas dire impossible...
— Savez-vous, monsieur le drôle, que vous venez me répondre une impertinence !...
— C'est donc alors bien malgré moi, car j'aimerais

4.

mille fois mieux me couper la langue que de manqu[er]
volontairement au respect... Je n'ignore point q[ue]
monsieur le baron est irrésistible, qu'il n'a jamais re[n]-
contré de cruelles, et qu'il lui suffit de se montrer p[our]
être vainqueur. — J'ai simplement voulu donner à e[n]-
tendre que monsieur le baron rencontrerait des ob[s]-
tacles presque insurmontables pour se rapproch[er]
de la demoiselle et pour être admis dans la maison[.]

— Bah! la clef d'or ouvre toutes les portes!

— J'ai dans l'idée que ce vieux Talbot est fier [et]
qu'il ne ferait pas bon de lui parler d'argent.

— Eh bien, il existe d'autres moyens... — Avez-v[ous]
donc oublié mon aventure du quai de la Ferraille?

— Quand monsieur le baron vint à bout, sous [un]
déguisement, de se faire recevoir en qualité d'appr[enti]
compagnon chez ce maître menuisier dont la fille é[tait]
si jolie... — Elle s'appelait Nicole, je crois, la pet[ite]
et elle en mourut de chagrin lorsque la vérité [fut]
connue... — Cela fit assez de bruit dans le temps [et]
beaucoup d'honneur à monsieur le baron...

— Ce qui m'est arrivé déjà peut m'arriver e[n]-
core... — Il ne s'agit que de trouver un rôle in[gé]-
nieux...

— Monsieur le baron trouvera, je n'en doute p[as,]
s'il se donne la peine de chercher... — Mais le vi[eux]
Talbot, qui a vécu dans le monde, doit être plus di[ffi]-
cile à tromper que ne l'était un simple artisan...

— « A vaincre sans péril on triomphe sans gloir[e] »
— déclama Roland. — Puis il ajouta:

— Et d'ailleurs, si les ruses échouent, rien n'e[m]-
pêchera de recourir à l'enlèvement qui réussit t[ou]-
jours...

Lorrain s'inclina d'un air convaincu.

— C'est parfaitement juste... — répliqua-t-il, — je n'y songeais point, parce que monsieur le baron avait soif d'amour et non de violence, mais je ne suis qu'un nigaud, et monsieur le baron a toujours raison.

Ces derniers mots terminèrent l'entretien du maître et du valet.

Roland fit signe à Lorrain qu'il pouvait se retirer, et resté seul dans sa chambre il se mit au lit sans retard.

Si grande était sa fatigue que, malgré ses graves préoccupations de tout genre, il s'endormit au bout de quelques minutes et ne se réveilla qu'à dix heures du matin, dans une disposition d'esprit presque joyeuse. Il avait rêvé que la blonde enfant lui souriait, et qu'il plongeait son épée jusqu'à la garde dans la poitrine du marquis d'Hérouville expirant !...

§

Ce même jour 30 mai 1770, vers les cinq heures de l'après-midi, Pauline Talbot et sa vieille gouvernante, revenant de la promenade quotidienne à la Place-Royale, franchissaient le seuil de cette maison de la rue de Vendôme dont nous avons entendu parler Lorrain à son maître pendant la nuit précédente.

Trois corps de bâtiments formaient les trois côtés d'une cour assez vaste, mal entretenue, où l'herbe poussait entre les pavés. — Une barrière en bois vermoulue faisant face à la porte cochère séparait la cour d'un petit jardin planté d'une demi-douzaine de vieux tilleuls, taillés jadis à chaque printemps, mais maintenant croissant en liberté et jetant à l'aventure leurs branches luxuriantes.

Au fond du jardin, derrière les arbres, existait un très petit pavillon, élevé d'un seul étage sur rez-de-chaussée et servant d'habitation, moyennant un loyer annuel de quatre cents livres, à M. Talbot, à sa fille et à madame Audoin, l'ancienne gouvernante de Pauline.

Faisons tourner sur ses gonds criards la porte de la barrière et pénétrons dans le jardinet.

Rien ne se pouvait imaginer de plus frais et de plus charmant que cet enclos de cent mètres carrés à peine. — Là tout était soigné comme par les mains du plus habile jardinier. — Les allées bien sablées et irréprochablement rectilignes couraient entre des bordures de buis d'une correction mathématique, — des fleurs simples, mais très variées et de la plus belle venue remplissaient les plates-bandes et réjouissaient le regard par la vivacité de leurs couleurs.

Une vigne vierge aux larges feuilles d'un vert éclatant grimpait le long de la façade en briques rouges du pavillon, et formait à chaque fenêtre un encadrement de festons.

Pauline Talbot, aussitôt qu'elle eût dépassé la porte du jardin, se mit à courir, comme une enfant qu'elle était encore, laissant madame Audouin derrière elle.

Son mantelet de soie s'envola de ses épaules et tomba sur le sable, sans qu'elle prit la peine de le ramasser...

Avec la gracieuse rapidité d'une gazelle, elle pénétra dans le pavillon, elle ouvrit la porte d'une pièce servant de salon et elle s'élança dans les bras d'un vieillard qui lui rendit ses caresses avec une effusion toute paternelle...

La jeune fille était véritablement digne de faire tou-

... la tête d'un roi, ainsi que nous avons entendu
... rain l'affirmer.
... n portrait écrit ne saurait en aucune façon donner
... lecteurs une idée exacte de sa beauté souveraine
... son charme incomparable.
... gée de seize ans, grande et mince, avec une taille
... de et des formes encore un peu grêles, mais déjà
... rieusement féminines, Pauline Talbot avait l'air,
... à la fois, d'une enfant rieuse et d'une jeune reine.
... ne opulente et merveilleuse chevelure du blond
... le plus doux et le plus rare, couronnait sa petite
... au front grec et semblait la fatiguer du poids de ses
... ...es et de ses torsades. — Son teint offrait la blan-
... ur du lys unie à l'éclat faiblement pourpré des roses
... ...antes. — Ses yeux noirs et ses sourcils bruns for-
... ...ent le contraste le plus inattendu et le plus piquant
... l'or pâle de ses cheveux, qu'elle avait le bon goût
... ...orter sans poudre.
... ...es lèvres, rouges comme du corail humide, et
... que constamment écartées par le sourire, laissaient
... des dents éblouissantes.
... n contemplant ce radieux visage d'une distinction
... ...mparable, en voyant la candeur assise sur ce jeune
... ...t, et la bonté touchante écrite dans ces yeux si
... ..., on comprenait que le front pouvait s'entourer
... ...ain d'une auréole de fierté, et que les yeux sau-
... ...nt lancer, malgré leur douceur, des éclairs de colère
... ...e mépris...
... ...auline avait des mains de duchesse, et des pieds
... ...petits pour la pantoufle de Cendrillon...
... . Talbot ressemblait à Pauline autant qu'un vieil-
... ...peut ressembler à une jeune fille.
... ...tait grand, et sa taille, quoiqu'un peu courbée

par l'âge, restait majestueuse encore. — Ses chev[eux]
blancs comme la neige et qu'il portait roulés sur [les]
tempes, selon la mode du temps, encadraient le h[aut]
d'une figure pâle, remarquablement belle autref[ois]
mais dont les rides innombrables et prématurées
(M. Talbot n'avait pas plus de soixante ans) — [pré]
sentaient les stigmates irrécusables laissés par [de]
longues douleurs et de profonds chagrins.

M. Talbot avait en effet beaucoup souffert ; — n[ous]
ne tarderons point à savoir pourquoi.

Son visage dévasté conservait une expression, si[non]
hautaine et dédaigneuse, du moins imposante et pl[eine]
de noblesse. — Son regard, plein de droiture et [de]
loyauté, exprimait souvent la tristesse ; — il sou[riait]
rarement et son sourire n'était exempt d'amertume q[ue]
lorsqu'il regardait sa fille.

Les vêtements d'intérieur de M. Talbot, comme [ses]
habits de promenade, étaient d'une propreté irré[pro]
chable, mais d'une simplicité voisine de la pauvr[eté].

Le mobilier de l'humble logis ressemblait au c[ou]
tume du maître ; il était décent, mais surtout mode[ste]
à l'exception de deux ou trois meubles, anciens dé[jà]
d'une suprême élégance et d'une valeur considéra[ble]
débris d'une opulence disparue, épaves sauvées d['un]
grand naufrage...

Le petit salon dans lequel Pauline venait de rejoin[dre]
son père était plein de lumière et semblait pres[que]
somptueusement paré, grâce aux joyeux rayons [du]
soleil couchant qui se glissaient, ans façon, par [la]
fenêtre ouverte, en hôtes certains d'être bien accueil[lis]
et grâce surtout à de grands vases remplis des p[lus]
belles fleurs du jardin.

— Eh bien, chère enfant, — demanda M. Talbot

[...]e après l'avoir embrassée à plusieurs reprises, — [...]as-tu donc fait de cette bonne madame Audouin ?
[P]auline allait répondre, mais la digne gouvernante [...]ui en laissa pas le temps.

— Me voici... me voici... — dit-elle d'une voix es[...] en apparaissant dans l'encadrement de la porte. J'étais un peu en arrière... — Que voulez-vous, ce [n'est] pas ma faute... Je n'ai plus mes jambes de seize [ans], comme notre chère fille, et puis il m'a fallu [arrêter] dans le jardin et ramasser cette mante que [cette] petite folle abandonnait pour arriver plus vite [auprès] de son père... — Ah ! quelle enfant ! bonté [divine], quelle enfant !

— Allons, allons, ma bonne Audouin, ne gronde [pas]... — répliqua Pauline en riant : et elle quitta [Talbot] pour aller embrasser la gouvernante, courte [et] massive personne chargée d'années et d'embonpoint, [à] la figure ronde, aux traits vulgaires et incorrects, [mais] cependant agréable et sympathique, tant les [rayonn]ements d'une belle âme l'illuminaient.

[La] jeune fille revint ensuite au vieillard ; elle s'assit [à cô]té de lui, elle lui prit les deux mains, elle le regarda [dan]s les yeux avec une expression tendre et câline, et [elle] lui dit :

— Bon père, j'ai quelque chose à te demander...
— Quelque chose que tu désires que je fasse ?
— Oui.
— Eh bien ! parle, chère enfant, — répliqua Talbot — et tu sais bien que, s'il est en mon pou[voi]r de te satisfaire, je serai plus heureux que toi...

[P]auline récompensa par un baiser ces encoura[ge]antes paroles, puis elle reprit :

— Il faut d'abord que je t'apprenne qu'aujourd'hui

notre bonne ville de Paris n'a pas du tout sa physio[no]-
mie habituelle. — Tu as eu bien tort de rester [à la]
maison au lieu de venir avec nous à la Place-Roya[le.]
— les rues regorgent de monde et les pass[ants]
semblent tout joyeux : — Les femmes sont parées, [les]
hommes ont mis leurs plus beaux habits ; — on rit,
on chante, — on s'embrasse, — il y a des drapeaux [aux]
fenêtres, et chacun prépare des lampions et des l[an]-
ternes de toutes les couleurs pour l'illumination d[u]
soir.

— Ce que tu me dis là n'a rien qui m'étonne... [l']
interrompit M. Talbot ; — aujourd'hui c'est fête à P[aris],
et grande fête en l'honneur du mariage de mo[nsei]-
gneur le Dauphin...

— Puisque tu sais cela, bon père, sais-tu auss[i de]
quoi tout le monde s'occupe, partout, sans excep[tion,]
dans les rues, sur la Place-Royale, et jusque da[ns la]
cour de notre maison ?...

— Non, en vérité... — répondit le vieillard.

— Eh bien, il n'est question que du feu d'artifice [qui]
sera tiré ce soir, à neuf heures précises, sur la p[lace]
Louis XV, en présence du roi, du Dauphin, de la D[au]-
phine et de toute la Cour.

X

LE DÉSIR DE PAULINE

— Ah! ah! — fit M. Talbot en souriant, — il paraît [que ce] feu d'artifice alimente très activement les dis[cours] des cent voix de la Renommée.

— Oui, bon père, et n'y a-t-il pas de quoi?... — [O]n dit, chacun répète, que depuis la création du [monde] jusqu'à ce jour, 30 mai 1770, jamais spectacle [plus] merveilleux que celui dont les Parisiens jouiront [ce soi]r, n'a été offert aux regards éblouis des simples [mort]els.

— Ne pourrait-on soupçonner là-dedans quelque [ex]agération? — demanda le vieillard.

— De l'exagération! s'écria Pauline, pas la moindre! [De]ux dames causaient ensemble, tout à l'heure, sur [un banc] à côté de nous. L'une d'elles est allée ce matin, [avec] des échevins de la ville, visiter les préparatifs [de la] place Louis XV, et elle racontait à son amie ce [qu'elle] avait vu. — Je ne puis te répéter tout ce qu'elle [a dit], mais je sais bien que j'en avais la tête tournée, et qu'il me semblait entendre la lecture d'un conte [de] fée... Bref, bon père, depuis ce moment-là je suis folle.

— Eh bien! chère Pauline, comment te guérir de [ta] folie?

— Oh! le remède n'est pas difficile à trouver...

— Pour toi qui le connais, oui, sans doute... — ma[is] moi je l'ignore, et je t'engage à me l'indiquer.

— Ceci nous amène tout droit à la requête qu'il fa[ut] que je t'adresse, et que je te supplie d'accueillir.

— Et cette requête?

Pauline embrassa son père, puis, d'une voix que [la] violence de son désir et la crainte d'un refus rendaie[nt] un peu tremblante, elle murmura :

— C'est de me conduire ce soir au feu d'artifice...

M. Talbot, en entendant sa fille formuler u[ne] demande à laquelle il était loin de s'attendre, ne p[ut] empêcher une vive contrariété de se peindre sur s[on] visage.

Il fronça le sourcil et il hésita avant de répondre.

Pauline, jugeant habile de combattre à l'inst[ant] même cette hésitation, se hâta d'ajouter :

— Bon père, tu sais que je ne te demande jam[ais] rien, que je me trouve la plus heureuse fille du mo[nde] auprès de toi et de l'excellente madame Audouin, que je ne regrette ni notre fortune, ni notre hôtel, [ni] nos carrosses... — Songe cependant qu'étant pe[tite] fille j'avais des plaisirs continuels, des distraction[s à] chaque jour, songe que rien de tout cela n'existe p[lus] aujourd'hui, et accorde-moi la seule chose qui, d[ans] notre vie nouvelle, m'inspire le plus ardent désir [que] j'aie éprouvé jamais.

M. Talbot poussa un profond soupir.

— Tu as raison, chère fille, — dit-il lentement

avec une évidente mélancolie, — moi qui te devais une fortune et qui n'ai pas su la conserver pour toi, je serais coupable en te refusant les seules joies qu'il me soit encore possible de te donner.

Dans ces paroles un peu tristes Pauline ne vit qu'une seule chose : le consentement de son père.

— Ah! — s'écria-t-elle avec une joie enfantine, — quel bonheur! — tu n'as pas refusé!... — Je te remercie de tout mon cœur, et je vais t'embrasser cent fois!...

— Je n'ai ni refusé ni consenti, chère Pauline, — répliqua M. Talbot, — tu décideras toi-même, et je ferai ce que tu voudras, quand tu sauras pourquoi j'hésitais et quand tu m'auras répondu.

— Alors, bon père, parle vite, je t'en conjure... — attends ce que tu vas me dire avec une impatience dont tu n'as pas d'idée...

— La pensée de te conduire la nuit, au milieu d'une foule immense, m'inquiète et m'épouvante, je l'avoue.

— Pourquoi donc?

— Je ne suis plus jeune... — les chagrins m'ont usé plus encore que les années, et si tu courais un danger quelconque, la force me manquerait pour te faire respecter et pour te défendre.

— Eh, bon Dieu! quel danger pourrais-je courir?

— Ne sais-tu pas que des gens mal intentionnés se glissent partout où il y a de grands rassemblements?

— Je comprends cela très bien, mais nous aurons soin de nous tenir à l'écart de ces rassemblements dont tu parles.

— Si nous nous tenons à l'écart, — répliqua M. Talbot, — tu ne verras absolument rien que les têtes des innombrables spectateurs placés devant toi.

— C'est ce qui te trompe, bon père, dit vivem[ent] Pauline avec un petit ton de suffisance qui fit sou[rire] le vieillard, — j'en sais plus long que toi là-des[sus,] crois-le-bien... — Cette dame qui parlait à son a[mi] était au fait de toutes choses, et je n'ai pas perdu [un] mot de ce qu'elle a dit.

— Dans ce cas, chère enfant, partage ta science a[vec] moi.

— Très volontiers. — Tu n'ignores pas qu'on b[âtit] en ce moment une rue neuve qui conduira depuis [les] boulevards à la place Louis XV.

— Tu peux ajouter que cette rue sera large et b[elle] et qu'elle se nommera la rue Royale.

— Eh bien! des entrepreneurs ont eu la bonne [idée] d'établir, tout le long des maisons nouvellement c[ons]truites, de grands échafaudages en forme de gradi[ns,] de tribunes. On pourra monter sur ces échafaud[ages] moyennant une redevance de cinq sous par pers[onne,] ce qui vraiment n'est pas trop cher. Ils suffiront [à un] nombre infini de spectateurs, tout le monde sera [bien] placé, on dominera la foule sans être confondu [avec] elle, et rien n'empêchera de jouir, dans toute sa s[plen]deur, du coup d'œil magique du feu d'artifice. Qu'est-ce que tu dis de cela, bon père?

— Je dis que tu as réponse à tout, que tu ba[ts en] brèche mes objections l'une après l'autre, et q[ue je] n'hésite plus à t'accorder ce que tu souhaites si [vive]ment.

— Et tu me l'accordes sans regret?

— Sans regret et avec un plaisir extrême.

Pauline frappa dans ses mains, embrassa son [père,] courut chercher sa gouvernante, lui raconta trio[m] ment la grande nouvelle et ajouta d'un air transporté :

— Je suis si contente, vois-tu, si contente, que volontiers je danserais de joie, et pour que la fête soit complète, tu viendras avec nous, ma bonne Audouin.

La petite femme, tout en partageant l'allégresse de Pauline, déclina la proposition.

Elle n'était point de complexion curieuse, et son lit lui paraissait mille fois préférable à tous les feux d'artifice de la terre.

Pauline revint à M. Talbot.

— Bon père, — dit-elle, — je mettrai la robe neuve que tu m'as donnée au jour de l'an. Je serai très belle, pour te faire honneur. — Dans combien de temps partons-nous ?

— Quand tu voudras, mais rien ne nous presse, puisqu'il est six heures à peine et que le feu d'artifice se tire à neuf heures.

— C'est parfaitement vrai, seulement il s'agit d'être bien placés, par conséquent il ne faut pas se mettre en retard. — Nous allons dîner, je m'habillerai vite... — Il sera sept heures, et nous nous mettrons en route... d'ici à la place Louis XV la distance est longue, et si nous arrivons les premiers, tant mieux. — Est-ce convenu, bon père ? dis-tu oui ?...

— Les ordres de mon joli tyran seront exécutés... — répondit le vieillard en souriant.

Le dîner fut court, car l'ordinaire de l'humble ménage était des plus simples. — La femme du petit portier picard venait, chaque après-midi, apprêter l'unique plat destiné à figurer sur la table de M. Talbot et de sa fille.

Pauline n'employa pas plus de cinq minutes à sa toilette. — Elle revêtit la fameuse robe du jour de l'an, une petite robe grise et rose, peu coûteuse, mais tr[ès] jolie. — Elle s'enveloppa dans sa mante noire, pui[s] fraîche, charmante, rayonnante, et naïvement coquett[e] comme le sont les plus innocentes des filles d'Ève, ell[e] vint demander à son père :

— Comment me trouves-tu ?

— Jolie à ravir ! répliqua le vieillard dont les ye[ux] s'illuminèrent d'orgueil paternel.

— Alors, donne-moi ton bras et partons. — Bonso[ir] ma bonne Audouin, bonsoir... — Je te souhaite d[e] rêves merveilleux, ils ne seront jamais aussi beaux q[ue] ce que nous allons voir tout à l'heure...

Un instant après M. Talbot et Pauline quittèrent [la] rue de Vendôme.

Une foule joyeuse et bruyante encombrait les boul[e]vards, et marchant dans le même sens, comme les ea[ux] d'un fleuve, se dirigeait vers la place Louis XV.

— Tu vois bien qu'il n'était que temps ! — s'écria [la] jeune fille, — nous n'arriverons pas les premiers !

Le vieillard jeta un coup d'œil sur ces masses pr[o]fondes qui venaient de se refermer derrière lui et de[r]rière Pauline, les enveloppant de toutes parts et re[n]dant la retraite impossible.

Il soupira. — Une involontaire et vague inquiétu[de] le dominait, et il se dit tout bas :

— J'aurais mieux fait de ne pas céder.

§

Rejoignons Roland de Lascars.

Il était environ huit heures du soir au moment [où]

gentilhomme dégradé fit son apparition sur la place
[Louis] XV, près des bâtiments du garde-meuble.

Ses amis les plus intimes auraient eu peine à le
reconnaître, si le hasard les avait placés face à face
avec lui.

Une légère couche de bistre, étendue sur son visage,
[lui] donnait le teint et la physionomie d'un mulâtre. —
[Il avait] un vieil uniforme militaire, fané, fripé, râpé,
n'appartenant à aucun des corps de l'armée fran-
çaise. — De petites épaulettes en or noirci pendaient
[à se]s épaules. — Le baron offrait l'apparence exacte,
[sous] ce déguisement, d'un des officiers d'aventures
[qui, à] cette époque, après avoir couru le monde et
[pris] du service aux Grandes-Indes, revenaient en
[Fran]ce, affamés, sans un sou, et très disposés à traiter
[leur] propre patrie en pays conquis.

Une longue et forte épée de combat, suspendue à un
[bau]drier solide, occupait à son côté la place de l'épée
[de] parade brisée chez Cydalise, la nuit précédente, par
[le] marquis d'Hérouville.

Les basques larges de la veste de drap rouge dissimulaient deux petits pistolets passés dans une ceinture
[de] cuir. — L'ensemble du costume était misérable et
[res]pirait le délabrement, ce qui n'empêchait point les
[po]ches du baron d'être gonflées de louis.

Une heure devait s'écouler encore avant que le si-
[gnal], parti d'une main auguste, fît éclater les premières
[sal]ves. L'espace réservé au public sur la place
[Louis] XV était déjà couvert de monde, et la foule, af-
[fluant] par toutes les issues, augmentait de seconde en
[secon]de et venait s'entasser sur un même point.

[Un] ciel nuageux rendait l'obscurité profonde, mais
[des gu]irlandes de lanternes et des files de lampions,

disposées sur tous les points, dissipaient les ténèbres et inondaient de clartés bizarres et vacillantes cet océan de têtes humaines.

Une seule partie de la place restait sombre, à l'extrémité la plus voisine de la Seine. — C'était l'enceinte réservée où s'élevaient les charpentes immenses du feu d'artifice qui devait bientôt embraser le ciel de ses feux mouvants. — On voyait les pâles lueurs de quelques falots aller et venir, paraître et disparaître, parmi cette étrange forêt de piliers et de mâts.

Sur les bas-côtés de la place, près des Champs-Élysées d'une part, et de l'autre près du pont tournant, s'ouvraient dans le sol de profondes coupures, de larges excavations, destinées à recevoir les fondements de constructions projetées.

Ces gouffres béants avaient été la veille, par les soins des entrepreneurs, entourés de balustrades sur la solidité desquelles on croyait pouvoir compter.

Instinctivement la foule cherchait à s'éloigner de ces balustrades qu'elle entendait craquer sous la moindre pression.

XI

LE PROLOGUE DU DRAME

Le baron de Lascars consulta sa montre, elle marquait huit heures et quart.

— J'ai du temps devant moi, — murmura-t-il, — je puis affronter la cohue... j'en sortirai toujours avant que la tragédie commence...

Il allait s'enfoncer résolument dans la foule, quand il lui sembla sentir une légère secousse aux environs de son gousset.

Il y porta la main.

Sa montre venait de disparaître.

Il regarda devant lui, et il se vit en face d'un grand gaillard de vilaine mine, qui sifflotait et tournait ses pouces d'un air indifférent et dégagé.

— Bon ! — pensa Lascars en souriant, — voilà qui se trouve à merveille.

Il se pencha vers le personnage patibulaire et il lui dit tout bas :

— *Je viens du Nord et j'arrive à Versailles.*

L'homme, sans manifester le moindre étonnement, répondit :

— *Je suis de noce et je vais au feu.*

Puis il ajouta :

— Tiens, vous en êtes, mon officier ! — Si j'avais su je ne l'aurais pas prise, — on se doit des égards entre confrères... — Faut-il vous la rendre ?

— Inutile, — répliqua Lascars.

— Comme ça, vous me la donnez ? — grand merci !

— Oui, je te la donne, mais à une condition...

— Laquelle ?

— C'est que tu vas me dire où se trouve Huber en ce moment.

— Rien de plus facile. — Quand j'ai quitté le maître, il n'y a pas dix minutes, il était avec Macaroni, à deux cents pas d'ici, sur la droite, à l'angle du fossé, auprès de ce poteau qui porte un gros lampion ; il doit y être encore, mais vous aurez plus de peine que vous ne croyez à arriver jusqu'à lui, — plus l'on avance et plus c'est épais ! — c'est tout au plus si une couleuvre viendrait à bout de se faufiler là-dedans.

— Eh bien ! peut-être pourras-tu m'apprendre ce que j'ai besoin de savoir.

— Si je le peux, regardez la chose comme faite.

— Etais-tu, hier au soir, au cabaret de Sauvageon ?

— J'y étais... je suis un des dix lapins. — Bergamotte, pour vous servir...

— Alors, tu dois savoir si les ordres donnés à Huber sont exécutés.

— Je sais que les escouades, au grand complet, se trouvent présentement sur la place où nous sommes.

[en] n ordre, aux bons endroits, et que tout à l'heure
[...]. — Est-ce ça qu'il vous faut ?
— Oui.
— Vous n'avez pas autre chose à me demander ?
— Pas autre chose, et comme tu me parais un gail-
[l]ard intelligent, prends ces deux louis et bois-les à ma
[san]té quand la besogne sera faite !
— Dieu bénisse la main qui m'étrenne ! — répliqua
[La]motte en empochant l'argent. — Mon officier,
[je gar]derai votre montre toute ma vie afin de n'oublier
[j]amais l'heure où je viens d'avoir l'avantage de faire
[votre c]onnaissance.
[Le]s courts renseignements donnés par le coquin en
[dés]ordre suffisaient à Lascars. — Huber, ses lapins et
[ses ban]dits étaient là, n'attendant que le signal. —
[Et rien] ne pouvait plus empêcher le drame noc-
[turne] de dérouler ses péripéties sanglantes.
[En c]onséquence, le baron ne donna point suite à sa
[premi]ère idée, et au lieu de s'enfoncer au plus épais de
[la] multitude, il battit en retraite jusqu'à l'angle de la
[nou]velle rue Royale, et il s'adossa à l'une des co-
[lonn]es qui soutiennent, aujourd'hui encore, les bâti-
[men]ts du garde-meuble.
[Là], il rabattit sur ses yeux l'une des cornes de son
[vieu]x chapeau lampion, afin de maintenir dans
[l'om]bre la partie supérieure de son visage ; il croisa
[les bras] sur sa poitrine et il attendit.
[Tandis] que la foule s'entassait sur la place Louis XV,
[un pr]odigieux désordre et une dangereuse confusion
[rég]naient dans la rue Royale que bordaient, sur toute
[l'éten]due de son parcours, les échafaudages dont nous
[avons] entendu Pauline Talbot parler à son père.
[Cette voie], cent fois trop étroite malgré sa largeur,

en une telle occurrence, était encombrée non-seuleme[nt]
par la masse grossissante des piétons, mais encore [et]
surtout par les équipages des dames de la cour et d[es]
gens de qualité qui se rendaient aux loges construit[es]
pour eux à l'entrée des Champs-Élysées, ou q[ui]
gagnaient l'hôtel magnifique nouvellement construi[t à]
côté du garde-meuble pour M. de La Reynière, fermi[er]
général, lequel avait mis ses fenêtres à la dispositi[on]
de nombreux invités appartenant au plus grand mond[e.]

On devine quel terrible et effrayant pêle-mê[le]
devaient produire ces carrosses massifs, ces cheva[ux]
excités par le bruit et les clameurs, piaffant au mili[eu]
d'une cohue qui ne parvenait point à s'entrouvrir po[ur]
leur livrer passage...

Déjà des femmes et des enfants venaient d'êt[re]
écrasés sous les roues ou foulés aux pieds ; — déjà d[es]
affiliés au hideux complot coupaient les traits des att[e]lages afin d'augmenter le désordre ; des misérabl[es]
déguisés en soldats par des uniformes d'emprunt, la[r]daient à coups d'épée le poitrail des chevaux pour l[es]
contraindre à reculer ; des hommes du peuple s[e]
jetaient à leurs naseaux, saisissaient les guides [et]
s'efforçaient de faire retourner les voitures en arriè[re.]
— Les roues s'accrochaient, — les cochers juraient [et]
distribuaient des coups de fouet à droite et à gauch[e,]
— les laquais mettaient l'épée à la main, — la po[pu]lace avinée et furibonde chargeait d'injures les se[i]gneurs et les belles dames...

Ceci, d'ailleurs, n'était encore qu'un prologue, [et]
c'est à peine si ce prologue faisait prévoir les ho[r]reurs du drame imminent...

M. Talbot et Pauline, entraînés par le flot qui s'ét[ait]
emparé d'eux presque au sortir de leur paisible [de]

heure, avaient parcouru la ligne des boulevards tout entière sans accidents, sinon sans angoisses.

Les instinctives terreurs du vieillard augmentaient à chaque pas, et la jeune fille, étonnée d'abord, puis inquiète de se voir captive entre des murailles vivantes, de se sentir enveloppée et effleurée de tous côtés par des inconnus, commençait à partager ces terreurs dans une certaine mesure...

Elle ne songeait plus guère au feu d'artifice, et volontiers elle aurait donné beaucoup pour se retrouver assise à la porte du pavillon de briques rouges, sous les tilleuls du petit jardin...

M. Talbot maudissait de tout son cœur la faiblesse avec laquelle il avait cédé follement aux désirs de son enfant chérie.

Vingt fois, chemin faisant, il eut la pensée de ne pas aller plus avant, de faire volte-face et de regagner sa demeure avec Pauline, mais un regard jeté autour de lui suffisait pour lui prouver combien un tel projet était irréalisable ! — Autant aurait valu entreprendre, dans un frêle esquif, de remonter le cours des cataractes du Niagara !...

La foule allait droit devant elle, occupait toute la largeur des boulevards, semblable à un fleuve majestueux roulant à pleins bords entre des quais de granit...

Dans sa marche lente, mais continue, la force d'impulsion acquise était capable de lui faire renverser tous les obstacles, si quelque obstacle se fût opposé à son passage.

A la hauteur de la porte Saint-Denis, un homme tomba, foudroyé par l'apoplexie (1).

(1) Tous les détails que nous donnons sont historiques.

Ceux qui marchaient immédiatement derrière lui voulurent faire halte afin de relever le corps inanimé du moribond. — Ce fut une tentative inutile. — Le flot ne s'arrêtait pas, les profondes colonnes avançaient sans cesse, les foules succédaient aux foules, paralysant toute résistance individuelle, rendant impossible le temps d'arrêt même le plus court...

A peine le cadavre avait-il touché le sol qu'il fut submergé, et la multitude passa sur lui, le broyant sous ses pieds, comme au champ de bataille les escadrons qu'emporte le galop rapide passent sur les soldats tombés...

Cependant, et après une marche d'une heure qui leur parut longue comme un siècle, Pauline et son père atteignirent l'entrée de la rue Royale.

Là commençaient les échafaudages, là s'étalaient les gradins construits par la spéculation et offrant au public un nombre considérable de banquettes étroites, disposées en manière d'amphithéâtre.

M. Talbot respira et son âme oppressée se fondit en une fervente action de grâce.

Désormais le danger — croyait-il — n'existait plus, puisqu'il devenait possible d'échapper aux redoutables étreintes du serpent populaire.

Déjà les gradins étaient singulièrement encombrés de spectateurs payants ; — néanmoins le vieillard vint à bout, moyennant une rétribution relativement considérable, de faire placer sa fille et de se placer lui-même auprès d'elle.

La *hausse* se manifestait depuis une heure, et le prix d'entrée, fixé dans l'origine à la modique somme de cinq sous, atteignait maintenant le chiffre de trois livres.

— Nous sommes désormais hors d'affaire, — se dit M. Talbot, — et je jure bien de ne plus exposer Pauline aux risques que nous venons de courir ! Dussions-nous passer la nuit entière sur cet échafaudage, nous ne quitterons l'endroit où nous sommes que lorsque les rues seront libres et la circulation facile !...

Pauline oubliait ses terreurs passées et s'abandonnait suavement à la joie du plaisir promis...

§

Neuf heures sonnèrent à l'horloge de l'hôtel des Invalides.

Un coup de canon retentit sur l'esplanade...

En même temps une traînée de feu, s'échappant de la ... où se trouvait la famille Royale, s'épanouit dans ... airs.

Marie-Antoinette, de sa main blanche et fine, de cette main destinée à porter tour à tour le sceptre des reines de France et la palme des martyres, venait d'enflammer la première fusée...

A ce signal attendu, la foule répondit par une acclamation retentissante comme le tonnerre, et par un immense battement de mains...

— Applaudissez, peuple de fous ! — murmura Roland de Lascars, toujours adossé à l'une des colonnes du Garde-Meubles, — réjouissez-vous ! acclamez vos ... ! Tout à l'heure la joie et l'enthousiasme céderont la place aux plaintes et aux malédictions ! tout à l'heure vous grincerez des dents !...

La fête commençait ! — des milliers de pétards éclataient avec fracas comme la mousqueterie de vingt régiments ! — des gerbes flamboyantes tourbillonnaient, se croisaient à travers l'espace, et semblaient monter jusqu'aux profondeurs infinies du firmament...

Dans l'espace réservé autour des carcasses gigantesques de l'édifice pyrotechnique, espace défendu contre les envahissements de la foule par de solides barrières et par une double rangée de gardes-françaises, les artificiers en sous-ordre, armés de lances à feu, allaient et venaient, prêts à se porter sur tous les points pour exécuter les instructions de leur chef.

Deux de ces hommes se rapprochèrent, — ils étaient pâles, et leurs yeux brillaient d'un fiévreux éclat ; — ils ne firent que passer l'un à côté de l'autre et échangèrent rapidement et à voix basse ces quelques mots :

— Est-il temps d'agir ?
— Oui.
— A l'œuvre, donc !
— A l'œuvre !

Le premier disparut derrière la statue de Louis XV parmi les échafaudages qui soutenaient le bouquet gigantesque.

Le second se dirigea vers des caissons remplis de plusieurs centaines de fusées destinées à jouer leur rôle tour à tour après les pièces principales, et à occuper les entr'actes.

Quelques minutes s'écoulèrent.

Soudain une clarté fulgurante, comparable pour l'éclat et l'intensité à cette lumière électrique que la science moderne fait jaillir de deux morceaux de carbone, illumina non seulement la place Louis XV, mais rayonna sur les Champs-Élysées et sur Paris entier.

XII

LE DRAME

En même temps une véritable trombe de feu jaillit vers le ciel avec un formidable accompagnement de coups de canon, et de grandes flammes rouges, d'un effet sinistre, flammes d'incendie ne faisant point partie du feu d'artifice, enveloppèrent de toutes parts la statue équestre du roi.

Le *bouquet*, — qui ne devait être tiré que beaucoup plus tard, — éclatait, et les toiles peintes, ajustées sur des charpentes et formant la décoration architecturale du *temple de l'hymen*, étaient embrasées.

Une main malfaisante venait de causer ce désastre, il était impossible d'en douter. — L'artificier en chef s'arrachait les cheveux et poussait des rugissements de douleur et de colère.

La foule des curieux, au contraire, prenant l'incendie du temple pour une circonstance de spectacle, et trouvant splendide l'éruption de ce volcan, se remit à battre des mains.

Cette joie fut de courte durée.

Une mèche à feu s'approcha des caissons dont nous avons parlé et qui regorgeaient de fusées volantes.

Ces fusées s'animèrent aussitôt, comme une cohorte de reptiles ailés et flamboyants... — Elles prirent leur vol, entraînant avec elles les lourdes baguettes qui leur servaient de contre-poids, mais au lieu d'opérer leur ascension en ligne perpendiculaire, pour accomplir ensuite dans l'espace d'élégantes paraboles, elles s'élancèrent horizontalement, semant une pluie brûlante d'étincelles sur les têtes effarées, enfin meurtrissant et tuant ceux qu'elles heurtaient au passage, et faisant explosion au plus épais des masses.

Il n'en fallait pas tant pour porter l'épouvante à son paroxysme.

Cette épouvante devint du délire lorsque soudain, sur tous les points de la place Louis XV, on entendit des clameurs féroces se mêler aux cris de terreur et les dominer; — lorsqu'on vit des hommes à visages de bandits faire étinceler les lames nues de longs couteaux, commencer le pillage et menacer d'une mort immédiate quiconque tenterait de leur résister.

Les lapins de maître Huber et leurs dignes acolytes se mettaient à la besogne!

Alors commencèrent des scènes à tel point effrayantes et monstrueuses que devant elles la pensée recule avec horreur... — en présence de souvenirs de cette nature le roman doit se taire et céder la place à l'histoire.

Les témoins oculaires, dont les mémoires du temps nous ont conservé les notes, racontent les tragiques événements de la nuit du 30 mai avec une simplicité et en même temps avec un pathétique, que ne sauraient surpasser les récits les plus habilement composés au point de vue de l'intérêt dramatique.

Nous renvoyons donc nos lecteurs aux chroniques de la fin du dix-huitième siècle, et nous allons nous borner à tracer un rapide précis des faits principaux :

La foule, assaillie à la fois par les fusées et par les bandits, par le feu et par le fer, essaya de fuir, et cent mille personnes se tournèrent à la fois vers la rue Royale... un grand nombre n'y devaient jamais arriver vivantes!

Nous avons parlé des garde-fous placés par les ordonnateurs de la fête autour des excavations profondes subsistant sur les bas-côtés de la place Louis XV. — Ces garde-fous, trop faibles pour résister longtemps à la pression formidable que les masses exerçaient sur eux, se rompirent.

Alors, des centaines de malheureux s'engloutirent au fond des gouffres et s'y brisèrent, en poussant des cris d'agonie et des gémissements désespérés.

De minute en minute, de seconde en seconde, à chaque mouvement des flots populaires, le nombre des victimes augmentait ; — des monceaux de cadavres s'ajoutaient aux cadavres ; des corps meurtris et palpitants grossissaient l'hécatombe humaine.

La nouvelle de ces engloutissements effroyables se répandit, en quelques secondes, d'un bout à l'autre de la place.

Le tumulte et la confusion, qui semblait cependant avoir atteint leur apogée, grandirent encore...

« Dans la crainte d'être poussés par le courant du côté des excavations meurtrières, un grand nombre de spectateurs, inoffensifs jusqu'à ce moment, mais n'écoutant plus que l'instinct égoïste et souvent féroce de la conservation, mirent l'épée à la main, frappèrent tous ceux qui les pressaient, et se frayèrent une route sanglante vers un salut douteux.

Au milieu de cette confusion épouvantable, les bandits faisaient leur œuvre et travaillaient en conscience... — Excités par l'eau-de-vie, par la soif du gain, par les ordres qu'ils avaient reçus, et aussi par leur brutalité naturelle, ils poignardaient les hommes avant de les dépouiller; ils arrachaient les oreilles des femmes pour s'emparer des anneaux d'or et des pendeloques de pierres précieuses, ils leur fendaient la gorge en coupant les colliers, ils leur tranchaient les doigts pour s'emparer plus sûrement des bagues. — Un grand nombre de malheureuses moururent, après plusieurs jours de souffrances, des suites de ces horribles blessures (1).

Ces scènes de violence ne se concentraient point dans l'enceinte de la place Louis XV; — elles se continuaient dans les rues, sur les ponts, et jusque dans les Champs-Elysées, où l'on assassina des femmes, des enfants, des vieillards !

. . . .

Nous avons laissé Pauline Talbot et son père, tranquilles et se croyant en sûreté, sur l'un des échafaudages de la rue Royale...

Lorsqu'éclatèrent les premières clameurs qui précédaient la catastrophe, lorsque la boucherie commença,

(1) Tous ces détails sont de la plus rigoureuse exactitude historique. Deux grandes dames entre autres, la marquise d'Albert et la comtesse de Renti, furent montées par une fenêtre dans l'hôtel de M. de la Reynière. La marquise avait la gorge fendue profondément. La comtesse avait les deux oreilles arrachées.
(Note de l'auteur.)

lorsque le souffle de la mort passa visiblement sur la multitude décimée, la jeune fille, tremblante, éperdue, se serra contre son père, comme pour chercher dans ses bras un asile inviolable, cacha dans ses deux mains son visage baigné de larmes et s'efforça de fermer ses oreilles aux plaintes déchirantes, aux cris d'angoisse, aux râles d'agonie qui lui brisaient le cœur.

M. Talbot dont l'un des bras, passé autour des épaules de sa fille, la soutenait en l'enveloppant, sentit tout à coup le corps souple de la pauvre enfant frissonner et se raidir.

Il regarda Pauline.

Elle était plus pâle qu'un linceul, — ses paupières battaient de l'aile sur ses pupilles renversées. — On eût dit que la vie allait l'abandonner.

— Ma Pauline, ma fille chérie... — s'écria le vieillard avec épouvante — que se passe-t-il en toi ? souffres-tu ?... — soutiens-toi !... — reprends courage !... — Le spectacle auquel nous assistons est affreux, mais le danger n'est pas pour nous...

— Mon père... — balbutia la jeune fille... — mon père, je me sens mourir... — Oh ! pourquoi, pourquoi sommes-nous venus ?

M. Talbot allait répondre.

Il n'en eut pas le temps.

Une de ces terreurs paniques et sans cause immédiate, qui s'emparent des foules à certaines heures, aussi bien que des armées en déroute, affola soudainement les spectateurs placés derrière lui et à ses côtés sur l'estrade.

Tous, par un mouvement irréfléchi, se précipitèrent en avant, comme si les hautes murailles neuves auxquelles s'adossait l'échafaudage allaient s'écrouler sur eux...

Une terrible oscillation résulta du brusque déplacement de plusieurs centaines de personnes.

On entendit craquer les poteaux de l'estrade ; les planchers mal assemblés se disjoignirent ; — l'équilibre était rompu l'échafaudage tout entier s'abattit, écrasant les blessés et les fugitifs, entassés dans la rue Neuve, et ensevelissant sous ses débris presque tous les voisins de M. Talbot et de Pauline.

Le vieillard et sa fille, plus favorisés que ces malheureux, sans doute parce qu'ils occupaient des places du premier rang, se trouvèrent lancés à une assez grande distance ; — ils tombèrent debout ; — la violence de la secousse, il est vrai, les renversa au moment où ils touchaient le sol, mais ils roulèrent sur un amas de cadavres ; — leur chute en fut amortie et, surpris de se revoir vivants et sans blessures, ils s'entr'aidèrent à se relever.

Echappés par une sorte de miracle à ce danger mortel, le père et la fille étaient bien loin cependant d'être sauvés ; — d'un instant à l'autre ils pouvaient être écrasés sous les sabots des chevaux affolés qui se débattaient dans une mêlée sans nom, ou foulés aux pieds par les fuyards, ou frappés par les égorgeurs.

En moins d'une seconde M. Talbot envisagea sous toutes ses faces cette situation quasi-désespérée. — La pensée qu'il ne pouvait rien pour sa fille lui serra le cœur comme une tenaille d'acier ; — il voulut tenter cependant un suprême effort et, jetant un rapide regard autour de lui, il entrevit une chance de salut...

A vingt pas à peine, derrière l'endroit où s'élevait

un instant auparavant l'échafaudage écroulé, s'ouvrait une ouverture béante et sombre.

C'était la porte cochère de l'un des hôtels en construction de la rue Royale... Cette porte, démasquée par la chute des estrades, donnait accès dans un large espace, encombré de pierres de taille et de matériaux de toute sorte, lieu d'asile sûr où le péril n'existerait plus...

Mais ce lieu d'asile, comment l'atteindre ? Comment franchir avec Pauline la montagne de débris, de mourants et de morts qui s'élevait en travers de la rue comme une barricade insurmontable ?

C'était, pour le vieillard, une entreprise presque irréalisable... il l'essaya pourtant ; il dit à sa fille :

— Mon enfant, tout n'est pas perdu... rappelle ton courage... rassemble tes forces et suis-moi ! Dieu nous aidera !

Puis, saisissant Pauline par la main, il s'élança avec elle parmi les décombres, monstrueux assemblage de charpentes brisées et de cadavres sanglants...

Il en atteignit le faîte, soutenant toujours la jeune fille frissonnante, à demi-morte, qui poussait des gémissements et des cris d'horreur en sentant palpiter sous ses pieds les membres des infortunés qu'un reste de vie agitait encore.

Ils touchaient au but cependant. — Quelques pas à peine, désormais, les séparaient du terrain libre et désert. — Ces quelques pas furent franchis et M. Talbot, serrant Pauline contre son cœur, s'écria :

— Mon Dieu ! vous m'avez permis de sauver ma fille ! mon Dieu ! Seigneur mon Dieu, je vous remercie et je vous bénis !... ah ! ce moment me fait oublier toutes les douleurs de ma vie ! je suis heureux !... n'ai pas souffert !

Il fit asseoir la jeune fille sur un bloc de pierre, l'enveloppa de ses bras, il couvrit de baisers son fro[nt] pâle et ses joues livides, en répétant :

— Le péril est passé... le miracle s'est fait... ra[s]sure-toi, ne tremble plus...

Hélas ! — tout n'était pas fini pour le vieillard [et] pour son enfant.

La scène que nous venons de raconter et qui selo[n] toute apparence devait passer inaperçue au milieu [de] son cadre d'épouvantable confusion, avait eu u[n] témoin attentif.

Ce témoin était Roland de Lascars.

Depuis quelques instants le baron, forcé de quitt[er] la colonne du Garde-meubles, contre laquelle les remo[us] tumultueux de la foule menaçaient de l'écraser, s'éta[it] laissé entraîner malgré lui par le courant dans la ru[e] Royale.

Commençant à craindre de devenir l'une des victimes de la tempête suscitée par lui, se sentant débord[é] de toutes parts et comprenant l'impossibilité de l[a] lutte contre un torrent déchaîné, il venait de cherch[er] un abri derrière la caisse d'un carrosse renversé, qu[i] jouait au milieu de la voie publique le rôle d'un blo[c] de granit au sein d'un fleuve impétueux et forçait l[e] terrible courant à se diviser.

Roland fut rejoint presque aussitôt en ce lieu par u[n] petit groupe de cinq hommes, à mines effroyables ; — leurs visages enflammés rayonnaient d'une joie farouche, leurs mains et leurs vêtements étaient tachés d[e] sang.

XIII

ROLAND, BERGAMOTTE ET TANCRÈDE.

La présence de tels voisins, en un pareil moment, n'était rien moins que rassurante. — Le baron, à tout hasard, glissa l'une de ses mains sous la basque de sa veste écarlate et chercha la crosse du pistolet passé dans sa ceinture.

Mais avant qu'il eût achevé le geste et saisi l'arme, un des bandits, le regardant bien en face, s'écria :

— Cornes du diable, mon officier, la rencontre est heureuse ! j'ose croire que voilà une belle nuit, et qu'on fait ici de la bonne besogne ! qu'en dites-vous ?

Roland fixa les yeux, à son tour, sur son interlocuteur et reconnut Bergamotte, le voleur de montre et le donneur de renseignements.

— Belle nuit, en effet ! — répliqua-t-il — mais, pourquoi quittez-vous si vite cette besogne que vous vantez ?

— Mon officier, on n'est pas de fer... — il faut bien reprendre haleine, quand on a travaillé comme nous

venons de le faire, les camarades et moi !... — Ah[
nous n'y allions pas de main-morte, et nos coutea[
sont rouges jusqu'au manche !... — A propos, il m'e[
arrivé malheur....— un imbécile de bourgeois, d'u[
grand coup de coude, a mis en miettes votre mont[
dans ma poche !... — J'ai remboursé le coup de cou[
avec un coup de pointe, mais ça ne raccommode[
pas la montre, et j'y tenais pour l'amour de vous.

Au moment où Lascars allait répondre, un bruit fo[
midable l'en empêcha. — L'écroulement de l'estra[
chargée de spectateurs était la cause de ce frac[
inattendu.

Pauline et son père vinrent tomber à quelques p[
du baron qui tressaillit en reconnaissant la jeune fi[

— C'est le diable qui me l'envoie ! — murmura-t-i[
— puisque l'occasion se présente, ne la laissons po[
échapper.

— Bergamotte, dit-il vivement au bandit, Huber vo[
a donné l'ordre d'obéir, vous et vos gens, à quiconq[
vous adresserait ces mots : — *Je viens du Nord,[
j'arrive à Versailles.*

— C'est la vérité, mon officier, et si vous a[
quelque chose à nous commander, ne vous gênez p[
nous sommes là...

— J'ai quelque chose à vous commander, en eff[
et le service que j'attends de vous sera bien payé...[
vous êtes cinq... chacun de vous aura dix pièces d'o[

— A ce prix-là, — répliqua Bergamotte, nous p[
serons, si vous voulez, dans le feu qui flambe là-b[
près de la statue du roi...

— Vous voyez ce vieillard et cette jeune fille ?

— Qui sont en train d'escalader les tas de décomb[
et qui s'y prennent, ma foi, pas trop mal... — est-ce [

— Oui.
— Eh bien?
— Eh bien! emparez-vous de la fille, séparez-la de son père et emportez-la.
— Où?
— Où vous pourrez, pourvu que ce soit hors de la foule.
— Ce sera difficile.
— Moins que vous ne le pensez... l'un de vous portera la petite... Je marcherai devant avec les quatre autres, l'épée nue à la main, et nous nous ouvrirons de force un passage... aussitôt que nous serons en lieu sûr, je vous remettrai le prix convenu.
— C'est bon !... fit Bergamotte, — nous allons essayer ; puis il ajouta : — Pendant que nous serons en train, faut-il tuer le vieux?
— C'est inutile... — répondit Lascars, — laissez-le vivre... à moins cependant qu'il ne se défende...
— C'est entendu... — en avant, les autres !...

Les paroles qui précèdent s'étaient échangées tandis que monsieur Talbot et Pauline gravissaient les monceaux de cadavres et de débris.

Ils venaient d'atteindre l'abri de la porte cochère, lorsque Bergamotte, Lascars et les quatre bandits s'élancèrent à leur tour.

M. Talbot, au moment où nous venons de l'entendre remercier avec ardeur le Dieu de miséricorde, et jurer à sa fille que le péril était passé, vit tout à coup se dresser devant lui un cercle de visages sinistres. Saisi d'une nouvelle et poignante terreur, il tendit ses deux mains tremblantes vers ces hommes inconnus, et il s'écria :
— Que me voulez-vous ?

— A vous, rien, vénérable antiquité... répliqua Bergamotte avec l'ignoble ironie du bandit qui raille avant de frapper, mais nous avons quelque chose à dire à la jolie fille que voilà.

Monsieur Talbot frissonna de la tête aux pieds, et sa pâleur devint effrayante.

— C'est ma fille, balbutia-t-il d'une voix à peine distincte, c'est ma fille et c'est une enfant!... Au nom du ciel, messieurs, ayez pitié d'elle... au nom du ciel ayez pitié de moi!...

— Assez de dialogue, respectable ancêtre!... reprit brutalement Bergamotte, nous ne sommes pas ici pour causer... Il nous faut la petite et nous l'aurons, par la meilleure de toutes les raisons, et, cette raison, c'est que nous sommes les plus forts... Rangez-vous donc, mon brave aïeul, et laissez-nous faire notre besogne sans broncher... Je vous dis ça pour votre bien... — Soyez d'ailleurs parfaitement tranquille. On aura grand soin de l'enfant, et je connais, pas loin d'ici, un bel officier, riche et généreux comme un roi, qui lui porte un vif intérêt.

En parlant ainsi, le bandit s'avança de quelques pas afin de saisir Pauline.

La jeune fille s'était levée, plus semblable à une statue de la Terreur qu'à une créature vivante.

Elle se jeta frissonnante en arrière, tandis que de sa gorge contractée s'échappait un cri rauque, cri d'effroi, de détresse et de mépris.

Le malheureux père, bouleversé jusqu'au plus profond de ses entrailles par ce cri désespéré, se plaça résolûment devant Pauline.

— Ah! murmura-t-il, une épée!... Si seulement je tenais une épée!

Mais il était seul et désarmé, en face de cinq hommes, qui tous avaient le couteau ou le pistolet au poing.

Il leva vers le ciel ses yeux mouillés, ses mains défaillantes, et d'une voix dont aucune parole ne saurait exprimer les notes déchirantes, il cria :

— Dieu tout-puissant, vous voyez ces infâmes ! — Ne viendrez-vous point en aide au vieillard qui veut sauver sa fille !

Un long éclat de rire des bandits accueillit cette invocation suprême.

— Finissons-en !... dit Bergamotte, tout ça, c'est s'amuser à la bagatelle, et nous n'avons pas de temps à perdre...

En parlant ainsi, il franchit la distance qui le séparait de Pauline et il étendit les bras afin de s'emparer d'elle.

M. Talbot poussa un rugissement pareil au rauquement du tigre auquel on enlève ses petits.

Il se pencha vers le sol et, ramassant, pour s'en faire une massue, un fragment de granit tombé sous le marteau des tailleurs de pierre, il s'efforça de frapper Bergamotte au visage.

Le misérable n'évita le coup qu'à moitié. La pointe aiguë de l'arme improvisée déchira ses vêtements et ensanglanta sa poitrine. — La fureur s'empara de lui ; — sa fièvre de meurtre, un instant endormie, se réveilla ; — la crosse de son lourd pistolet résonna sur le crâne du vieillard qui s'abattit comme foudroyé et ne donna plus signe de vie.

— Pas moyen d'en finir d'une autre façon... — murmura le bandit, — ce vieux ne voulait rien comprendre ! — le tour est fait... — j'empoigne la fille, et allez de l'avant, vous autres !

3.

En même temps il saisit Pauline, malgré l'énergie de sa résistance dont il ne s'inquiéta pas plus que des révoltes inoffensives d'un petit enfant ; il jeta sur son épaule ce fardeau léger et il s'élança à la suite de Lascars et des quatre gredins qui gagnaient la rue, prêt à frapper mortellement quiconque tenterait de s'opposer à leur passage.

Si brutalement violente était l'étreinte du bandit que la jeune fille, brisée et suffoquée tout à la fois, ne put, dans le premier moment, ni respirer, ni parler, ni crier... — elle étouffait ; — elle se sentait mourir.

Au bout de quelques secondes, cependant, l'air vif vint de nouveau gonfler sa poitrine, et alors, presque folle, n'ayant plus ni la conscience ni le souvenir de ce qui venait de se passer sous ses yeux, elle jeta dans les airs cette clameur lamentable, à laquelle Bergamotte répondit par des ricanements :

— Mon père... mon père... ne m'abandonnez pas !

Hélas ! monsieur Talbot ne pouvait entendre ce déchirant appel... Le père inanimé ne pouvait protéger sa fille !

Pauline semblait perdue sans ressource ! Dans ce pêle-mêle gigantesque et sanglant, où chacun ne pensait qu'à soi, qui donc lui viendrait en aide ? qui donc braverait de mortels périls pour la défense d'une inconnue ?... — personne, assurément ! personne !

Mais Dieu veillait ! l'œuvre d'iniquité ne devait point s'accomplir ! le défenseur inattendu se présenta soudain !... Un gentilhomme, dont le costume riche et élégant était déchiré en maints endroits, symptôme irrécusable d'une lutte violente au milieu du désordre, barra le chemin à Lascars et à ses bandits, en s'écriant d'une voix tonnante :

— Ah! ça, que veut dire ceci, marauds? depuis quand enlève-t-on les femmes en plein Paris? Halte-là, misérables, et lâchez cette jeune fille!

Ces paroles, distinctes malgré le tumulte, arrivèrent jusqu'à Pauline, la ranimèrent et lui rendirent un peu d'espoir.

— Sauvez-moi!... balbutia-t-elle en se dressant, par un suprême effort, sur l'épaule de Bergamotte — monsieur, au nom du ciel, sauvez-moi!...

— Je ferai de mon mieux, mademoiselle... répondit le gentilhomme qui tira son épée hors du fourreau et s'en servit chevaleresquement pour saluer Pauline.

Lascars poussa un hurlement de fureur.

Ce hardi gentilhomme qui lui barrait le passage, entravant ainsi la réalisation de ses projets infâmes, il venait de le reconnaître!... C'était son juge et son exécuteur de la nuit précédente; c'était l'objet de sa haine la plus ardente, la plus implacable; c'était le marquis d'Hérouville!

Lascars s'élança vers son ennemi sans lui donner, du moins il le croyait, le temps de se mettre en défense; mais Tancrède, s'attendant à une agression de ce genre, était sur ses gardes; — son épée, aussi rapide que la foudre, vint à la parade avec une irrésistible impétuosité. La longue brette du baron, malgré sa trempe robuste, ne put résister à un pareil choc; — elle se brisa comme si elle eût été de verre, ne laissant qu'un tronçon dans la main désarmée de son maître.

La couche de bistre étendue sur la figure de Lascars, et le vieil uniforme dont il était revêtu, rendaient méconnaissable ce scélérat.

Tancrède d'Hérouville, loyal jusqu'à l'exagération,

et généreux jusqu'à la folie, abaissa son arme au lieu de frapper, ainsi que certes il en avait le droit, la poitrine découverte du lâche ravisseur.

— Je vous donne la vie ! dit-il avec un écrasant dédain, rendez libre cette jeune fille, et retournez dans la fange d'où vous sortez !

Roland, pour toute réponse, recula de deux pas, tira de sa ceinture ses pistolets et fit feu, presque à bout portant, sur le marquis.

L'une des balles effleura les cheveux de Tancrède, l'autre traversa de part en part le collet de son habit.

— Tuez-le ! mais tuez-le donc donc ! — cria d'une voix rauque à ses bandits Lascars fou de rage d'avoir manqué son coup — cent louis tout à l'heure... cent louis tout de suite, à celui de vous qui le tuera !

Excités par l'appât de cette récompense magnifique, les quatre coquins entourèrent monsieur d'Hérouville.

— Bergamotte seul, embarrassé par son fardeau, ne put prendre part au combat.

Il n'eut point lieu de s'en repentir, car en moins de quelques secondes Tancrède, comparable aux fabuleux héros des romans de la Table-Ronde, désarma ses quatre agresseurs, et les coucha sur le sol à ses pieds.

L'un d'eux était mort, les trois autres, dangereusement blessés, poussaient des gémissements lamentables.

— Diable ! — murmura Bergamotte, — le jeu qui se joue ici n'est pas bon pour nous ! — Voilà les camarades mal accommodés, et, présentement, mon tour va venir ! — Par bonheur, je sais un moyen de tirer mon épingle du jeu, et de gagner sans risque tout l'argent promis, et même quelque chose avec... je vais l'employer au plus vite.

En formulant cette réflexion Bergamotte, qui se trouvait à côté de Lascars, frappa traîtreusement la tempe de ce dernier par derrière, avec la crosse de son pistolet, comme il avait frappé monsieur Talbot quelques minutes auparavant. — Le baron tomba sans connaissance, ainsi que tombe un bœuf foudroyé par la massue de l'abatteur.

Ceci fait, Bergamotte lâcha Pauline.

— Voici la fille, monseigneur !... dit-il — en s'adressant à Tancrède — je n'agissait point pour mon propre compte, comme bien vous pensez... J'obéissais à l'homme que voilà... un vrai coquin que je viens de châtier sous vos yeux... — il serait donc malséant de me punir pour les fautes d'un autre et, certainement, vous êtes capable d'une injustice...

— Fuyez, misérable !... — répliqua monsieur d'Hérouville. — Je n'ai rien à démêler avec vous !

Bergamotte ne se fit pas répéter deux fois cet ordre. Il chargea sur ses épaules le corps inanimé de Lascars qu'il emportait avec lui pour le dépouiller à loisir, — il battit en retraite et il se perdit au plus épais de la cohue.

Pauline, affolée et tremblante, était venue se réfugier auprès de son défenseur.

Tancrède contempla pendant quelques secondes, avec une immense pitié et une respectueuse admiration, cette jeune fille pâle comme un fantôme, belle comme les anges, et dont la terreur était si profonde que sa raison semblait momentanément altérée.

— Dussé-je ne revoir jamais ce divin visage — murmura-t-il, — je ne l'oublierai plus.

Puis, tout haut :

— Mademoiselle, dit-il, j'ai fait de mon mieux. Vous êtes libre... par malheur, les dangers qui vous menacent encore au milieu de cette foule, sont de ceux qu'il n'est point en mon pouvoir de conjurer... Veuillez prendre mon bras, mademoiselle, et permettez-moi de vous demander où je dois avoir l'honneur d'essayer de vous conduire.

Pauline regardait fixement Tancrède. — Ses lèvres s'agitaient, sans articuler de sons perceptibles. — Elle s'efforçait de remettre un peu d'ordre dans le chaos de sa pensée ; elle cherchait à comprendre les paroles qui venaient de frapper ses oreilles ; elle cherchait une réponse à faire à ces paroles.

Tout à coup la lumière se fit dans son cerveau troublé ; elle poussa un faible cri.

— Ah ! balbutia-t-elle ensuite, je me souviens ? Oh! mon père... mon pauvre père...

Et elle éclata en sanglots.

Tancrède allait l'interroger avec une patiente douceur. Il en fut empêché par un événement soudain.

Les masses profondes qui fuyaient en désordre la place Louis XV semblèrent saisies tout à coup d'un redoublement d'épouvante. On entendit des clameurs sauvages retentir ; des imprécations et des blasphèmes éclatèrent ; le torrent redoubla de furie dans son lit trop étroit et remonta, comme une écume, jusque sur les amoncellements de débris, théâtre des dernières scènes que nous venons de raconter.

Alors ce fleuve humain s'empara, comme de deux épaves, de Tancrède et de Pauline, et les emporta avec lui.

Vainement monsieur d'Hérouville essaya de saisir

dans ses mains les mains de la jeune fille pour n'être point séparé d'elle et pour pouvoir la soutenir du moins au milieu de ces flots qu'à tout prix il fallait suivre, sous peine d'être écrasé par eux...

Un double et terrible courant les saisit ; les sépara violemment et les entraîna, en les éloignant de plus en plus l'un de l'autre à chaque pas.

Lorsqu'au bout d'un peu de temps le marquis put enfin échapper aux étreintes brutales du torrent ralenti, sa première action fut de revenir en arrière, malgré tous les obstacles, et de chercher la jeune fille.

Vingt fois il risqua sa vie dans cette inutile recherche.

Pauline avait disparu, et, sans doute, Pauline était morte.

XIV

LE PÈRE ET LA FILLE.

Quand l'aube du jour parut enfin, faisant succé[der] de pâles clartés aux ténèbres de la nuit sinistre d[ont] nous venons de raconter quelques-unes des péripéti[es,] la place Louis XV offrait un spectacle tout à la f[ois] hideux et déchirant.

On eut dit un champ de bataille, au lendemain d'u[ne] de ces terribles rencontres entre deux armées don[t la] date sanglante s'inscrit dans l'histoire des peuples.

Partout le sol était jonché de cadavres. — Çà et [là] des infortunés vivants encore, mais mutilés, couve[rts] de blessures, incapables de se mouvoir, faisaient r[e]tentir les airs de leurs gémissements.

Parmi ces amas de victimes d'un monstrueux forfa[it] erraient, comme des âmes en peine, les parents, l[es] amis des malheureux qui n'avaient point reparu dep[uis] la veille dans leurs logis.

On voyait des femmes chercher leurs maris, d[es]

sœurs chercher leurs frères, des pères chercher leurs enfants...

Pleins d'angoisses et de désespoir, ils allaient d'un pas incertain au milieu des morts et des agonisants, essayant vainement de reconnaître, dans ces visages qui n'avaient plus rien d'humain, les traits de ceux qu'ils avaient aimé...

Il importait, on le comprend, d'effacer au plus vite les traces matérielles de tant de malheurs et tant de crimes. — De lourds tombereaux, envoyés par la municipalité de Paris, recevaient les cadavres non reconnus et se dirigeaient vers les cimetières.

D'innombrables brancards, portés par deux hommes et recouverts d'un drap grossier, transportaient dans les hôpitaux ou dans leurs maisons, les blessés chez qui l'étincelle de la vie n'était point éteinte d'une façon complète.

Des escouades d'agents de monsieur de Sartines, faisant trop tardivement leur devoir, fouillaient les rues voisines et les Champs-Elysées.

L'un de ces agents découvrit au pied d'un arbre, à l'entrée du Cours-la-Reine, le corps inanimé d'un jeune homme de bonne mine, au visage basané. — Ce jeune homme, dépouillé de presque tous ses vêtements, portait du linge d'une finesse extrême. Il avait au doigt annulaire de la main gauche une bague armoriée dont l'écusson supportait un *tortil* baronnial.

Le sang coulait encore, lentement et goutte à goutte, d'une blessure étroite, mais profonde, faite au côté droit de sa poitrine par le couteau d'un assassin.

— Une meurtrissure bleuâtre tachait l'une de ses tempes.

La beauté du linge, la distinction des traits, et particulièrement l'écusson gravé sur la bague attirèrent et fixèrent l'attention de l'agent.

— Celui-ci doit être un seigneur, — se dit-il, — voyons un peu s'il est déjà mort?

Et il posa sa main sur le cœur.

Le cœur interrogé répondit par un battement faible. — L'agent écarta la chemise, examina la blessure sous les caillots de sang qui la couvraient en partie, et conjectura qu'elle n'était point mortelle.

Animé d'intentions charitables, auxquelles l'intérêt personnel avait peut-être autant de part que l'humanité, notre homme descendit aussitôt sur le bord de la Seine, revint avec son chapeau rempli d'eau fraîche, lava soigneusement la plaie et mouilla les tempes du blessé.

L'effet de cette médication fut rapide. — Le personnage évanoui poussa un soupir, — ouvrit les yeux — fit un effort inutile pour se soulever et murmura:

— Où suis-je?

— Mon gentilhomme — répondit l'agent — vous êtes à quelques centaines de pas de la place Louis XV... — Je viens de vous découvrir présentement, étendu tout de votre long et sans connaissance... — Vous me devez même une fière chandelle — car vous avez un fort joli coup de couteau au travers du corps, et cinq minutes plus tard, vous passiez de vie à trépas sans seulement vous en apercevoir... — Mais je suis arrivé à temps, j'ai pris soin de vous comme je l'aurais fait de mon propre père, et vous en reviendrez, j'en réponds...

— Comment suis-je ici? — reprit l'inconnu d'une voix faible.

— Ah! par exemple, voilà ce qu'il m'est impossible

de vous apprendre, mais ne vous occupez pas de cela... — la mémoire, sans aucun doute, ne tardera pas à vous revenir... — le plus pressé c'est de vous soigner sans perdre de temps... — Comment vous appelez-vous, mon gentilhomme, s'il vous plaît?

— Le baron de Lascars...

L'agent salua.

— Je présente mes respects à monsieur le baron, — dit-il, — et suis son bien humble serviteur... — où monsieur le baron désire-t-il être porté?

— Rue Saint-Louis, en mon hôtel...

— Que monsieur le baron prenne patience... — je cours chercher un moyen de transport... — et ce sera fait en moins de rien...

L'agent prit sa course, en effet, dans la direction de la place Louis XV.

Pendant sa courte absence Lascars essaya vainement de rassembler ses souvenirs et de se rendre compte de ce qui s'était passé depuis le moment où, désarmé par Tancrède d'Hérouville, il avait fait feu sur lui sans l'atteindre, — une nuit profonde enveloppait sa pensée et il se perdait en conjectures dont aucune ne se rapprochait de la réalité.

Cette réalité, nos lecteurs la devinent. — Bergamotte, après avoir étourdi et dépouillé Lascars, avait jugé fort à propos de le poignarder un peu, afin de s'assurer de son silence pour l'avenir et de se mettre à l'abri de toute réclamation de sa part.

L'agent reparut, escortant une civière et ses porteurs.

Le baron fut étendu sur cette civière, qui prit par les quais le chemin de la rue Saint-Louis.

Le trajet dura plus d'une heure. — Quand le blessé arriva dans la cour de son hôtel, une fièvre ardente, accompagnée d'un violent délire, s'était emparée de lui.

Le valet de chambre, Lorrain, s'empressa de coucher son maître et d'envoyer chercher deux médecins.

Ces doctes personnages ne se firent point attendre. — Ils étudièrent la blessure; — ils tâtèrent le pouls du malade; — ils hochèrent gravement la tête en échangeant des mots latins, et enfin ils finirent par déclarer que monsieur le baron de Lascars se trouvait dans une situation des plus graves, qu'ils ne répondaient pas de lui, mais qu'ils viendraient le voir chaque jour, et plutôt deux fois qu'une.

§

Tandis que le hasard dirigeait vers le Cours-la-Reine un des agents de M. de Sartines et lui faisait trouver le corps de l'infâme gentilhomme victime de ses dignes instruments, une découverte du même genre, mais d'un beaucoup plus grand intérêt, avait lieu dans la cour de l'une des maisons en construction de la rue royale.

Un vieillard d'une belle et noble figure était couché sur le sol formé d'*écales* tombées des blocs de pierre sous le marteau des ouvriers, et ne donnait aucun signe de vie.

Il avait les yeux fermés; — une meurtrissure bleuâtre, livide et tuméfiée, rayait de part en part son front pâle. — Les doigts crispés de sa main roidie serraient avec force un fragment de granit, pointu et ensanglanté.

A côté de lui une jeune fille à genoux, les yeux mornes, les cheveux épars, les lèvres entr'ouvertes, ne prononçant pas une parole, ne versant pas une larme, ne faisant pas un mouvement, ressemblait à une statue taillée dans le marbre blanc par le ciseau d'un artiste de génie...

Ce vieillard et cette jeune fille étaient M. Talbot et Pauline.

Séparée violemment du marquis d'Hérouville, après les scènes auxquelles nos lecteurs ont assisté, la malheureuse enfant avait trouvé moyen d'échapper à la foule qui l'entraînait, et, tantôt se glissant le long des murailles, sous la portion des échafaudages restés debout, tantôt rampant comme une couleuvre parmi les débris, elle était revenue à cette cour dans laquelle elle avait laissé son père.

En trouvant le vieillard sans connaissance, elle le crut mort, — elle poussa un cri de désespoir ; — elle sentit sa tête s'égarer, et, véritablement, le vide se faisait dans son cerveau.

Elle interrogea son père ; — elle le supplia de lui répondre, de se tourner vers elle, et, comme le vieillard restait muet et immobile, elle eut aux lèvres un éclat de rire effrayant et elle s'agenouilla auprès de ce corps qui n'était plus pour elle qu'un cadavre.

A partir de cette minute Pauline offrit la raideur marmoréenne d'une cataleptique ; — pendant bien des heures, l'inflexible rigidité de son attitude ne se démentit point, jusqu'au moment où des étrangers pénétrèrent dans la cour et découvrirent le groupe que nous avons décrit.

Parmi ces nouveaux venus se trouvaient des femmes. — Elles comprirent aussitôt qu'elles avaient sous les yeux une fille en proie au plus sombre désespoir auprès de son père assassiné, et elles furent saisies d'une profonde pitié pour cette grande et touchante infortune.

L'une d'elles, d'une voix émue, questionna Pauline. — Elle n'obtint aucune réponse et la jeune fille ne sembla même pas l'entendre...

Alors elle la prit par les deux mains et la souleva doucement pour l'engager à se relever. — Pauline n'opposa aucune résistance et se tint debout pendant une ou deux secondes ; — mais, aussitôt que la femme compatissante eut cessé de la maintenir dans cette position, elle se laissa retomber à genoux.

Convaincus qu'il n'y avait rien à tirer de la jeune

fille, les nouveaux venus s'occupèrent du vieillard et ne tardèrent point à acquérir la certitude qu'il respirait encore.

Des soins intelligents lui furent à l'instant même prodigués. — On lui fit respirer des sels, et bientôt une faible contraction des narines et un léger tressaillement des paupières, annoncèrent que son long évanouissement allait prendre fin.

En effet ses yeux s'ouvrirent; — il vit Pauline à côté de lui ; — un sourire d'une expression presque ravie vint à ses lèvres; — il lui fut possible de balbutier son nom, d'indiquer son adresse, puis il s'évanouit de nouveau.

Quelques instants après deux hommes, portant sur une civière le corps de M. Talbot, se dirigeaient vers la rue de Vendôme, et Pauline, morne, glacée, indifférente en apparence et ne semblant rien comprendre à ce qui se passait sous ses yeux, suivait cette civière à travers les rues de la ville en deuil.

Au bout d'une heure le triste cortège franchissait le seuil du petit jardin et s'arrêtait sous les tilleuls, à l'entrée du pavillon de briques.

La vieille gouvernante, madame Audouin, pleurait à chaudes larmes et se tordait les mains en gémissant.

Pouvait-il exister un spectacle plus lugubre que celui qui s'offrait à elle?

La veille au soir une adorable enfant, fraîche et parée, radieuse et triomphante, quittait cette humble demeure au bras de son père que le contact de tant de verdeur et de joie rajeunissait...

Quelques heures à peine s'étaient écoulées, et voici qu'on rapportait le vieillard mourant — mort peut-être ! — et la jeune fille était folle !...

Le corps de monsieur Talbot fut étendu sur un lit qu'on se hâta d'improviser dans le petit salon du rez-de-chaussée. — Pauline s'assit auprès de la fenêtre, et se mit à chanter d'une voix lente et basse les airs monotones avec lesquels on avait bercé son enfance...

Le portier Picard, très ému et très désolé de la catastrophe qui frappait des locataires qu'il tenait en haute estime, se mit aussitôt à la recherche du médecin le plus en réputation dans le quartier, et ne revint point sans le ramener avec lui.

Ce médecin était un homme de beaucoup de savoir et d'expérience; — il examina M. Talbot avec une attention profonde, et sa physionomie, pendant cet examen, ne fut rien moins que rassurante.

— Eh bien, monsieur ? lui demanda madame Audouin d'une voix tremblante et consternée.

— Madame — répondit-il — vous avez le droit d'attendre de moi la vérité, et je vais vous la dire... — à moins que Dieu ne fasse un miracle, ce vieillard est perdu...

Madame Audouin leva vers le ciel ses mains jointes, et poussa un cri...

Pauline chantait toujours.

— Perdu ! — répéta madame Audouin après un silence — ah ! que Dieu nous prenne en pitié !... — mais pourquoi désespérez-vous si vite ? — Monsieur Talbot est vivant encore, n'est-ce pas ?...

— Oui, madame, il est vivant, mais par suite d'un choc terrible, résultant soit d'un accident, soit d'un crime, il existe au crâne une lésion que je regarde comme inguérissable, surtout à l'âge de monsieur Talbot et dans l'état d'excessif dépérissement que je constate en toute sa personne... — Pour ma part je reculerai, je l'avoue, devant une opération horriblement douloureuse, n'offrant selon moi aucune chance de succès, et à laquelle succomberait, neuf fois sur dix, le jeune homme le plus vigoureux...

Ces paroles constituaient un arrêt sans appel et ne laissaient aucune place à l'espérance. — Madame Audouin le comprit. — Elle baissa la tête sur sa poitrine et, suffoquée par la violence de son chagrin, elle se tut pendant un instant, puis elle demanda d'une voix que les sanglots étranglaient :

— Combien de temps sa vie se prolongera-t-elle ?

— Il m'est impossible de le préciser — répondit le médecin — mais ce temps, quel qu'il soit, sera court... — je doute que M. Talbot doive voir s'achever la journée qui commence...

— Avant de s'éteindre pour toujours, reprendra-t-il connaissance ?... — poursuivit madame Audouin.

— Cela est à peu près sûr, et ce moment lucide pourra lui permettre de mettre en ordre ses dispositions dernières, s'il a négligé de le faire jusqu'à ce jour... — maintenant, madame, je ne puis rien ajouter à ce que je viens de vous dire... — ma présence ici devient inutile et je me retire...

— Hélas, monsieur, — murmura la gouvernante — le malheur qui frappe cette maison est plus grand, plus complet encore que vous ne pourriez le croire... — Voyez cette pauvre enfant, la fille de M. Talbot...

— La fille de M. Talbot ! — répéta le médecin d'un ton indigné — et, près de son père mourant, elle chante !...

— Ah ! monsieur, ne l'accusez pas ! — s'écria madame Audouin — ne l'accusez pas et regardez-là...

Le médecin s'approcha de Pauline qui tourna machinalement ses beaux yeux vers lui et le regarda avec une sorte de curiosité vague, sans interrompre la ronde enfantine qu'elle fredonnait à demi-voix.

Le visage immobile, le regard inerte de la jeune fille, furent pour lui *toute une révélation*.

— Eh! quoi — murmura-t-il d'une voix émue — elle est folle!...

Madame Audouin fit un geste de douloureuse affirmation.

— Depuis quand? — reprit le médecin.

— Depuis cette nuit.

— Que s'est-il donc passé?

— Je l'ignore... — Voici ce que savaient et ce que m'ont appris les hommes qui, tout à l'heure, rapportaient ici son malheureux père...

Le médecin écouta avec une attention profonde le récit rapide des circonstances dans lesquelles monsieur Talbot et Pauline avaient été trouvés.

— Ah! dit-il ensuite — je comprends!! — l'effrayante catastrophe de la nuit dernière, les dangers courus, et sans doute l'horrible spectacle de son père frappé sous ses yeux, n'auront que trop suffi pour égarer l'intelligence de cette infortunée!! — Combien de fois n'ai-je pas vu naître et se développer une soudaine folie dans des circonstances moins terribles!!

— Mais monsieur, Dieu est juste... il n'est pas sans pitié... — reprit vivement madame Audouin; — il ne peut permettre, n'est-ce pas, que la chère enfant reste folle?...

— Dieu seul connaît les secrets de sa volonté — répliqua le médecin — et vous m'adressez une question à laquelle je ne puis répondre...

— Eh! quoi, cette intelligence si vivace, cette raison

si jeune, si brillante et si pure, resteraient à jamais voilées ?...

— Je vous tromperais; madame, en vous disant que la guérison est probable... Mais j'affirme cependant qu'elle est possible...

— Enfin, monsieur, que faut-il faire, que faut-il essayer pour combattre cet horrible mal ?...

— Rien.

— Rien, dites-vous ! — ah ! je ne veux pas le croire... — la science est puissante ! elle triomphe des maladies du corps... — ne peut-elle triompher également de celles de l'âme ?

— Non madame... — Sortie de son domaine elle devient impuissante... — l'âme lui échappe, car elle ne relève que de Dieu !... — une vie calme jusqu'à la monotonie, — l'absence de toute émotion vive, — le séjour de la campagne, s'il est possible, voilà ce que je dois conseiller uniquement, sinon comme remèdes efficaces, du moins comme agents de guérison capables d'amener d'heureux résultats...

— Et ces résultats, monsieur, si Dieu permet qu'ils se manifestent, se feront-ils longtemps attendre ?

— Je donnerais beaucoup, madame, pour pouvoir vous répondre affirmativement; mais, de même que je vous ai donné tout à l'heure, sans hésitation, une désolante certitude à l'égard du père, je suis contraint de vous répéter qu'à l'endroit de la fille mon ignorance est absolue.

Ces paroles désolantes terminèrent l'entretien de la gouvernante et du médecin, et ce dernier quitta cet intérieur si cruellement éprouvé, pour aller porter à d'autres souffrances des secours, plus utiles sans doute et plus efficaces.

Aussitôt que madame Audouin se trouva seule entre M. Talbot et Pauline, elle s'agenouilla.

— Mon Dieu — murmura-t-elle avec l'élan d'une ardente foi — prenez du moins pitié de la pauvre enfant qui va rester orpheline ! — Ne plongez pas son âme de seize ans dans l'éternelle nuit ! — Mon Dieu, rendez-lui la raison !

LE CONVALESCENT

Six semaines s'étaient écoulées depuis les événements sinistres auxquels nous avons fait assister nos lecteurs.

Ceci nous amène au milieu du mois de juillet de l'année mil sept cent soixante-dix.

Pénétrons, vers les onze heures du matin, dans l'hôtel de la rue Saint-Louis et dans la chambre à coucher du baron de Lascars.

Enveloppé dans les plis d'une robe de chambre devenue trop large pour son corps amaigri, Roland était à demi étendu sur un fauteuil moelleux, à côté d'un guéridon supportant une côtelette cuite à point et une bouteille de ce vin de Bordeaux que le maréchal duc de Richelieu et le roi Louis XV venaient de mettre à la mode.

Il suffisait de jeter un regard sur le gentilhomme pour comprendre qu'il relevait à peine d'une longue et dangereuse maladie. — Sa figure, prodigieusement

amincie, faisait paraître son nez plus long et doubl[ait]
la grandeur de ses yeux. — Ses mains, très-effilées [et]
d'une blancheur d'ivoire, étaient presque diaphanes.

Cependant, des signes irrécusables annonçaient qu[e]
la convalescence venait de commencer et que, selo[n]
toute apparence, elle ferait des progrès rapides.

Une teinte faiblement rosée nuançait çà et là le[s]
joues pâles. — Les lèvres offraient une coloration [de]
bon augure, — les yeux avaient de l'éclat, et enfin l'ap[-]
pétit ne manquait point au convalescent, à en juger p[ar]
la façon pleine de vivacité et d'entrain avec laquell[e]
il attaquait sa côtelette et mordait son petit pain.

En face de lui se tenait debout son premier valet d[e]
chambre, Lorrain, une serviette sur le bras, prêt [à]
devancer ses ordres et à prévenir ses moindres dési[rs.]

Au bout de quelques minutes il ne restait sur l'as[-]
siette de Lascars qu'un os parfaitement nettoyé [et]
quelques miettes du petit pain.

Alors le baron se renversa dans son fauteuil, e[n]
poussant un soupir de béatitude, après avoir savour[é]
un demi verre de vin de Bordeaux, et il dit :

— Dieu me damne, Lorrain, mon garçon, je me se[ns]
meilleur appétit qu'en me mettant tout à l'heure [à]
table, et je crois que cet appétit est de bon conseil...
Allez-donc au plus vite à la cuisine me chercher un[e]
seconde côtelette...

Lorrain se dirigea vers la porte, mais, au momen[t]
de l'atteindre, il se retourna vers son maître et mur[-]
mura d'un ton respectueux :

— Monsieur le baron me permettra de lui fair[e]
observer que les médecins ont recommandé par-dess[us]
toutes choses la sobriété la plus absolue... ils affir[-]
ment qu'une nourriture un peu trop abondante am[è-]

nerait infailliblement une rechute, et que cette rechute serait des plus graves...

— Au diable les médecins ! s'écria Lascars avec impatience — ce sont des ânes bâtés ! ils ne savent ce qu'ils disent : — qu'on m'obéisse et qu'on se dépêche !...

Lorrain était déjà sorti ; — il ne tarda point à reparaître avec la côtelette réclamée et un deuxième petit pain.

Lascars expédia résolument, et surtout rapidement, ce renfort de comestibles. — Quand il eut achevé, la teinte rosée des joues et l'éclat du regard avaient augmenté de façon notable.

— A la bonne heure !... reprit-il alors avec l'expression d'un parfait contentement, voilà que je me sens tout à fait bien, et peu s'en faut que je ne fasse atteler mon carrosse pour aller prendre un peu le grand air sur les boulevards neufs...

— Faut-il, monsieur le baron? — demanda le valet de chambre en feignant de prendre au sérieux cette irréalisable fantaisie du convalescent.

— Non... non... pas aujourd'hui... — répondit Lascars, reculant devant une imprudence par trop manifeste — nous verrons demain... — il me semble que demain j'aurai la vigueur d'un hercule !...

— Il est positif — dit Lorrain — que les forces de monsieur le baron reviennent comme par enchantement, et l'on pourrait crier au miracle à le voir tout dispos et déjà si bien refait, après avoir perdu tant de sang et après un grand mois de grosse fièvre...

— Ah ! ah ! — s'écria Lascars en riant, — ma quasi-résurrection vient d'étonner beaucoup de monde, je crois... à commencer par les médecins qui me jugeaient à peu près mort et bon à enterrer...

— Oh! quant à ça, monsieur le baron, c'est exact.

— Lorsqu'on m'a rapporté ici, — demanda Lascars — que disaient-ils, ces sots personnages?

— Ils hochaient la tête de bas en haut et de haut en bas, de droite à gauche et de gauche à droite, à la façon des magots de la Chine, et ils se crachaient au visage des mots latins, auxquels je ne comprenais goutte, mais qui signifiaient que monsieur le baron était un homme fini...

— Et très volontiers, n'est-ce pas, ils m'auraient, sans plus attendre, jeté le drap sur la figure?...

— Ils l'auraient jeté, certainement, de bien grand cœur... mais une chose les retenait...

— Laquelle?..

— L'envie de faire beaucoup de visites, d'ordonner force remèdes et de se mettre en mesure de présenter un long mémoire aux héritiers de monsieur le baron...

— Et cependant — reprit Lascars — me voilà vivant, bien vivant, malgré leurs pronostics de mauvais augure, et je signe avec l'existence un nouveau bail qui ne finira pas de sitôt!.. — Je connais mon état mieux que personne, que diable!.. — je suis sûr qu'avant huit jours j'aurai repris mon train de vie habituel et je m'occuperai de mes affaires...

— Et moi — répliqua Lorrain — je parierais qu'avant deux semaines monsieur le baron s'occupera non seulement de ses affaires, mais encore de ses amours...

— Mes amours! — répéta le convalescent — faquin, vous m'y faites penser... me voici curieux de savoir ce qu'est devenue cette petite pendant les six semaines de ma maladie.

— La jolie demoiselle blonde de la rue de Vendôme?

demanda le valet de chambre. — Est-ce de celle-là que parle monsieur le baron ?..

— D'elle même...

— La chose est bien facile à savoir... Monsieur le baron veut-il que je m'informe adroitement ?..

— Oui.

— Quand dois-je prendre ces informations ?..

— Le plus tôt possible...

— Tout de suite, alors ?

Lascars fit un signe affirmatif.

— J'y cours à l'instant, — continua Lorrain, — et, pour peu que je trouve mon petit portier picard dans sa loge, et que je puisse le conduire au cabaret, avant une heure je serai de retour avec une masse de renseignements...

Le valet sortit et Roland se livra aux délices de la digestion dans un calme d'esprit et dans une profonde quiétude qui devaient avoir pour résultat d'abréger notablement sa convalescence. — Au bout d'un quart d'heure il s'endormit, et le moment de son réveil coïncida tout juste avec celui du retour de Lorrain.

— Eh? bien — demanda-t-il à son valet de chambre — vous venez de la rue de Vendôme ?..

— Oui, monsieur le baron.

— Quelles nouvelles ?..

— Mauvaises, monsieur le baron, très mauvaises...

Lascars, malgré l'excessif endurcissement de sa nature, tressaillit en entendant cette réponse.

— Eh quoi ! — s'écria-t-il — elle est morte !

— Il vaudrait mieux qu'elle fût morte !.. — murmura Lorrain d'une voix sombre.

— Comment ?.. — fit vivement Lascars.

— La pauvre demoiselle est folle...

— Folle! — répéta le gentilhomme presque avec elle
— Oui, monsieur le baron, et très certainement
ce que dit le petit portier, elle ne se guérira jamais
— De quelle façon ce malheur est-il arrivé?..
— Monsieur le baron n'est pas sans se souvenir
la nuit du 30 mai dernier et du feu d'artifice de la pl[ace]
Louis XV, d'où monsieur le baron est revenu sur [le]
dos, avec un coup de couteau dans la poitrine...
— Oui... oui... je me souviens...
— Monsieur le baron n'est que trop payé pour ça
Eh bien! donc, il paraît que le vieux monsieur Tal[bot]
et sa fille avaient imaginé, eux aussi, d'aller voir le f[eu]
d'artifice... ça ne leur réussit pas plus qu'à monsi[eur]
le baron... — Le lendemain matin on rapporta le p[ère]
sur un brancard... il avait le crâne fendu... la pe[tite]
le suivait en chanteronnant; — elle ne savait ni c[e]
qu'elle faisait, ni ce qu'elle disait... elle était folle.

Lascars baissa la tête, et quelque chose qui resse[m]blait à du remords se fit jour dans cette âme sauva[ge]
et cuirassée contre toute émotion.

Au bout de deux ou trois secondes il passa la ma[in]
sur son front, comme pour chasser cette impressi[on]
fugitive, et il demanda :

— Qu'est devenu le vieux Talbot?

— Il est mort le lendemain du trente mai — répon[dit]
le valet de chambre — et il paraît qu'alors il s'est pas[sé]
une scène à tirer des larmes des yeux d'une statue d[e]
pierre... — Une heure avant de s'en aller dans l'aut[re]
monde, le brave monsieur Talbot a repris sa connai[s]sance et il a dit à peu près ceci : — *Je sens que je v[ais]
mourir, et je veux, auparavant, embrasser ma fille*
— L'ancienne gouvernante a pris alors par la main l[a]
demoiselle qui était près de la fenêtre et qui regarda[it]

ans le jardin en chantant toujours, et elle l'a conduite
à côté du lit de son père... Le vieux monsieur Talbot
lui a parlé, mais elle ne le comprenait pas... — Alors,
s'apercevant qu'elle était folle, il s'est mis à pousser de
grands gémissements et à pleurer toutes les larmes de
son corps, et puis enfin, se calmant de son mieux, il a
fait tout ce qu'on peut faire et dit tout ce qu'on peut
dire pour ramener la petite à la raison.., par malheur
cela n'a point amené de résultat... — la pauvre tête est
restée plus à l'envers que jamais, et la jeune fille, assise
d'un air gai sur le bord du lit d'agonie, chantait *giroflé-
giroflà* tandis que son père rendait l'âme... Le portier
était dans la chambre, avec le curé de la paroisse et
la gouvernante, et ils ont tant pleuré... tant pleuré,
que huit jours après ils en avaient encore les yeux
rouges... — Voilà l'histoire, monsieur le baron... — on
peut la raconter mieux que moi, mais quant à ce qui
est du fond, il n'y a pas un mot à changer...

En achevant ce récit Lorrain, franche canaille, mais
involontairement et sincèrement ému, tira son mouchoir de poche et s'essuya les yeux à deux ou trois
reprises.

Il y eut un instant de silence que Lascars rompit en
ces termes :

— Six semaines se sont écoulées depuis ce double
malheur... — la jeune fille ne se trouve-t-elle point,
aujourd'hui, en voie de guérison?..

— Pour savoir cela, monsieur le baron, il faudrait
d'abord savoir où elle est... — répondit Lorrain.

— Est-ce qu'on l'ignore?

— Absolument.

— Mademoiselle Talbot a donc quitté la maison
qu'elle habitait?..

— Oui, monsieur le baron...
— Quand?
— Huit ou dix jours après la mort de son père...
— Seule?
— Non, monsieur le baron, avec la vieille gouvernante... — cette dernière a vendu le peu de meubles ayant appartenu au défunt... — une partie de l'argent lui a servi à payer une indemnité au propriétaire; elle a dit au portier que le médecin ordonnait l'air de la campagne pour la demoiselle et qu'elle la conduisait à la campagne, mais sans savoir où, et que le hasard déciderait... — Là-dessus elles sont parties toutes les deux et, depuis ce moment, on n'a plus entendu parler d'elles rue de Vendôme... — on pourra chercher leur trace si monsieur le baron l'ordonne, mais je me permettrai de dire que la piste sera bien difficile à trouver...

— Toute recherche serait évidemment inutile... répondit vivement Lascars — ne vous occupez plus de cela...

Et, d'un geste, le gentilhomme congédia le valet.

Resté seul, Roland ressentit une profonde tristesse, une amère mélancolie, dont il eût quelque peine à triompher. — Il en vint à bout cependant, et il se dit:

— Après tout, que m'importe? — ce que j'éprouvais pour cette jeune fille n'était pas de l'amour, mais un simple caprice... j'en trouverai d'aussi jolies, aussitôt que je voudrai m'en donner la peine, et, puisqu'elle est devenue folle, mieux vaut que je ne la revoie jamais...

Puis, tout à fait rasséréné par cette pensée philosophique et consolante, le convalescent s'allongea dans son fauteuil et reprit le fil du sommeil réparateur interrompu par le retour de Lorrain.

XVI

UN PROJET DE LASCARS

Roland de Lascars ne s'était point illusionné dans ses conjectures et ses espérances. — Sa convalescence s'acheva rapidement et, quinze jours après l'entretien que nous venons de reproduire, il lui fut possible de reprendre, sans danger, ses habitudes et son train de vie. — Il s'occupa tout d'abord de ses affaires, comme il le disait, et il obtint un répit de ses créanciers en leur distribuant une faible partie des sommes considérables avec lesquelles les instigateurs de l'attentat du 30 mai avaient payé son active coopération. — Le reste fut dévoré en débauches et en prodigalités de toutes sortes qui durèrent deux ou trois mois.

Lascars, arrivant à ses derniers rouleaux de louis, se trouva face à face avec des embarras insurmontables. — Les fournisseurs et les créanciers recommençaient à montrer les dents. — Le crédit était bien décidément et bien complètement mort, et le misérable gentilhomme ne pouvait plus compter, pour obvier aux nécessités les plus pressantes, sur les bénéfices d'un jeu déloyal.

La scène violente à laquelle le salon de Cydalise avait servi de théâtre n'était point oubliée. — Cette scène, jouée en présence de nombreux témoins, faisait encore grand bruit dans le monde des coureurs de tripots et des chevaliers du tapis vert.

Parmi ces derniers, ceux-là même qui ne se sentaient point la conscience bien nette, se trouvaient obligés, par respect humain, d'accueillir un peu plus que froidement le fripon pris en flagrant délit.

Les portes des maisons douteuses, aussi bien que celles des maisons honorables, se fermaient devant Lascars, et personne, excepté les intrigants de bas étage et les chevaliers d'industrie en sous-ordre qui se faisaient ses parasites et vivaient à ses dépens, n'aurait consenti à s'asseoir vis à vis de lui à une table de jeu.

Une telle situation l'exaspérait, et changeait en rage furibonde la haineuse rancune qu'il nourrissait à l'endroit du marquis d'Hérouville.

Volontiers et sans hésiter il aurait recouru à l'assassinat pour satisfaire sa haine et pour consommer sa vengeance, mais Tancrède se trouvait momentanément en Normandie, dans ses terres.

— Son absence ne peut être longue puisque son régiment est en garnison à Paris — se dit Lascars — et, quand il reviendra, j'agirai...

Les créanciers, cependant, ne s'endormaient point. — Lassés de recevoir des promesses menteuses, non suivies d'exécution, et commençant à comprendre qu'ils étaient pris pour dupes, ils devenaient furieux, selon l'invariable coutume de tout créancier qui voit

s intérêts compromis, et ils se mettaient en mesure
obtenir contre Lascars force jugements et prises de
orps.

Déjà tous les huissiers de Paris connaissaient le
hemin de l'hôtel de la rue Saint-Louis ; — le papier
mbré pleuvait du matin au soir dans la loge du
ros suisse si bien galonné, et il devenait évident pour
s valets et pour les voisins que la catastrophe déci-
ve était prochaine.

Le baron lui-même ne se faisait à cet égard aucune
lusion.

Il restait quelques dernières formalités judiciaires à
ccomplir pour rendre les prises de corps exécutoires ;
ussitôt après ces formalités, le débiteur insolvable
'aurait qu'à choisir entre la fuite et la prison pour
ettes.

Roland ne possédait plus, au moment où nous voici
arvenus, qu'une somme de quatre mille livres, en or.
— Il rassembla ses valet, et secouant devant eux une
ongue bourse, qui contenait cet or, il leur dit :

— Servez-moi bien jusqu'au dernier moment... —
ous serez payés, je vous l'affirme et, si je suis content
e vous, je joindrai au montant de vos gages une
mple gratification... — comptez d'ailleurs qu'avant
ne année ma fortune sera refaite, plus brillante que
amais, et que je vous reprendrai tous à mon service...

Ces affirmations si positives, jointes à l'harmonie
métallique des louis agités, rassurèrent les valets, qui,
depuis quelques jours, s'inquiétaient et devenaient
moins exacts dans leur service et moins respectueux
dans leur attitude.

Certains désormais, où ce qui revient au même, se
croyant certains de ne rien perdre, ils résolurent d'un

commun accord de prendre le parti de leur m[...]
contre les créanciers, et de mériter, par un redou[...]
ment de zèle, ses bonnes grâces et ses libéralités.

Sur ces entrefaites, Roland reçut la nouvelle que [...]
marquis d'Hérouville venait de revenir à Paris.

— Je vais me perdre dans l'obscurité et d[...]
l'oubli ! — murmura-t-il — mais auparavant je se[...]
vengé, et mon ennemi aura disparu dans la tombe!

L'hôtel de Tancrède était situé rue Saint-Dominiq[ue]

Roland prit des informations et il apprit que d[...]
fois par semaine, le soir, M. d'Hérouville montait
cheval pour se rendre, suivi d'un seul domestique, [...]
château que sa sœur, la duchesse de Randan, possé[dait]
à six lieues de Paris, sur les bords de la Seine, d[ans]
la direction de Fontainebleau.

La duchessse, veuve à vingt-quatre ans d'un gra[nd]
seigneur immensément riche, avait auprès d'elle [sa]
toute jeune sœur, Mathilde d'Hérouville, une enfa[nt]
encore, car elle comptait treize ans tout au plus. El[le]
servait de mère à Mathilde qui n'avait jamais conn[u]
la sienne.

Rien ne se pouvait imaginer de plus charmant, d[e]
plus candide, et en même temps de plus spirituel qu[e]
cette petite fille. — Tancrède l'adorait ; il aurait vou[lu]
pouvoir ne s'en séparer jamais ; — il se préoccupait d[e]
son avenir et déjà lui cherchait un mari futur par[mi]
l'élite de la jeune noblesse.

Deux routes conduisaient au château de Randan. —
L'une, route royale, située sur la rive droite de l[a]
Seine, bien entretenue, très fréquentée, et décrivan[t]
de nombreux détours. — Une avenue, plantée d'un[e]
rangée quadruple de tilleuls séculaires, la reliait à l[a]
grille du parc.

L'autre voie de communication était un chemin de traverse, placé sur la rive gauche, très étroit, fertile en ornières, tracé tant bien que mal au milieu des champs et des bois, et abrégeant la distance de près de deux lieues.

Tancrède, dont les chevaux arabes étaient incomparables pour la rapidité de leur allure et la sûreté de leur pied, prenait de préférence le chemin qui le conduisait à son but en moins d'une heure.

Arrivé en face du château, il s'en trouvait encore séparé par la Seine, très large et très profonde en cet endroit.

Il appelait alors le passeur, et ce dernier, généralement endormi, se levait, s'habillait à la hâte, sortait de la cabane et détachait le bac sur lequel Tancrède s'élançait, toujours à cheval, au grand effroi du bonhomme qui soutenait, non sans quelque apparence de raison, que son bateau plat, de petites dimensions, fabriqué tout exprès pour le transport des paysans, finirait un jour ou l'autre par chavirer sous le poids insolite et sous les mouvements brusques de deux chevaux ardents et nerveux.

— Eh bien — répliquait le marquis en riant — si la Seine, par ma faute, engloutit ton bac, je t'en ferai faire un autre tout neuf. — Tu vois donc que tu ne pourras que gagner au change.

— Mon bon seigneur — répondait l'homme — ça n'est pas ça qui m'inquiète — madame la duchesse et vous, c'est connu, vous êtes des nobles bien justes et bien généreux... — Mais ce beau bac tout neuf, je ne le verrais pas...

— Pourquoi donc ?

— Parce que je serais *neyé*...

8

— Tu ne sais pas nager?

— Comme un chien de plomb, mon bon seigneur...

— Eh bien, moi, je nage comme un terre-neuve, et si tu coules, je te promets de te retirer... te voilà tranquille, j'espère...

Le bonhomme gardait le silence, mais il hochait la tête d'un air mal convaincu, tout en manœuvrant habilement la longue corde qui traversait la Seine, et en faisant glisser le bac sur les eaux.

Tancrède descendait sur l'autre bord et payait d'une façon toute princière, non-seulement le service rendu, mais encore les terreurs du bonhomme.

Instruit de quelques-uns de ces détails, le baron eut aux lèvres un sourire d'une expression diabolique.

— Marquis d'Hérouville, maintenant je te tiens! — se dit-il à lui-même — et, aussi vrai que je m'appelle Roland de Lascars, cette fois tu ne m'échapperas pas!...

Le soir de ce même jour, vers les neuf heures, le baron, parfaitement déguisé, se rendit au cabaret de Sauvageon dans lequel nous avons déjà conduit nos lecteurs pendant la soirée du 29 mai.

Cinq ou six hommes, assis aux petites tables de bois blanc, buvaient et fumaient, en se livrant à une conversation bruyante pleine de formules argotiques.

Au moment où Lascars franchit le seuil, cette conversation s'interrompit soudainement et fut remplacée par le silence le plus complet.

En même temps les regards des buveurs, tournés vers le nouveau venu avec une expression peu bienveillante, lui prouvèrent qu'il était l'objet d'une défiance absolue.

Roland s'aperçut à merveille de l'impression produite par son entrée, mais il ne s'en inquiéta point et s'asseyant devant une table isolée, il demanda de l'eau-de-vie...

— C'est vous qu'on appelle Sauvageon? dit-il ensuite d'une voix très basse au cabaretier qui venait de le servir.

— C'est moi qui suis Sauvageon... — répondit le petit homme. — Qu'est-ce que vous me voulez?...

— Obtenir de vous un renseignement...

— Un renseignement! — répéta Sauvageon à haute voix, en échangeant un regard significatif avec les hôtes de son cabaret — va pour le renseignement... — de quoi s'agit-il?

— D'un homme qui vient ici presque chaque jour, et que j'ai besoin de voir ce soir-même...

— Comment appelez-vous cet homme?...

— Huber. — Savez-vous s'il doit venir, et pouvez-vous m'indiquer l'endroit où je serai certain de le rencontrer cette nuit?...

— Vous vous adressez mal, — répondit Sauvageon avec une indifférencence affectée, — je ne connais personne qui s'appelle comme vous dites...

— C'est impossible...

— Pourquoi?

— Je sais très positivement qu'Huber est de vos habitués, et j'ai eu déjà rendez-vous ici, avec lui...

— Alors — demanda le cabaretier — vous prétendez le connaître?

— Je le prétends, parce que c'est vrai...

— Dans ce cas, regardez autour de vous, et voyez si l'un de ces hommes est celui que vous cherchez...

— Inutile — répondit Lascars — c'est dans les ténèbres qu'Huber et moi nous nous sommes rencontrés, et par conséquent, son visage m'est inconnu...

Les buveurs écoutaient attentivement ce dialogue, et, quoiqu'il eut lieu à voix basse, ils n'en perdaient pas une syllabe.

Les dernières paroles de Lascars furent accueillies par un éclat de rire universel.

En même temps un homme court et massif, aux épaules larges, à la figure de boule-dogue, quitta la place qu'il occupait, vint se poser carrément devant le baron, et lui dit d'un ton brutal et goguenard :

— Mille cornes du diable, si monsieur de Sartines nous envoyait toujours des espions de ta force, nous pourrions dormir sur nos deux oreilles !... — Tu ne sais pas ton métier, mon bon garçon, et tu ne le sauras jamais, faute de temps pour l'apprendre, car d'ici à deux minutes tu vas faire dans la Seine un fort joli plongeon, avec une pierre au cou suffisamment lourde pour t'empêcher de remonter...

Lascars ne parut point intimidé par cette menace.

— C'est vous qui êtes Huber... — dit-il, je vous reconnais à la voix...

— Dans ce cas — reprit le chef des Lapins (car en effet c'était bien lui), dépêche-toi de me regarder, pour me reconnaître dans l'autre monde.. — attention vous autres !... — une !... deux !... y sommes nous ?...

— Nous y sommes... — répondirent les buveurs qui venaient d'entourer Lascars avec une rapidité foudroyante, de le saisir, de le soulever, et qui l'étreignaient de manière à paralyser de sa part toute tentative de résistance.

Le baron comprit alors qu'un péril très sérieux et très immédiat le menaçait.

— Prenez garde à ce que vous allez faire !... — s'écria-t-il — vous me prenez pour un espion et je suis un des vôtres... — c'est moi qui ai traité avec Huber, sur la grève, à vingt pas d'ici, dans la soirée du 29 mai...

Le chef des Lapins dressa l'oreille.

— Quel était le mot d'ordre ? — demanda-t-il.

— *Je viens du Nord, et j'arrive de Versailles;* pardieu !... — répliqua Lascars.

— Cornes du diable !... — il fallait donc le dire tout de suite ! — un peu plus et vous étiez noyé !... — Rendez la liberté à monsieur, mes petits Lapins...

Les lieutenants d'Huber obéirent à l'instant même, et Lascars rentra en possession de sa personne.

XVII

ENTENTE CORDIALE

— C'est très désagréable, ce qui vient de vous arriver, mon cher monsieur... — reprit le bandit, — désagréable pour moi tout autant que pour vous, croyez-le bien, et je ne me consolerais point si je vous avais fait jeter à l'eau tout à l'heure, ainsi qu'il s'en est manqué de bien peu; mais, franchement, c'est votre faute... Une autre fois, quand vous viendrez n'importe où trouver de bons garçons, commencez par vous faire reconnaître, et ne courez plus le risque de passer pour ce que vous n'êtes pas... — vous en reconnaissez les inconvénients.

— Merci de l'avis... répondit Lascars — j'en profiterai, soyez-en certain.

— Et maintenant — continua Huber — parlons un peu de ce qui vous amène, car je ne suppose pas que vous soyez venu me relancer sans motif.

— Et vous avez parfaitement raison.

— De quoi s'agit-il ?

— J'ai besoin de vous.

— C'est au mieux... — je suis à votre entière disposition, avec mes lapins, moyennant un prix raisonnable, bien entendu.

— Vous serez largement payés.

— Cela étant, regardez la chose comme conclue... En quoi pourrons-nous vous être utiles ?...

— J'ai un ennemi... — commença Roland.

— Et vous désirez vous débarrasser de lui... — interrompit Huber — rien au monde n'est plus naturel et plus légitime, nous vous débarrasserons, cher monsieur, gardez-vous d'en douter ! le personnage en question est-il gentilhomme ?

— Oui.

— Il vous en coûtera quelque chose de plus que s'il s'agissait d'un simple bourgeois, c'est dans le tarif.

— Peu m'importe.

— Oh ! je sais que vous êtes rond en affaires... — Est-ce à Paris que nous aurons à travailler ?

— Non.

— Où donc, alors ?

— A quatre lieues d'ici, environ... sur les bords de la Seine... un peu au-dessus de Villeneuve-Saint-Georges.

— Seulement quatre lieues !... les frais de déplacement seront peu de chose... — y aura-t-il des murailles à franchir ?... des portes à briser ?

— Rien de tout cela... il ne s'agira que d'attendre notre homme au passage et de ne point le laisser échapper...

— Sera-t-il seul ?

— Il n'y aura qu'un domestique avec lui...

— Maître et valets armés jusqu'aux dents, s[ans]
doute ?

— Point d'autres armes qu'une épée.

— Le gentilhomme est donc sans défiance !

— Tout à fait.

— L'imprudent !... — tel que vous me voyez, m[oi]
j'ai passé ma vie à me défier des hommes et des cho[ses]
du connu et de l'inconnu, et je m'en suis bien trouv[é]
l'attaque aura-t-elle lieu le jour où la nuit ?

— La nuit, ou, du moins, à une heure assez avan[cée]
de la soirée.

— De mieux en mieux... — Rien ne donne du co[eur]
à mes lapins comme l'obscurité !... — Vous qui c[on]
naissez le lieu de l'action, avez-vous préparé un p[etit]
plan ?...

— Oui et non... — ma confiance en votre habil[eté]
est sans bornes ; je compte donc vous laisser une e[n]
tière liberté d'action, mais j'ai quelques idées qu[e je]
crois assez bonnes.

— Voulez-vous me les soumettre ?

— Les voici...

Lascars mit Huber au fait des particularités relativ[es]
aux fréquentes visites du marquis d'Hérouville à l[a]
duchesse de Randan.

Il lui parla du bac dans lequel Tancrède travers[ait]
la Seine avant d'arriver au château.

— Mon avis — fit-il en achevant — est qu'il fa[u]
drait attaquer sur la rivière... — Est-ce aussi le vôtre

— Sans aucun doute... nous prendrons le bateau [de]
Sauvageon.

Le maître du cabaret n'avait pas perdu un seul m[ot]
de l'entretien qui précède.

En ce moment il intervint.

— Mon bateau! — s'écria-t-il — vous prendrez mon bateau! — voilà qui est bientôt dit!... — Et, s'il lui arrive un accident?

— Combien vaut-il, ton bachot?... — demanda Huber.

— Cent livres, tout au moins...

— Eh bien! monsieur déposera dans tes mains cent livres, en or, et tu ne courras nul risque de perte avec un tel nantissement... — Cela te va-t-il ainsi?

— Cela me va, mais à une condition...

— Laquelle?

— C'est que je serai de la partie.

Huber se mit à rire.

— Ah! ça mais — fit-il ensuite — tu es donc un brave à trois poils, bonhomme Sauvageon? qui s'en serait douté?...

Le cabaretier se rengorgea.

— Je suis plus brave, peut-être — répliqua-t-il — que certains dont on parle fort, et qui font beaucoup de bruit et peu de besogne... — J'ai manqué ma vocation, j'étais né pour manier l'épée et le pistolet et pour mener grand bruit sur la terre.

— Soit — répondit le chef des lapins — tu viendras avec nous, je te le promets, et nous jugerons de ton mérite en te voyant à la besogne...

Puis, — se tournant vers Lascars, — il ajouta:

— A quand l'expédition, s'il vous plaît?

— A demain soir... — répondit le baron...

— Il ne nous reste donc plus à traiter que la question de détails, et nous allons le faire sur le champ.

Au bout d'une demi-heure Lascars quittait le cabaret de Sauvageon, après être tombé d'accord avec Huber sur le prix du sang et lui avoir assigné un lieu de rendez-vous pour le lendemain.

Laissons s'écouler le reste de cette nuit, la jou[rnée] suivante tout entière, et prions nos lecteurs de v[ou]loir bien nous accompagner vers les rives de la S[eine] faisant face au parc de la duchesse de Randan.

Il était huit heures du soir.

Un vent assez fort faisait courir sur la surf[ace du] ciel des troupeaux de grands nuages que l'imagina[tion] d'un poète aurait comparés vraisemblablement à d[es] escadrons lancés au galop.

Des futaies séculaires, aujourd'hui disparues et d[ont] les plus ardents rayons du soleil de juillet ne par[ve]naient point à traverser l'épaisse et sombre verdu[re,] s'étendaient sur les deux berges, et semblaient, à c[ette] lueur nocturne, encaisser le fleuve entre de haute[s et] noires murailles.

Un chemin creux, pratiqué dans la forêt, ven[ait] aboutir à une petite éclaircie voisine de l'un des p[o]teaux du bac. La silhouette de ce poteau se profil[ait] d'une façon bizarre sur le ciel et prenait vaguem[ent] l'apparence d'un gigantesque et sinistre gibet.

Tout à côté se voyait une maisonnette, ou plu[tôt] une cahute construite avec des troncs d'arbres, d[es] branchages et de la boue, et semblable à ces ab[ris] temporaires improvisés par les bûcherons au mil[ieu] des forêts qu'ils exploitent.

A dix pas de la cabane le bac était amarré par u[ne] chaîne rouillée, et le courant venait se briser contre [cette] lourde masse avec un clapotement monotone.

Un peu plus bas, à droite, c'est-à-dire en suivant [le] fil de l'eau, les regards rencontraient une petite île, [ou] plutôt un îlot de sable, situé au milieu de la Sein[e et] submergé presque entièrement aussitôt que venait u[ne]

...ne d'eau, et couronné d'un panache de saules aux ...nes creux.

Enfin, à l'horizon, de l'autre côté de la rivière, derrière les cimes houleuse des futaies, les rayons de la ...ne mettaient des traînées d'argent sur les girouettes ... métal et sur les toits d'ardoise du château de la duchesse de Randan.

Au moment où nous venons de conduire nos lecteurs auprès du bac, un silence profond régnait dans ...forêt et sur les deux rives de la Seine, qui semblaient ...ésertes.

La solitude était loin d'être complète, cependant, et ...ous allons en avoir à l'instant la preuve.

Côtoyons pendant cinquante ou soixante pas la ...erge escarpée d'où s'échappaient les racines énormes ...e chênes trois ou quatre fois séculaires, et nous arriverons à une sorte de crique étroite, ensevelie dans ...ne ombre épaisse, et au fond de laquelle un petit bateau plat se trouvait amarré.

Ce bateau était celui de Sauvageon.

Tout auprès de là, sur ce gazon court et touffu qui forme sous les grands arbres un incomparable tapis, quatre hommes accroupis parlaient à voix basse.

L'obscurité ne permettait point de distinguer le visage de ces hommes, mais nous les connaissons déjà, et même dans les ténèbres nous pouvons le nommer : c'étaient Huber et Sauvageon, d'abord, puis deux lapins de premier choix, Bergamotte et Macaroni.

Ces honnêtes gens causaient sans bruit et, si grande était leur crainte de trahir par les plus faibles indices leur présence en ce lieu, qu'ils se privaient de fumer comme d'habitude leurs courtes pipes aux fourneaux noirs.

— Chut!... — fit Huber tout à coup, en accompa[gnant] ce monosyllabe d'un geste impérieux destin[é à] commander le silence.

— Qu'y a-t-il donc? — demanda Sauvageon d'u[ne] voix faible comme un soupir.

— Quelqu'un se dirige de ce côté... — répliqua [du] même ton le chef des lapins.

Sauvageon, sans questionner davantage, appuya s[on] oreille contre le sol et il entendit en effet le faible br[uit] d'un pas rapide et léger, qui devenait d'instant en in[s]tant plus distinct.

A ce bruit se mêla bientôt un craquement [de] branches sèches, puis un coup de sifflet doux et voi[lé] retentit, et une forme humaine pénétra dans l'étroit[e] enceinte de verdure où nos personnages attendaien[t].

A cet instant précis Huber bondit sur ses pieds, [en] tenant de chaque main un pistolet tout armé et prêt [à] faire feu, et il dit brusquement:

— Qui va là?... — réponds, où je te brûle!

XVIII

LE RENDEZ-VOUS.

— Mordieu, maître Huber — répondit Roland de Lascars, — vous avez une manière bien désagréable de recevoir vos amis !... — hier au soir vous vouliez me jeter à l'eau !... aujourd'hui vous parlez de me brûler la cervelle !... pour peu que nos relations continuent, j'aurai de la chance si j'en réchappe...

— La défiance est la mère de la sûreté, cher monsieur ! — fit Huber d'un ton sentencieux. — Je n'ai point d'ami quand il fait nuit et, pour toutes sortes de bonnes raisons que vous devinez, quiconque ne m'est pas connu m'inquiète. — J'ai toujours été ainsi, et ça m'a toujours réussi...

— Je le comprends et je vous approuve...

— Vous voyez d'ailleurs — reprit le bandit — vous voyez que nous sommes exacts au rendez-vous et complètement à vos ordres... — voici du temps déjà que nous attendons .. — notre homme va-t-il arriver ?

— Nous avons encore une heure devant nous...

— Vous en êtes sûr?

— Parfaitement sûr... — D'après les renseigneme[nts] que j'ai obtenus et dont l'exactitude est hors de do[ute] notre homme ne quitte son hôtel qu'à huit heu[res] c'est-à-dire au moment même où je vous parle, et [il met] une heure à parcourir la distance qui nous sépar[e de] Paris...

— Dans ce cas, il ne nous reste qu'à attendre [en]core...

— Oui, mais non pas les bras croisés...

— Que faut-il faire?

— Réaliser une merveilleuse idée qui m'est ven[ue] chemin faisant...

— Et, cette idée?...

— Je vais vous la dire... mais, d'abord, êtes-vo[us] d'habiles bateliers?

— Je vous donne *Sauvageon* pour le plus fin ma[rin] d'eau douce que la rivière ait jamais porté... — Ma[che]ront ne lui cède en rien... — il était pêcheur jadis [dans] le golfe de Naples et manie l'aviron aussi bien qu[e le] coutelas... — *Bergamotte* et moi, nous sommes mo[ins] forts, assurément, mais enfin nous y entendons bi[en] aussi quelque chose...

— Bref — demanda Roland — Sauvageon et Ma[che]ront peuvent suffire pour manœuvrer le bateau d[ans] tous les sens, et avec une suffisante rapidité?...

— Ah! je vous en réponds... — la barque, dans le[urs] mains, filera docilement comme un bon cheval bi[en] dressé.

— J'avais pensé d'abord, vous le savez — rep[rit] Roland, — à attaquer mon ennemi lorsque le pas[seur] aurait amené le bac au milieu de la rivière.

— Et j'approuvais beaucoup cette façon d'agir.

t-ce que, par hasard, vous avez changé d'avis?
— Non, mais j'ai modifié mon premier projet de manière à rendre le succès de notre entreprise encore plus certain qu'il n'était.
— Ah! ah!... — et comment cela?
— Nous allons gagner l'autre rive, mettre pied à terre et couper la corde du bac, non pas complètement, mais aux trois quarts, de manière à ce qu'elle n'offre plus qu'une solidité tout à fait insuffisante... — Le gentilhomme, le valet et le passeur s'embarqueront, comme de coutume, sans défiance; — la première moitié du passage s'effectuera facilement, mais, au plus fort du courant, la corde trop tendue se rompra tout à coup, et la lourde machine, lourdement chargée, s'en ira à la dérive... — Pendant ce temps Sauvageon et Macaroni maintiendront la barque à une portée de pistolet du bac en détresse, et nous ferons feu tout à notre aise sur l'homme dont je vous ai acheté la vie...
— Mille cornes du diable! — murmura maître Hubert avec un sincère enthousiasme — c'est superbe!!
— Je donnerais volontiers quelque chose de ma poche pour qu'une si belle idée me soit venue!! — Ah! vous n'êtes point un homme ordinaire, cher monsieur, il en faut de tout, et vous seriez pour mes lapins un fameux capitaine, si je venais à me retirer et si vous vouliez prendre ma place!

Lascars ne répondit pas, mais il sourit, dans les ténèbres, avec une expression d'indicible orgueil. — Au fond il se trouvait très-flatté de l'hommage naïf et spontané rendu par Huber à son diabolique génie.

— L'heure se passe... — dit-il — embarquons!

Bergamotte détacha le bateau plat dans lequel les cinq hommes prirent place, et qui, vigoureusement

conduit par Sauvageon et Macaroni, fila comme [une]
flèche vers l'autre rive.

Lascars ne voulut s'en rapporter à personne [pour]
accomplir l'exécrable besogne dont nous venons d[e]
entendre parler.

Il tira d'une gaîne de chagrin noir qu'il portait [à]
sa veste un stylet prodigieusement affilé, et ave[c ce]
stylet il entama la corde du bac, non point en un [seul]
endroit, mais en dix, de manière à ce qu'il fût imp[os-]
sible qu'elle résistât, lorsqu'une pression viol[ente]
s'exercerait sur elle.

Ceci terminé, Lascars reprit sa place dans la bar[que]
que pendant quelques minutes il avait quittée.

— Faut-il retourner d'où nous venons ? — dema[nda]
maître Hubert.

— Inutile... — répondit Roland. — L'ombre de [ces]
grands arbres nous enveloppe d'un voile impénétra[ble]
et nous ne saurions être mieux qu'ici pour ce que n[ous]
avons à faire.

— Dois-je attacher l'amarre ? — dit Bergamotte.

— Non. — Restez à terre et contentez-vous de m[ain-]
tenir le bateau jusqu'à nouvel ordre...

Le silence se rétablit, et, pendant plus d'un q[uart]
d'heure, aucune parole ne fut prononcée de part [ni]
d'autre.

Neuf heures sonnèrent à l'horloge du château de [la]
duchesse, et la brise du soir apporta jusqu'aux ban[dits]
les vibrations sonores du marteau frappant sur [le]
timbre.

Presqu'en même temps un bruit d'une nature ab[so-]
lument différente se fit entendre de l'autre côté de [la]
Seine.

Ce bruit — (toute oreille exercée devait le reco[nnaître]

[tre]) — était produit par le galop souple et cadencé
[de]ux chevaux de race lancés à toute vitesse. — De
[sec]onde en seconde les chocs réguliers des sabots fer-
[rés] sur la terre durcie du chemin creux devenaient plus
[dis]tincts. — Un instant encore et les cavaliers attein-
[da]ient le bord de l'eau.

Un sourire farouche vint aux lèvres de Lascars.

— Cet insolent marquis courrait moins vite — se
[dit] à lui-même l'infâme gentilhomme, — s'il pouvait se
[do]uter que chaque pas qu'il fait en avant le rapproche
[de] la mort ! — Comme mon cœur bat, comme mon
[sa]ng bout ! — Ah ! la vengeance est une douce chose !

Tancrède, qu'aucun pressentiment funeste n'avertis-
[sa]it du péril à peu près inévitable dans lequel il allait
[do]nner tête baissée, et où selon toute apparence il
[la]isserait sa vie — Tancrède, disons-nous, laissait flot-
[te]r les rênes sur l'encolure nerveuse de sa monture
[ar]dente, et s'abandonnait à ce galop d'une rapidité
[pr]esque fantastique et d'une élasticité incomparable,
[qu]i est l'allure caractéristique des chevaux de pure
[ra]ce orientale.

Il ne redoutait aucun danger ; — il ne se connaissait
[au]cun ennemi ; — Lascars était pour lui si peu de
[ch]ose qu'il ne songeait point que la haine d'un tel
[m]isérable pût être à craindre, et il se souvenait à peine
[de] l'existence de ce misérable.

Il s'absorbait dans une pensée unique, ou plutôt
[d]ans un souvenir, amer et charmant tout à la fois, et
[q]ui, loin de s'amoindrir et de s'effacer peu à peu, selon
[l]a loi commune, grandissait au contraire et devenait
[p]lus intense, de jour en jour et d'heure en heure...
[C]ette pensée, ce souvenir, ne l'avaient point quitté
[d]epuis la funeste nuit du 30 mai.

Dans la veille aussi bien que dans le sommeil, il lui semblait avoir sous les yeux le pâle et divin visage de la jeune fille aux yeux noirs et aux cheveux blonds entrevue au milieu des épouvantables scènes de la rue Royale, — sauvée par lui, puis perdue presqu'aussitôt pour lui. — Cette fille dont il ne savait pas le nom, et dont il ignorait la demeure et qu'il avait tout lieu de croire morte !

Est-ce à dire que le marquis Tancrède d'Hércuville, le brillant gentilhomme blasé par ses succès auprès des plus grandes dames, aimât d'amour cette enfant inconnue ? — Ceci est un problème qu'il ne nous appartient point de résoudre en ce moment. — Peut-on, d'ailleurs, être épris d'un rêve ? et Pauline Talbot était-elle pour Tancrède autre chose qu'un rêve impalpable, une vision fugitive ?

Toujours est-il qu'il pensait à elle sans cesse, et que, bien loin de se révolter contre l'obsession d'une image qui s'imposait à lui d'une façon si tyrannique et si persistante, il trouvait une joie étrange, une sorte de volupté douloureuse, à ne jamais se séparer de cette image...

Mais, en même temps, il s'imposait la loi de cacher à tous les regards ce qui se passait dans son âme. — La pensée a sa pudeur comme le corps. — Celle de Tancrède s'enveloppait de voiles impénétrables...

Madame de Randan questionnait vainement son frère sur les causes du changement qu'elle croyait remarquer en lui. — Le marquis répondait à la duchesse qu'elle était dupe d'une illusion et qu'il se sentait toujours le même.

Au fond de cet indéfinissable sentiment qui dominait le gentilhomme, y avait-il un vague espoir de retrouver un jour la jeune fille, de se faire aimer d'elle, de l'associer à son avenir et à son bonheur? — Nous ne le savons pas, et nous croyons pouvoir affirmer que Tancrède l'ignorait aussi bien que nous... — Comme les Indiens fumeurs d'opium, il n'entrevoyait rien au-delà de son rêve incessant, et les visites du gracieux fantôme suffisaient à peupler sa vie...

. . . .

Cependant les deux cavaliers avaient franchi la courte distance qui les séparait encore des rives d fleuve.

Le cheval de Tancrède s'arrêta sur le bord de l'eau, frappa du pied et poussa un hennissement d'impatience. — C'était un étalon, de la plus merveilleuse et de la plus complète beauté. — Sa robe, d'un noir bleuâtre, n'offrait d'autre tache qu'une étoile blanche au milieu du front, sa queue fouettait l'air comme un panache soulevé par le vent et sa crinière, longue et soyeuse autant qu'une chevelure de femme, ruisselait jusque sur son poitrail.

Ce cheval se nommait *Hadgi* et descendait de la fameuse jument du prophète par une suite non interrompue d'ancêtres glorieux.

La monture du valet de M. d'Hérouville appartenait à la même race illustre, et n'avait guère moins de mérite.

Le temps d'arrêt brusque et le hennissement d'Hadgi arrachèrent Tancrède à la rêverie dans laquelle il s'absorbait et le rappelèrent au sentiment de la situation.

Il se tourna vers la maisonnette du passeur et, faisant de ses deux mains arrondies autour de sa bouche une sorte de porte-voix, il cria :

— Eh ! père Mathias, debout s'il vous plaît !

— Qui, qui m'appelle ? — demanda, depuis l'intérieur de la hutte, une voix endormie.

— C'est moi... c'est le marquis d'Hérouville... — répliqua Tancrède. — Debout donc, père Mathias, et dépêchez-vous !

— On y va, mon bon seigneur!... on y va ! — reprit vivement la voix du passeur — je suis aux ordres de monsieur le marquis, tout de suite !...

En effet, avant que deux minutes se fussent écoulées, la porte s'ouvrit et un paysan à demi-vêtu, robuste encore quoique déjà courbé par l'âge, s'élança au-dehors avec une vivacité qui prouvait son zèle.

— Que monsieur le marquis me pardonne, — s'écria-t-il ; — je dormais comme une taupe et je mérite cent coups de bâton pour l'avoir fait attendre...

XIX

UN DRAME SUR LA RIVIÈRE

Tout en disant ce qui précède, Mathias le passeur s'empressa de détacher la chaîne rouillée qui maintenait le bac, et saisit la corde dont le milieu plongeait sous l'eau, grâce à laquelle il pouvait, sans trop de peine, conduire d'un bord à l'autre la lourde machine.

Tancrède, au lieu de mettre pied à terre, rendit la main à sa monture qui d'un seul bond atteignit le milieu du bac dont en entendit gémir et trembler la membrure, comme si toutes les parties de la vieille embarcation allaient se disjoindre...

Mathias poussa un profond soupir d'effroi et de résignation, ainsi qu'il le faisait d'ailleurs chaque fois que monsieur d'Hérouville montait dans le bac.

Le valet, sans doute compatissant aux terreurs du pauvre homme, terreurs qu'il partageait peut-être jusqu'à un certain point, descendit et prit son cheval par la bride pour le faire entrer dans le bac.

Le passeur pesa sur la corde et le radeau pesant, se

séparant lentement du bord, se dirigea vers la rive opposée.

Tant que le bac se trouva dans des eaux calmes, tout alla bien et la corde à peine tendue fonctionna comme de coutume, mais au bout de quelques minutes l'embarcation atteignit le milieu du fleuve, l'endroit, par conséquent, où les eaux devenaient profondes et rapides.

La besogne du passeur devenait sinon plus difficile du moins plus fatigante, et Mathias devait faire un puissant effort pour lutter victorieusement contre le courant.

Il s'arc-bouta contre le plat bord et, se cramponnant des deux mains au câble, il imprima à la machine une vigoureuse impulsion...

Un craquement sourd se fit entendre...

Mathias, frappé au visage par la corde soudainement détendue, poussa un grand cri, et le bac, au lieu de continuer sa marche en droite ligne, oscilla d'une façon brusque et tourna sur lui-même comme un homme pris de vertige et qui va tomber...

Puis, saisi et dominé irrésistiblement par le courant, il se mit à descendre le fleuve avec une rapidité prodigieuse.

— Ah! ça, Mathias, qu'y a-t-il donc ? — demanda monsieur d'Hérouville très surpris.

— Ce qu'il y a, monsieur le marquis ?... répondit le passeur tremblant, en s'arrachant avec désespoir une poignée de cheveux gris — il y a que nous sommes perdus...

— Perdus! répéta Tancrède.

— Positivement, et il ne nous reste, à l'heure qu'il est, qu'à recommander notre âme au bon Dieu...

— Pourquoi donc cela?...

Parce que la corde du bac vient de se briser et que nous nous en allons à la dérive !... — Ah ! c'est le diable qui s'en mêle ! un bon cordeau tout neuf qui sert depuis six mois à peine, et qui devait servir encore pendant cinq ans, au moins !...

— Je vois bien l'accident, — reprit Tancrède en souriant malgré lui — mais le péril ne me paraît pas, à beaucoup près, aussi grand que vous le faites, père Mathias ; — nous allons échouer doucement sur un bord ou sur l'autre, et, selon toute apparence, nous en serons quittes pour un bain.

— Oh ! que non pas, monsieur le marquis ! répliqua le passeur — le courant nous porte sur la pointe de l'îlot et la pointe de l'îlot est mauvaise ! — il y a là de vieilles souches de saules, à fleur d'eau, qui mettront le bac en capilotade, et, tout à l'entour, des herbes si épaisses et si drues qu'elles lient comme des ficelles les jambes du meilleur nageur et le *neyent* en moins de rien ! que mon saint patron et tous les saints aient pitié de nous, nous n'en reviendrons pas !...

— Mort de ma vie ! — murmura Tancrède; — la situation est grave en effet ! n'avez-vous donc pas sous la main quelque aviron qui servirait de gouvernail et avec lequel il deviendrait possible de diriger le bac et de lui faire éviter l'îlot?

— Hélas je n'ai rien de pareil, monsieur le marquis... — à quoi bon m'embarrasser d'un aviron quand j'avais la corde ? une corde toute neuve et si solide ! — Ah ! sur le salut de mon âme, je jurerais qu'elle a été coupée par malice ! Et que Dieu punisse comme il le mérite le misérable qui a fait cela !

Tandis que le bac désemparé continuait à descendre

le courant avec une rapidité toujours croissante, et que les paroles que nous venons de reproduire s'échangeaient entre le marquis d'Hérouville et le passeur Mathias, le baron de Lascars frémissait d'une joie diabolique et ressentait les premières voluptés d'une vengeance qu'il croyait certaine.

— A la besogne, mes compères! s'écria-t-il au moment où la corde rompue devenait inutile dans les mains du passeur. Ils sont à nous maintenant comme le lièvre forcé par les chiens est au chasseur!

Sauvageon et Macaroni appuyèrent sur leurs avirons, d'une main savante et exercée, et le petit bateau plat, quoique lourdement construit et chargé de cinq personnes, fila presque aussi vite qu'un you-you de la marine royale.

La lune venait de disparaître derrière un rideau de nuages épais; une obscurité quasi compacte couvrait la Seine, rendant plus terrible encore la situation des passagers en détresse.

Lascars entrevoyait, à trois ou quatre cents pas de lui, comme une masse sombre et flottante sans aucune forme distincte, le bac vers lequel il se dirigeait.

Au bout d'un petit nombre d'instants, grâce à l'ensemble merveilleux et à l'incomparable habileté des rameurs, la distance qui séparait les deux embarcations n'était plus que de quelques toises.

Mathias, malgré l'immense épouvante qui l'absorbait, entendit alors le bruit cadencé des avirons.

Il se retourna; — il aperçut la barque chargée de monde, et il balbutia avec un délire de joie d'autant plus vif que sa terreur avait été plus intense :

— Un bateau! c'est un bateau! — monsieur le marquis, que Dieu soit béni! — il ne voulait pas notre mort ! — Nous sommes sauvés ! — on vient à notre aide !...

Tancrède n'eut pas le temps de répondre.

— Êtes-vous là, monsieur d'Hérouville ? — demanda d'une voix très haute Roland de Lascars.

— Je suis là, — répliqua le marquis, — je suis là, fort en péril, à ce qu'il paraît. Jetez nous donc une amarre, braves gens, et vous recevrez des preuves éclatantes de ma munificence aussitôt que j'aurai mis pied à terre.

Le baron se mit à rire bruyamment.

— Ah ! monsieur le marquis — reprit-il ensuite d'un ton sardonique — quelle erreur est la vôtre ! Nous ne sommes point ici pour vous sauver... tant s'en faut ! — C'est moi qui tout à l'heure ai coupé la corde du bac.

— Malheureux ! s'écria Tancrède — Dans quel but avez-vous commis cette action infâme ?

— Dans le but de régler cette nuit mes comptes avec vous, monsieur d'Hérouville ! Je vais vous payer ma dette de haine...

— Vous parlez de haine ! fit le marquis avec une profonde surprise, qui donc êtes-vous ?

— Je suis la vengeance.

En prononçant ces derniers mots, Roland de Lascars pressa la détente de son pistolet ; un éclair raya les ténèbres ; une détonation retentit et fut suivie d'un cri sourd et lugubre. — En même temps un corps lourd frappa les eaux profondes qui jaillirent et se refermèrent sur lui.

Le valet du marquis, frappé mortellement par la balle destinée à son maître, venait de disparaître englouti.

Huber et Bergamotte firent feu immédiatement [sur] Lascars. — Un des projectiles atteignit le chapeau [de] Tancrède, l'autre troua le revers de son habit, [mais] sans toucher sa tête ou sa poitrine.

— Misérables ! lâches assassins ! cria monsieur d[e Cé]rouville avec fureur et avec indignation — je vais v[ous] montrer ce que peut un homme de cœur [c]ontre [une] troupe de bandits !...

En parlant ainsi il tira son épée, et enlevant [son] cheval de la bride et des éperons, il lui fit franchi[r le] plat-bord, il le précipita dans la Seine et il le contr[ai]gnit à nager de toutes ses forces à la rencontre [du] bateau plat...

Le généreux animal obéit avec sa souplesse et [son] intrépidité habituelles, et bientôt son large poitr[ail] toucha presque la chétive embarcation des assassi[ns].

Une nouvelle décharge, faite à bout portant, env[e]loppa le marquis de feu et de fumée, mais en le l[ais]sant sain et sauf, comme s'il avait été revêtu d'une [de] ces armures invincibles et impénétrables que les bo[n]nes fées du temps de la chevalerie errante donnaie[nt] à leurs protégés.

Quand le nuage de fumée se dissipa, Tancrède p[rit] l'offensive à son tour et poussant Hadji jusqu'au batea[u] par un dernier effort, il frappa de son épée le pl[us] proche de ses lâches agresseurs.

Macaroni eut la mauvaise chance d'être celui-là... l'ex-pêcheur du golfe de Naples, touché vigoureuse[ment en pleine poitrine, fit entendre un juron italie[n,] lâcha son aviron et roula sans connaissance au fon[d] de la barque...

En voyant le destin funeste de l'Italien, Sauvageo[n,] qui n'était brave que lorsqu'il s'agissait d'un péri[l] oigné, se sentit pris d'une terreur folle. — Il ne perdit point complètement la tête, néanmoins ; il conserva la faculté précieuse de raisonner la situation aussi bien que s'il eût été de sang-froid, et il se dit :

— Macaroni a son compte ! — Ce diable de marquis frappe comme un sourd et paraît avoir un poignet d'acier. — Si je reste à bord, mon tour va venir ! — Avant une demi-minute il fera mauvais pour moi et je verrai trancher mes jours dans la plus fine fleur de ma belle jeunesse ! Si, au contraire, je me jette à l'eau, pas le moindre danger à courir... — Je nage mieux qu'une grenouille ; — je ferai le plongeon et je ne reparaîtrai qu'à cent pas d'ici, à l'abri des chances fâcheuses... — N'hésitons pas ! ayons le courage de sauver ma vie !

Se gardant bien d'hésiter une seconde de plus en effet, Sauvageon lança son aviron loin de lui, puis, se dressant sur son banc de rameur, il *piqua une tête* avec une supériorité incontestable, et s'engloutit comme une flèche sans faire jaillir une goutte d'eau...

Le bateau, livré à lui-même par l'évanouissement du premier de ses équipiers, et par la fuite du second, se mit à pivoter ainsi que l'avait fait le bac quelques minutes auparavant, et suivit ensuite avec docilité le fil du courant qui l'entraînait.

Hadgi nageait de toute sa vitesse pour se maintenir à son niveau, mais, gêné par le poids de son cavalier qu'alourdissaient ses vêtements trempés d'eau, il restait en arrière malgré ses efforts, et la distance, minime d'abord, qui le séparait de la barque, augmentait de seconde en seconde.

Lascars, Huber et Bergamotte rechargeaient leurs armes.

— Etes-vous prêts? demanda le baron aux de[ux] bandits.

— Oui... répondit Huber, nous sommes prêts...

— Alors, feu! feu tous ensemble, et, cette fo[is] finissons-en !..

Les trois détonations se fondirent en une seule.

Une sourde exclamation de Tancrède leur répondi[t]

— Touché! — cria Lascars avec une effrayante ex[-]pression de triomphe, — il est touché ! — le marqu[is] d'Hérouville est blessé à mort !...

XX

UN DRAME SUR LA RIVIÈRE

(Suite)

Lascars se trompait.

Cette fois encore, Tancrède venait d'échapper, d'une façon que volontiers nous appellerions miraculeuse, aux balles dirigées contre lui ; mais avec un désespoir indicible il sentait le pauvre Hadgi, son cheval bien-aimé, sa monture favorite, tressaillir, frissonner sous lui, aspirer l'air de ses naseaux haletants, et battre l'eau de ses jambes nerveuses...

Deux balles meurtrières traversaient l'encolure du noble animal et le sang jaillissait à flot de cette double blessure. — L'agonie d'Hadgi commença presque aussitôt ; — elle fut courte, mais d'autant plus terrible que ce fier descendant des *rois du jarret* (selon l'expression orientale) réunissait en lui toutes les conditions de jeunesse, d'énergie, de race et de vitalité puissante, qui devaient lui promettre une carrière presque interminable.

Pendant quelques minutes Hadgi se débattit furieusement contre la mort, puis ses forces s'épuisèrent avec son sang, et bientôt l'un des plus nobles fils de l'Orient qui jamais aient lutté victorieusement de vitesse avec l'éclair, ne fut plus qu'un cadavre inerte, flottant entre deux eaux.

Tancrède, donnant un dernier et amer regret à ce fidèle serviteur, à cet ami loyal dont la perte était irréparable, nageait dans la direction de l'îlot dont quelques brasses tout au plus le séparaient.

Le bac, évitant heureusement ces dangereuses souches de saules dont nous avons entendu le passeur parler au marquis, venait de s'échouer doucement sur la grève sablonneuse de la petite île.

Mathias, agenouillé et les mains levées vers le ciel priait Dieu avec ferveur de lui venir en aide et de sauver monsieur d'Hérouville...

Ali, le second cheval arabe, semblant comprendre le malheur arrivé à son compagnon, hennissait d'une façon tout à la fois stridente et douloureuse.

Enfin la barque de Lascars, toujours emportée par le courant capricieux, avait doublé l'îlot au lieu de s'échouer sur lui comme le bac, et se perdait déjà dans les lointaines ténèbres.

Laissons le marquis prendre terre et s'étonner de se retrouver vivant et sans blessure après avoir essuyé un si grand nombre de coups de feu, et rejoignons Sauvageon que nous avons quitté tout à l'heure au moment où il venait d'accomplir son plongeon audacieux...

Ainsi que nous le lui avons entendu dire à lui-même, le propriétaire du cabaret du bord de l'eau nageait aussi bien qu'une grenouille ; il semblait se trouver dans l'eau au sein de son élément natal, et volontiers il aurait rendu des points au plus agile des brochets.

Qu'on juge de son étonnement et de son effroi, lorsqu'après être descendu rapidement, par la violence de son impulsion, jusqu'aux plus extrêmes profondeurs du lit de la Seine, il se trouva dans l'impossibilité subite et absolue, non-seulement de remonter à la surface, mais encore de nager entre deux eaux, ainsi qu'il en avait le projet.

Cette impuissance devait avoir une cause... — Sauvageon la chercha.

Il crut d'abord qu'il se trouvait engagé dans un réseau de ces herbes perfides qui si souvent causent la mort des plongeurs imprudents...

Il explora rapidement l'espace autour de lui ; il le trouva libre, et cependant un poids incompréhensible continuait à clouer ses pieds sur le sable, tandis que quatre toises d'eau passaient incessamment au-dessus de sa tête...

Pendant la centième partie d'une seconde, Sauvageon se crut victime de quelque surnaturelle influence, de quelque maléfice inouï, — et se regarda comme perdu...

Tout autre à sa place, en effet, se serait noyé mille fois pour une. — Ses artères s'engorgeaient, — sa poitrine se gonflait, devenant trop étroite pour son cœur dilaté, ses tempes battaient à se rompre, — la suffocation était imminente... — Mais Sauvageon, comme les pêcheurs de perles de Ceylan, avait la force de passer sous l'eau près de deux minutes et, grâce à la puissance de l'habitude, les plus terribles symptômes n'amenaient point chez lui d'asphyxie immédiate.

D'ailleurs, tout ce que nous venons de dire avait traversé son cerveau avec la rapidité de l'éclair... — Il est des instants suprêmes où l'intelligence de l'homme en péril acquiert une lucidité plus qu'humaine...

Soudain, il frissonna de la tête aux pieds, dans son linceul humide, comme si l'étincelle électrique venait de le toucher.

Il se souvenait!... il comprenait!... — l'incompréhensible phénomène n'avait désormais plus rien d'obscur!...

Au moment de quitter le cabaret du bord de l'eau pour se joindre à l'expédition conduite par Huber, notre personnage n'avait pas cru devoir se séparer de ce qu'il aimait plus que tout au monde, c'est-à-dire de la somme assez rondelette représentant ses économies et ses bénéfices. — Cette somme, en bons écus de six livres, jointe aux cent livres remises par Lascars pour assurer le bateau contre toute éventualité fâcheuse, gonflait outre mesure une ample ceinture de cuir serrée autour des reins de Sauvageon...

Le reste se devine...

L'argent jouait ici le rôle du pavé qu'on attache au cou du chien avant de le jeter à l'eau!... — le trésor noyait son maître!...

La pensée qu'il fallait choisir entre la ruine et la mort fut bien cruelle pour Sauvageon!... il éprouva l'une de ces angoisses poignantes, l'un de ces désespoirs inexprimables qui font blanchir soudainement les cheveux d'un homme... — en un mot, il hésita presque!.. — mais le temps pressait... — l'agonie allait commencer... — le misérable s'affaiblissait...

D'une main défaillante il détacha la ceinture, et son corps allégé remonta brusquement, ainsi qu'un bouchon de liège, à la surface du fleuve...

Là, l'infortuné reprit haleine, et suffoqué, haletant, asphyxié plus qu'aux trois quarts, à peu près incapable de tout mouvement, il se laissa flotter comme une épave inerte, sans s'inquiéter de savoir où le courant l'entrainait...

. . . .

Une fois sur l'îlot, le marquis d'Hérouville n'avait plus rien à craindre. — Il était d'autant plus certainement sauvé que les assassins, privés d'avirons, se trouvaient dans l'impossibilité absolue de remonter le courant et d'essayer une nouvelle attaque...

Nous devons ajouter que les coups de pistolet, retentissant comme une véritable fusillade dans le silence de la nuit, avaient donné l'alarme au château de la duchesse, et qu'on voyait les lueurs d'un grand nombre de lanternes et de falots briller à travers les futaies du parc et se diriger vers la rivière.

L'idée d'un guet-apens et d'un assassinat tentés dans de si bruyantes conditions ne se présentait à l'esprit de personne, mais tout le monde croyait à quelque audacieuse expédition de braconnage, et les gardes-chasse préparaient leurs carabines afin d'être prêts à faire feu sur les maraudeurs en cas de collision.

La stupeur et l'indignation de ces braves gens furent au comble lorsqu'ils s'entendirent héler, depuis la petite île, par Tancrède qui les mit en quelques mots au fait de ce qui venait de se passer...

Quelques-uns, la carabine à l'épaule, restèrent en faction sur la berge; d'autres coururent prévenir la duchesse de Randan, d'autres enfin prirent rapidement la direction de l'embarcadère, situé un demi-quart de lieue plus haut, où les barques du château se trouvaient amarrées.

Ces derniers déployèrent une activité sans pareille. Un bruit de rames se fit entendre au bout d'un temps incompréhensiblement court, et deux chaloupes abordèrent l'îlot.

Tancrède prit place dans l'une d'elles; — l'autre se chargea du bonhomme Mathias, mal revenu de son épouvante, et le cheval Ali, hennissant toujours lamentablement pour appeler son compagnon disparu, suivit les barques à la nage...

Un quart d'heure après ce moment la jeune duchesse, pâle d'émotion et de terreur, se jetait dans les bras de son frère sur le perron du château, et le conduisait à son appartement où des vêtements secs l'attendaient près d'un grand feu.

— En vérité, ma sœur, s'écria le marquis, c'est miracle que je puisse t'embrasser encore, ainsi que notre chère Mathilde, et Dieu m'a bien visiblement protégé cette nuit, car selon toutes les prévisions humaines je devais laisser ma vie dans ce guet-apens infâme où mon fidèle valet de chambre et mon pauvre Hadgi ont laissé la leur...

— Tancrède — murmura la duchesse — raconte-moi bien vite cette terrible, cette hideuse aventure ; — j'ai besoin de l'entendre de ta bouche et je ne puis ni croire, ni comprendre ce que viennent de me dire mes valets...

Le marquis fit à sa sœur un récit rapide des faits accomplis ; — lui non plus ne pouvait les comprendre, et il se perdait en vaines conjectures sur le but et sur les auteurs d'une machination plus semblable à une embuscade de guerre qu'à une tentative de meurtre dirigée contre un seul homme...

Le chef des assassins, ou du moins celui qui semblait être leur chef, avait parlé de régler un compte de haine et de vengeance. — Qui donc pourrait être cet homme? — à qui monsieur d'Hérouville avait-il fait un assez sanglant outrage pour s'attirer de telles représailles ?...

Pendant quelques secondes la pensée du marquis s'arrêta sur Lascars, mais le misérable qui vole au jeu n'est pas forcément un assassin, et les soupçons toujours indécis de Tancrède continuèrent à s'égarer...

Le reste de la nuit se passa en une longue causerie entre le frère et la sœur, heureux de se trouver ensemble, comme le sont des gens qui s'aiment et que la mort a failli séparer, et ne songeant ni l'un ni l'autre à goûter une heure de sommeil.

Dès l'aube naissante, monsieur d'Hérouville sortit à cheval, suivi de deux valets, et se dirigea vers les rives de la Seine, afin de revoir au grand jour le théâtre de la lutte nocturne dans laquelle il avait failli périr.

Tout était tranquille... — le bac échoué à la pointe de l'îlot semblait attendre qu'une main officieuse vînt le remettre à flot et le ramener à sa place accoutumée ; — de faibles vapeurs s'élevaient au lointain et indiquaient à travers les bois et les prairies le cours sinueux de la rivière.

Tancrède mit son cheval au pas et côtoya lentement, pendant à peu près une demi-heure, les sinuosités du fleuve.

Il atteignit un endroit où la Seine formait un coude brusque comme si ses eaux voulaient retourner en arrière et remonter vers leur source.

Là il s'arrêta, et sans doute il allait tourner bride et revenir au château quand son attention fut attirée par un incident imprévu.

Un homme portant la livrée de la duchesse de Randan, se dirigeait de son côté de toute la vitesse de ses jambes...

XXI

LE DÉPART

— Eh bien! Giraud, — demanda Tancrède à cet homme qu'il reconnut pour un des valets de pied de sa sœur, — qu'y a-t-il donc, et d'où venez-vous si vite et de si bon matin?...

— Monsieur le marquis, — répondit le valet, rendu haletant par la rapidité de sa course, — je viens de faire une grosse découverte...

— En vérité!...

— Oui, monsieur le marquis, une découverte conséquente, et qui sera peut-être bien utile pour découvrir les gredins de la nuit passée...

— Ah! ah! de quoi s'agit-il donc?...

— D'un *bachot* qui s'est gravé, à cinq cents pas d'ici, sur le bord de l'eau, au milieu du sable et des herbes.

— Quelque bateau de pêcheur, sans doute?...

— Oh! que nenni, monsieur le marquis... — C'est un bateau de mauvaises gens...

— A quoi diable avez-vous deviné cela, Giraud?

— Ah! monsieur le marquis, c'est bien facile à voir... le fond est tout rempli de sang et, dans ce sang, il y a un homme étendu.

— Un cadavre? — s'écria Tancrède.

— L'individu en question a l'air fort mal accommodé, monsieur le marquis... il n'a point sa connaissance, c'est certain... mais je ne sais pas s'il est mort...

Monsieur d'Hérouville se souvint à l'instant du rameur dont il avait entamé la poitrine d'un coup d'épée, et ne douta point que ce fût lui dont parlait Giraud.

Les réponses de cet homme, s'il vivait encore, l'examen de son cadavre par les agents de monsieur de Sartines, s'il était mort, pouvaient aider puissamment à la recherche de la vérité et mettre la justice sur les traces de l'instigateur du complot.

Bref, à tous les points de vue, la découverte de Giraud offrait une réelle importance.

— Passez le premier, mon ami — reprit M. d'Hérouville — et conduisez-moi près de la barque...

Giraud obéit sur le champ et montra le chemin au marquis que suivaient deux serviteurs à cheval.

En moins de cinq minutes la petite troupe arriva près de l'anse sablonneuse où Lascars, Huber et Bergamotte avaient abandonné le bateau de Sauvageon.

L'esquif, aux trois quart échoué, s'immobilisait au milieu des joncs.

Le corps inanimé de Macaroni reposait, étendu sur le dos, dans une mare de sang caillé. — Une pâleur livide couvrait le visage bronzé du bandit, auquel de longues moustaches hérissées et d'un noir violent donnaient un cachet étrange.

Sur l'ordre de Tancrède, Giraud et l'un des valets se déshabillèrent à demi — entrèrent dans l'eau — soulevèrent le corps ou le cadavre, et le déposèrent en haut de la berge aux pieds du marquis.

Ce dernier descendit de cheval, appuya sa main sur le cœur de Macaroni et constata de faibles battements. — La chair, d'ailleurs, était tiède.

— Cet homme n'est pas mort... — murmura Tancrède — mais vivra-t-il ?... avant tout, examinons la blessure...

Les vêtements écartés laissèrent voir, à l'endroit de la poitrine, une longue entaille qui semblait profonde et d'où s'échappaient encore quelques gouttes d'un sang vermeil...

— Est-ce dangereux ? est-ce mortel ? — continua M. d'Hérouville en se parlant à lui-même, — je n'ai pas la science qu'il faut pour décider cela... — un médecin seul pourra trancher la question...

Puis il ajouta, en s'adressant aux valets :

— Coupez des branches et des rameaux, improvisez de votre mieux une civière, et transportez au château ce malheureux...

Ceci fut fait avec une célérité merveilleuse, et moins d'une heure après ce moment un médecin, qu'on était allé quérir en toute hâte, déclarait que l'épée du marquis, n'ayant atteint aucun organe essentiel, la blessure n'offrait rien de grave par elle-même, et que si le bandit succombait aux suites de cette blessure, il faudrait attribuer sa mort à l'énorme quantité de sang qu'il avait perdue...

— Docteur — dit M. d'Hérouville au médecin — la vie de cet homme est pour moi d'un prix énorme... — Lui seul pourra désigner l'ennemi in-

connu qui me poursuit de sa haine, qui sans doute ne
se tiendra point pour battu et me tendra de nouveaux
pièges!... — Pour mon salut, sauvez donc ce misérable! mon existence est dans vos mains...

— Je ferai de mon mieux, monsieur le marquis...
répliqua le médecin — et, si modeste que soit mon
mérite, j'ai l'espoir de réussir...

. . . .

Lascars, désespéré d'avoir échoué si complètement
dans une entreprise dont le succès lui semblait certain,
quitta la barque au moment où la force du courant la
faisait échouer à l'endroit où nous venons de la retrouver.

Huber et Bergamotte imitèrent son exemple. —
Tous trois s'éloignèrent au plus vite, car ils avaient vu
les lumières briller dans le parc du château, ils avaient
entendu le bruit des voix, et ils éprouvaient la crainte
parfaitement naturelle de se trouver, d'une minute à
l'autre, traqués comme des bêtes fauves par de nombreux valets bien armés.

Le chef des lapins et son lieutenant se consolaient de
la perte de Macaroni, qu'ils croyaient tué, et de la dis-
parition de Sauvageon, qu'ils croyaient noyé, par la
pensée qu'ils héritaient de leurs compagnons et tou-
cheraient chacun double part de la somme promise par
Roland.

Leur premier soin fut de se faire payer cette somme,
aussitôt qu'ils eurent fait assez de chemin pour se
sentir en sûreté; ils marchèrent ensemble pendant
tout le reste de la nuit, mais ils se séparèrent au point
du jour, afin d'éviter les soupçons que leur réunion
pouvait faire naître, et ils eurent la prudence de rentrer dans Paris par trois barrières différentes.

Lascars, en arrivant à son hôtel, y trouva de fâcheuses nouvelles. — Une lettre du procureur chargé de défendre ses intérêts, lettre arrivée la veille au soir après son départ, lui apprit que ses nombreux créanciers avaient achevé de se mettre en règle, que les titres exécutoires et définitifs étaient aux mains des recors et des huissiers, et que d'un instant à l'autre, s'il ne se réfugiait dans quelque cachette introuvable, il courait le risque d'être appréhendé au corps et conduit en prison pour dettes.

Ceci n'avait rien d'imprévu pour le baron qui depuis longtemps, nous le savons, se trouvait sous le coup d'une catastrophe inévitable, et pourtant une crise d'effroyable colère s'empara de lui, tandis qu'il lisait cette lettre à laquelle il devait si bien s'attendre.

— Ruiné ! perdu ! — s'écria-t-il avec une rage folle. — Eh ! que m'importe ? — fuir !... ce ne serait rien !... — mais disparaître sans m'être vengé ! voilà le malheur, voilà la honte !... — Impuissant !... impuissant contre cet homme ! — Ah ! cette pensée me déchire et me tue !... il ne me reste qu'un bien : ma vie !... — Le démon m'est témoin que je la donnerais de grand cœur à qui me donnerait la vengeance !...

Peu à peu, cependant, la fureur du baron s'évapora par sa violence même.

— Après tout — se dit-il, — rien n'est désespéré... J'ai tout un long avenir devant moi et, pourvu qu'un jour la vengeance arrive, il importe peu qu'elle vienne tard !

Ranimé par l'espérance bien ou mal fondée qu'il venait de galvaniser au plus profond de son âme haineuse, Lascars ne songea plus qu'à s'occuper des préparatifs de son départ.

Il commença par donner à ses valets des commissions qui devaient les éloigner de l'hôtel pendant la plus grande partie de la journée. — Il envoya Lorrain lui chercher un carrosse de louage, avec l'ordre de faire stationner ce carrosse dans la ruelle qui se trouvait derrière le jardin, près d'une petite porte de sortie.

Ceci fait, Lorrain lui-même reçut une lettre à porter dans le plus lointain quartier de Paris et se mit en route sur-le-champ.

Lascars agissait ainsi pour éviter au dernier moment les réclamations de ses serviteurs, qui tous étaient ses créanciers, n'ayant pas reçu un sou de leurs gages depuis plus d'un an.

Dès qu'il se trouva seul dans ce vaste hôtel où ses aïeux avaient honorablement vécu, comme de bons et loyaux gentilshommes qu'ils étaient, et d'où il allait sortir perdu de dettes, fugitif et déshonoré, le baron assembla le peu d'argenterie et les quelques bijoux qu'il possédait encore ; — il s'habilla avec une extrême simplicité ; — il entassa dans une valise de voyage du linge, des vêtements et des armes, puis, prenant cette valise sur son épaule et tenant à la main le paquet de bijoux et d'argenterie, il gagna le fiacre qui l'attendait et il se fit conduire chez un orfèvre à qui il vendit, pour une somme de deux cent cinquante louis, le petit nombre d'objets précieux arrachés au désastre de sa fortune, ou pour mieux dire soustraits à ses créanciers, dont ils étaient le gage légitime.

Muni de cette somme et de sa valise, Lascars changea successivement trois fois de voiture afin de dérouter les recherches, si toutefois quelques recherches devaient être faites...

Le cocher de la dernière voiture lui demanda, selon la formule sacramentelle :

— Où allons-nous, mon bourgeois ?...

Lascars répondit par cette question :

— Combien me prendriez-vous pour me conduire à Bougival ?...

— A Bougival ! — répéta le cocher, — diable, la course est bonne !...

— Aussi suis-je disposé — répliqua Roland — à la payer en conséquence... faites donc votre prix et ne perdez pas de temps à réfléchir, car je suis pressé...

— Quatre lieues pour aller — reprit le cocher, — et quatre lieues pour revenir, ça fait huit lieues...

Lascars frappa du pied avec impatience.

— Il ne s'agit pas du nombre de lieues — s'écria-t-il — mais du prix que vous exigez...

— Dam ! il me semble que deux écus de six livres... — est-ce trop, bourgeois ?...

— Je vous les donne...

— Et un pourboire...

— Vous aurez le pourboire, mais conduisez-moi bon train... Je tiens beaucoup à arriver avant la nuit...

— Soyez en paix... j'ai là deux petits bidets normands qui marchent mieux que la poste du roi...

Lascars s'installa dans l'un de ces étranges véhicules, que dès cette époque on baptisait du nom de *fiacre*, mais dont aucune description ne pourrait donner à nos contemporains une idée exacte.

Lascars, on le voit, faisait preuve de résolution et de courage en prenant place avec sa valise dans cette terrible voiture. — Le cocher fouetta vigoureusement ses bidets étiques ; — l'attelage se mit en mouvement, ant bien que mal, à un trot incertain, saccadé, et, après quatre heures de marche et une demi-douzaine de stations en face des cabarets borgnes qui bordaient la route, le fiacre atteignit enfin les premières maisons du hameau de Bougival.

XXII

A BOUGIVAL

A l'époque où se passaient les faits que nous racontons, Bougival ne ressemblait guère à ce qu'il est devenu de nos jours. Les innombrables et élégantes habitations, tout à fait parisiennes, dont les vastes jardins remplis de verdure et de fleurs descendent presque jusqu'aux rives de la Seine, n'existaient point encore. — Des bois touffus s'étalaient sur les flancs de la colline couronnée par le pavillon de Luciennes, cadeau royal de Louis XV à la comtesse Du Barry.

Bougival n'était alors qu'un tout petit village, ou pour mieux dire un hameau presque exclusivement habité par des paysans et des pêcheurs.

Le cocher se pencha vers la portière, que fermaient au lieu de vitrage des rideaux de cuir, et demanda :

— Faut-il arrêter, bourgeois ?

— Pas encore, — répondit Lascars.

— Nous sommes à Bougival, cependant.

— Continuez jusqu'à l'extrémité du village, et ne

…tes halte que lorsque vous aurez dépassé de deux …ats pas la **machine de Marly**.

— Voilà qui augmente encore la course ! — murmura …ocher en grommelant, selon la coutume à peu près variable de ses pareils.

Au bout d'un quart d'heure le fiacre s'arrêtait, lais-…t derrière lui les constructions énormes, les engre-…es bizarres, les échafaudages quasi-fantastiques, de …élèbre machine construite pour Louis XIV par …anequin Sualem, dans le but d'envoyer jour et nuit … bassins et aux fontaines jaillissantes du royal …rly d'énormes quantités d'eau.

La machine vient de disparaître, presque en même …mps que la *pompe Notre-Dame* qui lui ressemblait un …eu, mais son souvenir restera longtemps vivant et …stinct dans la mémoire de tous ceux qui l'ont vue, ne …t-ce qu'une fois, car sa masse gigantesque, ses for-…es étranges, ses roues d'une hauteur prodigieuse, ses …emblantes plate-formes, les rauques clameurs et les …aquements sinistres qui s'échappaient sans cesse de … membrure tourmentée, étaient de nature à frapper …ivement les imaginations les plus froides.

Lascars mit pied à terre, il paya le cocher et franchit … seuil d'un petit cabaret tapissé de vigne vierge, …itué sur la berge même de la rivière et ombragé par …ois tilleuls deux fois séculaires, aux basses branches …esquels étaient suspendus des filets de toutes sortes. Une plaque de fer blanc, accrochée au-dessus de la …orte et *illustrée* par un pinceau naïf, offrait aux re-…ards une pyramide de goujons frits et dorés sur un …lat de faïence blanche et bleue, et un verre énorme …empli jusqu'aux bords d'un liquide violacé qui devait …tre du vin de Suresne ou d'Argenteuil.

Trois ou quatre petites tables de bois, placées sous les grands arbres, attendaient les amateurs de friture et de vin violet, et plusieurs bateaux, les uns grossièrement goudronnés, les autres fraichement peints de couleurs vives, étaient destinés, ceux-ci aux pêcheurs pour les nécessités de leur métier, ceux-là aux promeneurs du dimanche.

Quiconque connaît un peu les environs de Paris, quiconque a suivi du moins la route impériale conduisant à Saint-Germain par Courbevoie, Nanterre et Rueil, doit savoir que la Seine, à la hauteur de Bougival, se divise en deux bras qui se rejoignent presqu'en face du village de Port-Marly, et qui étreignent entre leurs ondes jumelles une île étroite et longue, appelée aujourd'hui, nous le croyons du moins, *l'île d'Aligre*.

Au bord de cette île, de l'autre côté du premier bras de Seine et précisément en face du petit cabaret dont nous venons de parler, s'élevait, moitié sur pilotis et moitié sur la terre ferme, une maison assez vaste au-devant de laquelle une large estacade s'étendait dans la rivière.

Cette maison, vue depuis la rive où se trouvait Lascars, offrait un aspect de délabrement d'une tristesse indicible. Les lichens et les mousses rongeaient les tuiles de son toit. — Les pierres avaient pris une teinte sombre, — les pilotis et les planches de l'estacade étaient devenues noires comme de l'encre.

Un mur en grossière maçonnerie, percé d'une ouverture dont la porte n'existait plus, entourait un terrain de deux arpents, attenant à la maison, terrain inculte depuis un grand nombre d'années et encombré de broussailles luxuriantes et de végétations parasites d'une incomparable vigueur.

Il suffisait de jeter un coup d'œil sur la construction dont nous venons de tracer un croquis rapide, pour se convaincre qu'elle était inhabitée, et probablement inhabitable.

Il pouvait être cinq heures de l'après-midi. — Le soleil à son déclin répandait des traînées de poudre d'or sur les méandres prochains de la Seine et noyait au sein d'une buée lumineuse les horizons lointains.

Seule, au milieu de cet étincelant ensemble, la maison déserte se trouvait dans l'ombre, et son toit lépreux, ses noires murailles, ses étroites fenêtres aux vitres brisées, formaient un sombre repoussoir, et évoquaient involontairement dans l'esprit des idées lugubres et de fâcheux augure.

Roland de Lascars, — nous l'avons dit — franchit le seuil du cabaret et se trouva dans une pièce assez malpropre, servant tout à la fois de salle commune et de cuisine, et dont les murailles blanchies à la chaux avaient pour tout ornement des images d'Epinal remarquables par la crudité de leurs violentes enluminures.

Il se trouva en face d'une vieille paysanne qui distribuait sur le carrelage quelques poignées de grain à deux grosses poules blanches et noires, accompagnées de leurs couvées abondantes.

Lascars était vêtu simplement, nous le savons, mais malgré la modestie de son costume il avait grand air; la bonne femme du cabaret lui trouva tout à fait la physionomie d'un seigneur et se dit qu'il devait être clerc de procureur pour le moins.

— Qu'y a-t-il pour votre service, mon beau monsieur ? — lui demanda-t-elle avec une révérence pleine de déférence et de respect.

Par suite des circonstances que nous connaiss[ons], Lascars était à jeun depuis la veille au soir, ap[rès] avoir passé sur pied la nuit tout entière. Il mour[ait] littéralement de faim.

— Ma bonne femme, — répondit-il en posant [sa] valise sur la table, — je voudrais dîner...

— Dîner! — répéta la paysanne d'un air consterné.

— Est-ce que ça ne se peut pas? — demanda [le] baron non sans quelque inquiétude.

— Oh! quant à ce qui est de se pouvoir, ça se p[eut] tout de même... mais...

Elle s'interrompit.

— Mais, quoi? reprit le baron.

— Vous tombez bien mal aujourd'hui, mon dig[ne] monsieur... Pendant la semaine nous ne voyons jam[ais] personne, aussi c'est seulement le dimanche que no[us] avons de la viande et du pain blanc... nous faison[s] venir ça de la ville.

— Enfin, aujourd'hui, que pouvez-vous m'offrir?

— Pas grand'chose... J'ai du pain bis de la sema[ine] dernière... Je vous ferai une omelette, avec une fritu[re] et des écrevisses... aurez-vous assez de ça?

— Eh! bonne femme, c'est un festin de prince qu[e] vous me proposez-là! — servez-moi vite, et je n'aur[ai] rien à désirer...

— Dame! il faut le temps d'allumer le feu, de batt[re] les œufs et d'aller chercher les poissons et les écre[-]visses dans la boutique (1)... Mais je vas m'y mettre tout de suite, et, foi de mère Durocher, je ne perdr[ai] pas une minute.

---

(1) Les pêcheurs de la Seine appellent *boutiques* les caiss[es] flottantes, percées de trous, dans lesquelles ils conservent leu[r] poisson vivant.

— Dans combien de temps serez-vous prête?

— Aux alentours d'une petite demi-heure, vous [po]urrez vous mettre à table.....

— D'ici là je vais donc tuer le temps de mon mieux.

— C'est ça, mon digne monsieur... — Il y a un pro[ve]rbe qui dit : — *Il faut tuer le temps, de peur qu'il nous tue!...* — Le proverbe a raison...

— Vous avez des bateaux?

— Oui, oui, oh! nous en avons, des petits et des [gra]nds.

— Détachez-en un, je vous prie, je vais faire une [pr]omenade.

— C'est que voyez-vous, — reprit la vieille, — les [ba]teaux ne manquent pas, mais il n'y a personne pour [les] conduire, attendu que mes deux fils sont à la pêche, [à] côté du Pecq, et qu'ils ne reviendront qu'à la nuit [to]mbée.

— Peu importe... je sais manier les avirons.

— Alors, c'est différent... — descendez avec moi... je vas vous décrocher un bachot.

[L]ascars et la mère Durocher sortirent de la petite [au]berge et, foulant un gazon d'une incomparable [finess]e, ils arrivèrent au bord de l'eau.

[L]a bonne femme décrocha la chaîne d'une embar[ca]tion de moyenne grandeur, peinte en rouge vif, [ave]c une bande blanche à la ligne de flottaison. — [Las]cars s'installa sur le *banc de nage* et saisit les [ram]es lourdes que de gros anneaux de fer unissaient [aux] tolets.

— Surtout, ne vous en allez pas trop loin, dit la [viei]lle.

— Je ne ferai que traverser la rivière — répliqua le

11

baron — et visiter la maison déserte qui se trouve [en] face de nous.

— Le *Moulin Noir !* — s'écria la mère Durocher [avec] une expression d'effroi.

— Oui, le *Moulin Noir*, puisque c'est ainsi que [vous] appelez ce logis antique.

— Mon digne monsieur, reprit la vieille femme, si vous voulez m'en croire, vous vous garderez [bien] d'en rien faire.

— Pourquoi donc?

— Parce que le Moulin Noir est une maison m[au]dite... Le diable s'en est emparé, et il y revient [des] esprits (1).

— Qui dit cela?

— Tout le monde dans le pays.

— Ces esprits dont vous parlez, les avez-vous [vus?]

— Mon digne monsieur, il y a trois ou quatre [ans,] j'avais un de mes deux garçons bien malade, et je [le] veillais... Une nuit, en regardant par la fenêtre, [j'ai] vu, comme je vous vois, une petite lumière alla[nt et] venant dans le Moulin Noir... — il est bien clair [que] c'était le diable, car enfin, je vous le demande, [qui] donc auriez-vous voulu que ça *fusse?*

Lascars, au lieu de répondre, haussa les épaule[s et] maniant les avirons d'une main vigoureuse, il fit [voler] la barque sur les eaux profondes et transparent[es de] la Seine.

(1) Voir la deuxième série de ce roman : *Les Pirates [de la] Seine.*

XXIII

LE MOULIN NOIR

— Croyez-moi, mon digne monsieur... croyez-moi!... répétait la mère Durocher d'une voix de plus en plus haute, tandis que le baron s'éloignait rapidement. N'allez point au Moulin Noir... C'est une maison qui porte malheur...

Lascars ramait avec un redoublement de vivacité. En quelques minutes il eut franchi les trois-quarts de la rivière et il engagea sa barque dans le dédale de pieux à moitié pourris qui formaient une sorte de périlleux archipel en avant de l'estacade.

Après avoir fait preuve de beaucoup d'adresse et d'une singulière justesse de coup d'œil dans cette dernière partie de sa traversée, il atteignit un escalier moussu et disjoint dont les plus basses marches disparaissaient sous l'eau, et qui conduisait à la maison. Il passa la chaîne du bateau dans un anneau de fer rongé par la rouille, et il regarda, pendant quelques secondes, de grandes roues disloquées qui se trouvaient de beaucoup au-dessus du niveau actuel de la rivière, et qui prouvaient jusqu'à l'évidence que la maison abandonnée avait été jadis un moulin.

Ce moulin, ainsi que l'enclos qui en dépendait, appartenait depuis un temps immémorial à la famille des barons de Lascars. — Il s'était vu pour ainsi dire condamné à mort, sous le règne de Louis XIV, par les travaux de Rennequin-Sualem et par le barrage immense sur lequel reposait la machine de Marly.

Le grand père de Roland, largement indemnisé aux frais de la cassette royale du préjudice que lui causait le changement de niveau des eaux de la Seine, métamorphosant son moulin en une maison presque sans valeur, avait donné l'ordre de louer cette maison pour le prix qu'on en trouverait, mais l'isolement d'un logis situé dans une île absolument déserte éloignait les amateurs ; — aucun locataire ne se présenta.

La maison, que les teintes sombres de sa toiture et de ses murailles faisaient nommer le Moulin Noir, resta par conséquent déserte pendant une longue suite d'années, — elle se délabra peu à peu, et, en raison de cette solitude, de cet abandon, de ce délabrement, elle devint matière à légendes...

Il est remarquable qu'à toutes les époques et chez tous les peuples, les logis déserts ont passé pour être hantés par le diable... — Rien au monde, d'ailleurs, ne nous semble plus illogique que cette superstition, car enfin n'est-il pas de la dernière évidence que si le diable se donnait la peine de quitter son royaume infernal et de se manifester parmi nous, il rechercherait de préférence les cités populeuses, les grandes agglomérations humaines, et dédaignerait profondément les lieux isolés?..

Le diable, au sein de la solitude, ne se comprend pas !...

Qu'y ferait-il ?... — à moins qu'il ne se fasse ermite !...

Lascars se savait propriétaire du Moulin Noir, et il connaissait la situation exacte de cet *immeuble* — comme on dit en style d'acte notarié) — mais il n'en avait jamais franchi le seuil.

A maintes reprises il s'était livré à des tentatives d'emprunt, en offrant au prêteur, pour gage fallacieux, le Moulin Noir et ses dépendances...

Hélas ! renseignements pris, les Juifs les plus Juifs, les usuriers les plus aventureux, avaient refusé de prêter la moindre somme sur cette masure à moitié croulante, dont on ne pouvait tirer parti, et qui ne représentait aucune valeur positive.

Lascars était donc resté propriétaire, bien à son corps défendant, et pour la première fois de sa vie il songeait à utiliser sa propriété.

Il gravit les marches de l'escalier, il souleva le loquet d'une porte vermoulue et il entra dans une grande pièce où se voyaient, sous une épaisse couche de poussière et de toiles d'araignées centenaires, les meules à moudre le grain, les auges de pierre à recevoir la farine, les rouages de fer et de bois multipliés, enfin tout l'outillage d'un moulin de quelque importance.

Quatre portes latérales donnaient accès dans des chambres dévastées qui n'offraient aucune trace d'ameublement, et dont les fenêtres conservaient une moitié, tout au plus, de leurs petits carreaux verdâtres.

L'une de ces chambres, au bon vieux temps, avait été destinée sans doute à loger le maître lorsqu'il daignait venir visiter les travaux du moulin.

Une boiserie de noyer d'un assez bon style couvrait les murailles. — Le plafond, coupé dans sa largeur par deux maîtresses poutres, était divisé en une foule de petits compartiments enluminés de couleurs vives, et enfin, au couronnement de la haute cheminée de pierre polie, se voyait l'écusson des Lascars sculpté en relief.

— Mes ancêtres avaient-ils donc prévu qu'un de leurs descendants viendrait un jour ici chercher asile contre les huissiers et les recors? — se demanda le baron avec amertume.

Après avoir achevé rapidement son examen de l'intérieur du Moulin Noir, Lascars voulut visiter l'enclos, mais il lui fut impossible de pénétrer dans cette véritable forêt vierge de ronces et d'épines, dans ce fouillis inextricable de chardons, d'orties, de plantes parasites de toutes les espèces et de toutes les tailles.

On ne pouvait deviner la place occupée jadis par les allées rectilignes du petit jardin.

Quelques arbres fruitiers démesurément développés, jouaient dans l'enclos le rôle d'arbres de haute futaie dominant un épais fourré.

Un poirier, surtout, était devenu gigantesque et ressemblait de loin à un chêne de la plus vaste envergure.

— Affreux séjour! — pensa Lascars en soupirant.

Mais presqu'aussitôt, il ajouta:

— Que m'importe, après tout?... — Quoiqu'il arrive, je souffrirai peu de temps ici, car où je trouverai moyen d'en sortir bientôt pour rentrer dans le monde, triomphant et plus riche que jamais, ou j'y mourrai vite d'ennui et de chagrin!...

Après avoir formulé les réflexions philosophiques que nous venons de reproduire, Lascars remonta dans

[...]n bateau et reprit le chemin de l'autre rive où il [arr]iva sans encombre.

La mère Durocher venait de mettre le couvert dans [la s]alle basse du cabaret.

Une petite table, couverte d'une nappe bien blanche, [sup]portait un quartier de pain bis et une cruche de vin [d']Argenteuil.

— On entendait crépiter l'omelette et pétiller la [fri]ture ; — le court-bouillon fortement assaisonné, où [les] brunes écrevisses s'empourpraient, répandait dans [l']atmosphère un parfum de bon augure, très-capable [de] faire venir l'eau à la bouche d'un gourmand.

Lascars mourait de faim, nous le savons ; — il se [m]it à dévorer et il lui sembla faire le meilleur repas [de] sa vie entière.

La mère Durocher le regardait d'un air de satis[fa]ction manifeste.

— Vertu de ma vie ! — se disait-elle tout bas avec [un] légitime orgueil. — Au moins voilà un digne [m]onsieur qui rend justice à ma cuisine !

Lorsque Lascars eut à peu près satisfait les pre[m]ières exigences de son appétit, il se renversa sur sa [c]haise, et, se tournant vers son hôtesse, il lui demanda :

— Ma brave femme, pouvez-vous me donner un lit [d]ans votre maison pour cette nuit ?...

— Vous voulez coucher ici ? — s'écria la mère Du[ro]cher.

— Oui — s'il vous est possible de me loger...

— Pour ce qui est d'être possible, ça n'est pas im[p]ossible... — nous avons une chambre vide, et dans [ce]tte chambre il y a un lit, seulement c'est un lit de [pa]uvres gens qui semblera peut-être un peu dur à un [m]onsieur de la ville comme vous...

— Bonne femme — répliqua Lascars en souriant, je suis certain d'avance que je trouverai votre lit [...] aussi bon que votre dîner...

— Si c'est comme ça, mon digne monsieur, il [est] bien à votre disposition, et la maison entière par-des[sus] le marché... — s'écria la mère Durocher que la cou[r]toisie de son hôte enthousiasmait.

— Je me propose de mettre demain votre compl[ai]sance à l'épreuve, — reprit Lascars, — et je compte [sur] vous pour une foule de services...

— Je ne demanderai pas mieux, mon digne mo[n]sieur, c'est certain !... — quoi qu'il faudra faire ?

— Il faudra d'abord me vendre un de vos bateaux.

— Ah ! par exemple, quant à ça, ce n'est pas m[oi] que la chose regarde.

— Et qui donc ?

— Ce sont mes deux fils... — Les bateaux, voy[ez]-vous, c'est leur affaire... — mais vous n'aurez point [de] peine à vous accommoder ensemble... — Ils v[ous] arrangeront au plus juste prix...

— Ce n'est pas tout... — poursuivit le baron ; — [je] vous demanderai d'acheter pour moi, soit à Bougi[val] soit à Saint-Germain, un mobilier bien simple, bi[en] rustique, c'est-à-dire un bois de lit et ses matelas, u[ne] table, un buffet et quelques sièges... — Je vous r[e]mettrai l'argent nécessaire pour ces emplettes...

— Ça ne sera pas malaisé d'acheter tout ça, et ça [ne] vous coûtera pas gros... — mais dites-moi, mon dig[ne] monsieur, vous avez donc l'intention de vous étab[lir] dans le pays ?

— Oui, ma brave femme...

— C'est-il à dire que vous allez louer ou acheter u[ne] maison, sans vous commander ?...

— Ni l'un ni l'autre... — répondit Lascars en riant.
— Vous ne vous camperez cependant point à la belle étoile, peut-être bien?
— Non, sans doute, mais je m'installerai dans une propriété qu'un de mes amis met à ma disposition...
— Où donc qu'elle se trouve, cette propriété-là? — demanda la mère Durocher dont la curiosité grandissait à chaque réponse de son interlocuteur.
— Pas loin de cette maison... — répliqua Roland.
— Est-ce que, depuis ici, on la voit?
— Très-bien...

La vieille femme se tourna successivement vers les quatre points de l'horizon, et sembla les interroger du regard.

— J'en donne ma langue aux chats... — reprit-elle après quelques secondes de silence, impossible de deviner!... — Il n'y a pas de maison tout près d'ici, et, de quelque côté que je regarde, je ne vois que le Moulin Noir...

— C'est que c'est justement du Moulin Noir qu'il s'agit, ma brave hôtesse... — répliqua Lascars.

Une expression de stupeur épouvantée se peignit sur le visage hâlé et ridé de la vieille femme, puis à cette stupeur succéda une visible incrédulité.

— Ah! mon digne monsieur, vous vous gaussez de moi, bien sûr!... — balbutia-t-elle d'un air un peu confus.

— Ce que je vous dis, — répliqua le gentilhomme, — est la vérité même... Dès demain j'habiterai le Moulin Noir...

— Alors, que le bon Dieu vous prenne en pitié, car il est très sûr et très-certain que vous ne tarderez guère à vous en repentir...

11.

— Eh! que voulez-vous qui m'arrive?...

— Tout ce qui peut arriver dans une maison maudite... et, pour ne pas parler d'autre chose, le diable en personne viendra vous tordre le cou...

— Ma foi — fit Lascars en riant — voilà une catastrophe qui me garantira certainement des autres périls! — Aussitôt étranglé par le diable, je défie le reste du monde...

La mère Durocher fit le signe de la croix.

— Mon digne monsieur, — balbutia-t-elle, — gardez-vous de plaisanter avec ces choses-là!... — on commence par rire, voyez-vous... on finit par pleurer! — Ne risquez point le salut de votre corps et celui de âme! Renoncez à habiter le Moulin Noir!

XXIV

LES LAPINS A L'ŒUVRE

Nous avons laissé Sauvageon flottant, à demi noyé et à peu près sans connaissance, sur les eaux calmes de la Seine, à une faible distance du théâtre des scènes dramatiques racontées par nous précédemment.

En sa qualité de nageur émerite de premier ordre, le propriétaire du cabaret des Lapins faisait machinalement le petit nombre de mouvements nécessaires pour ne pas couler, mais son intelligence était voilée d'un nuage, il ne se souvenait de rien et ne se rendait aucun compte de sa situation.

Pendant plus d'une demi-heure il obéit sans résistance au courant qui l'entraînait et qui finit, à un détour de la rivière, par le faire échouer sur une plage sablonneuse.

La sensation pénible causée par l'air froid de la nuit qui engourdissait ses membres à travers ses vêtements mouillés, le rappela complètement à lui-même.

Il se releva, il regarda autour de lui, en cherchant à se rendre compte de l'endroit où il se trouvait et de la façon dont il y était venu, et son premier mouvement réfléchi fut de porter la main à la lourde ceinture pleine d'argent qui devait se boucler autour de ses reins...

Nous savons déjà que cette ceinture était au fond de la rivière.

Sauvageon fit un geste de désespoir.

— Ah! malheureux! — s'écria-t-il d'une voix très-haute — malheureux! je suis volé!

Mais, au moment précis où il prononçait ces paroles, la mémoire lui revint; — il se souvint distinctement de l'immense péril qu'il venait de courir, et du terrible sacrifice au prix duquel il avait été contraint d'acheter son salut...

La nature de Sauvageon était essentiellement cupide et avare. — Une fois hors de danger il se persuada sans peine qu'il avait eu grand tort de sacrifier son argent pour sauver sa vie, l'argent étant plus précieux que la vie! — Il se reprocha violemment son manque d'énergie, sa couardise, son irréflexion, et il se démontra d'une façon sans réplique qu'il lui aurait suffi d'un dernier effort pour triompher de l'obstacle et pour remonter à la surface de l'eau avec son trésor.

Le résultat de ses réflexions, et des reproches que Sauvageon s'adressait, fut de le décider à cotoyer la Seine jusqu'à l'endroit où il s'était élancé hors du bateau pour piquer une tête; — aussitôt arrivé là, se disait-il, — je plongerai dix fois de suite s'il le faut, et j'explorerai le lit du fleuve jusqu'à ce que j'aie reconquis ma ceinture et son contenu...

Fort heureusement pour lui Sauvageon ne vint

...oint à bout de retrouver la place où le sacrifice s'était accompli ; puis comme il entendit des bruits de voix, comme il vit briller des torches sur la rive opposée, il se résigna à abandonner ses recherches, il fit de nécessité vertu et prit le parti fort sage de regagner Paris au plus vite.

— Après tout — se dit-il chemin faisant pour se consoler — j'aurais tort de me livrer complètement au désespoir. — Certes, le coup qui me frappe est très douloureux et très imprévu, mais enfin le malheur est réparable. — J'ai perdu mon argent, et je crains bien que mon pauvre bateau ne soit compromis, mais il me reste un cabaret bien achalandé, et comme je possède le grand art de me procurer sans bourse délier le vin et l'eau-de-vie que je vends à mes pratiques, je ferai de nouvelles économies et je réparerais les brèches...

Malheureux Sauvageon !

Combien alors il était loin de soupçonner le dernier et épouvantable coup que lui gardait le sort !...

Voici ce qui s'était passé la veille au soir, tandis que Sauvageon et Macaroni remontaient la Seine à force de rames, pour se rendre, avec Huber et Bergamotte, au rendez-vous donné par Lascars.

A l'heure habituelle, c'est-à-dire un peu après la tombée de la nuit, deux lapins de belle humeur et la poche agréablement garnie, Subtil et Jarret d'Or, étaient arrivés bras dessus, bras dessous, à la porte du cabaret voisin de l'esplanade des Invalides.

Ils avaient trouvé cette porte fermée.

— Eh ! Sauvageon — s'était écrié Subtil en frappant au volet — ouvre-nous, mon bonhomme, et dépêche toi... — ce sont des amis...

Pour les meilleures de toutes les raisons Sauvageon ne pouvait répondre.

Subtil et Jarret d'Or, légèrement ébriolés l'un et l'autre par suite de précédentes libations, commençaient à s'impatienter, et même à s'irriter quelque peu, lorsque Liseron, Casque-à-Mèche et Patte-Poule les rejoignirent.

— Qu'y a-t-il? — demanda Patte-Poule à Jarret d'Or qui faisait retentir et craquer la porte sous une série de coups de pied et de coups de poing appliqués vigoureusement. — Et pourquoi menez-vous céans si grand tapage, mes petits Lapins?

— Parce que — répliqua Jarret d'Or — ce bélître, ce malavisé de Sauvageon s'entête à nous laisser dehors!...

— Qu'est-ce à dire? — reprit Patte-Poule. — Eh! quoi, le drôle se permet de clore la porte de sa bicoque, qui, étant cabaret, par conséquent lieu public, nous appartient aussi bien qu'à lui?...

— Le faquin s'octroye cette licence!...

— C'est illégal et c'est inconvenant!... s'écria l'orateur.

— Oui... oui... — répondirent les lapins avec un ensemble parfait.

— Sauvageon n'est qu'un maroufle qui mérite une leçon... — poursuivit Patte-Poule — je propose de la lui donner... — Il ne veut pas nous ouvrir la porte... — Entrons malgré lui! — Est-ce votre avis, camarades?...

— C'est notre avis... — dirent toutes les voix.

— Alors, en avant, et un peu d'ensemble... — une!... deux!... trois!... — Ça n'est pas plus difficile que ça!...

Un long craquement venait de se faire entendre et la

...rte, attaquée par les solides épaules des bandits, ...mbait en-dedans avec fracas.

Les lapins se précipitèrent et, à leur grand étonne-...ent, ils trouvèrent le cabaret désert. — (Notons en ...ssant que ceux qui, la veille au soir, avaient entendu ...rler d'une expédition conduite par Huber, igno-...ient complètement que Sauvageon dût faire partie ...cette expédition.)

— Tiens! fit Jarret d'Or, — la cage est vide! — Je ...demande où diable est l'oiseau?...

— Peu importe,... — répliqua Patte-Poule, — ne nous ...cupons pas de Sauvageon... qu'il coure le monde ...te nuit si bon lui semble, ça ne nous regarde ni peu ...beaucoup... — l'essentiel est que les liquides soient ...leur poste, et nous allons nous en assurer tout de ...ite... — battez donc vite le briquet, vous autres! — ...ne fait clair ici non plus que dans un four!...

Une chandelle allumée par l'un des bandits laissa ...oir, à leur place habituelle, deux futailles ventrues de ...in de Collioure, et un petit baril d'eau-de-vie.

— Joie et bombance! — s'écria Patte-Poule avec ...ne contorsion grotesque en frisant sa moustache ...ousse. — Nopces et festins!... — camarades, nous ...llons porter la santé de Sauvageon, qui pour la pre-...mière fois de sa vie nous régalera gratis!... — Tapons ...ur les tonneaux, mes petits enfants! — désaltérons-...nous selon notre soif! — Tout le monde est invité et ...personne ne payera! — j'espère que c'est généreux et ...économique!...

Ces paroles furent un signal auquel on obéit avec ...enthousiasme. — Les lapins saisirent les gobelets de fer ...blanc rangés en bon ordre sur une planche clouée au ...mur. — Ils se ruèrent ensuite vers les barriques qu...

furent en quelques secondes mises debout et défoncé[es]
pour rendre la curée plus facile...

Le vin et l'eau-de-vie, formant un infernal mélang[e,]
coulèrent à grands flots dans ces gosiers de bronze.
Au bout de dix minutes les têtes les plus solides fur[ent]
à l'envers et l'ivresse ne tarda point à devenir bruyan[te]
et batailleuse.

Quelques lapins d'humeur acariâtre échangèrent d[e]
gros mots ; — aux gros mots succédèrent les coups [de]
poing ; — les couteaux furent tirés... — le sang coula[...]

Patte-Poule, qui semblait jouir sur ses compagn[ons]
sinon d'une autorité réelle, du moins d'une certai[ne]
influence, empêcha ces querelles particulières de dég[é]
nérer en rixe générale.

— Camarades — dit-il d'une voix assez haute po[ur]
dominer le tapage — il est tout à fait réjouissant de [se]
casser un peu les reins entre soi, comme de bons ga[r]
çons, je ne prétends pas le contraire, mais vous vo[us]
amusez à la bagatelle, et nous avons présentemen[t]
mieux que ça à faire...

Ces premières paroles excitèrent la curiosité général[e]
et firent naître l'attention. — Un silence presque co[m]
plet succéda au plus étourdissant de tous les vacarme[s.]

Patte-Poule continua :

— Avez-vous réfléchi quelquefois que Sauvageon,
qui ne donne point à boire à crédit, gagne de grosse[s]
sommes dans son cabaret et qu'il ne dépense jamai[s]
rien ?... donc il est riche, très-certainement...

— Oui... oui... s'écrièrent les lapins, nous savon[s]
cela... — Sauvageon est un richard...

— Que fait-il de son argent ? poursuivit l'orateur.
Vous l'ignorez... je l'ignore aussi... mais je le devin[e...]

A cet endroit du discours l'attention et la curiosité des auditeurs redoublèrent.

Patte-Poule se garda bien de les laisser languir.

— Il est clair comme le jour — reprit-il — que Sauvageon ne place point ses fonds chez les tabellions et chez les agioteurs pour les faire fructifier... — je le connais bien, ce paroissien-là ! — il est soupçonneux et défiant comme pas un... — il doit cacher son boursicot quelque part, et la cachette doit être ici... — Cherchons donc et nous trouverons, et, quand nous aurons trouvé, nous nous partagerons un argent qui vient de nous et qui par conséquent nous appartient en toute propriété...

Un tonnerre d'acclamations accueillit cet axiôme de morale bizarre, et les recherches conseillées par Patte-Poule commencèrent à l'instant même.

On vit alors les *lapins* fouiller les moindres recoins, et, le couteau à la main, percer à jour les murailles fragiles et démolir la maison un peu plus qu'aux trois quarts, dans l'espoir de découvrir entre deux planches la cachette de Sauvageon.

Nos lecteurs savent déjà que cette exploration ne pouvait avoir aucun résultat, et que Sauvageon, défiant à bon droit, avait emporté sa fortune entière avec lui.

Les recherches durèrent plus d'une heure. — Au bout de ce temps les bandits désappointés furent contraints de reconnaître qu'il fallait renoncer à tout espoir, et que la cahute du bord de l'eau ne renfermait aucune somme, petite ou grosse, en argent, en cuivre ou en or...

Cette certitude les exaspéra. — Sauvageon leur parut coupable, à leur endroit, du plus indigne abus de confiance, de la trahison la plus inqualifiable... — Ils se répandirent contre lui en injures, en vociférations, en menaces, et nul doute que si, dans ce moment, le malheureux cabaretier fût tombé entre leurs mains, il n'en serait pas sorti vivant, déchiré par eux comme Orphée, jadis, par les nymphes de Thrâce.

L'idée mise en avant par Jarret d'Or, de brûler la maison, fut accueillie avec de véritables transports.

— Oui... oui... — s'écrièrent frénétiquement les lapins, — mettons le feu à la baraque, et nous rôtirons ce gredin de Sauvageon dans sa bicoque, si le diable nous l'envoie à temps...

Raillerie de la destinée !...

Les deux éléments les plus contraires semblaient conjurés, cette nuit-là, contre l'infortuné cabaretier.

L'eau et le feu le menaçaient à la fois ! — la Seine et l'incendie s'unissaient pour lui préparer de mortels périls !...

XXV

SAUVAGEON

Aussitôt leur résolution prise, et elle le fut à l'instant même, les lapins l'exécutèrent avec une promptitude incomparable.

Sauvageon gardait dans un vieux bahut quelques poignées d'étoupes destinées à radouber son bateau. — Ces étoupes, imbibées d'eau-de-vie, devinrent des torches incendiaires et attachèrent la flamme aux quatre coins de la toiture de chaume et de planches sèches, qui se mit à flamber comme une botte d'allumettes.

Une colonne de feu monta dans les airs ; — une grande lueur rouge illumina l'espace ; — les eaux du fleuve se colorèrent de reflets sinistres et semblèrent charrier du sang...

Les bandits abandonnèrent alors le cabaret qui d'une minute à l'autre pouvait s'écrouler et les ensevelir sous ses débris. — En sortant ils emportèrent avec eux le baril d'eau-de-vie, et ils reprirent sur les berges de la Seine l'orgie interrompue.

Lorsque parut le jour, on ne voyait plus qu'un amas de cendres grises à l'endroit qu'avait occupé le cabaret, et, par instants, des filets de fumée blanchâtre s'échappaient de ces cendres mal refroidies.

Aucune forme humaine ne se montrait d'ailleurs sur la grève déserte, et depuis longtemps les lapins avaient regagné leurs terriers.

A peu près à ce moment Sauvageon, épuisé de fatigue, et brisé moralement par le chagrin de la perte qu'il avait faite, rentrait dans Paris après avoir marché toute la nuit, et suivait lentement la ligne des quais en se dirigeant du côté de sa demeure.

Absorbé dans ses pensées dont nous connaissons la nature pénible, il n'accordait aucune attention, ni aux lieux qu'il traversait, ni aux rares passants qu'il rencontrait sur sa route.

Cependant, lorsqu'il fut arrivé à la hauteur des terrains que le ministère des affaires étrangères occupe aujourd'hui, il lui fallut sortir de sa préoccupation pour chercher la coupure pratiquée dans le talus et conduisant à la berge.

Il s'engagea dans cette coupure située presqu'en face de son cabaret, et, après cinq ou six pas, il s'arrêta et se frotta les yeux, comme un homme mal éveillé qui, surpris par quelque événement imprévu et invraisemblable, se croit encore le jouet d'un songe...

La stupeur et le doute de Sauvageon nous semblent choses faciles à comprendre... — il avait laissé la veille sa maison à cette place, debout, intacte, bien fermée... — il revenait — tout avait disparu ; — la maison s'était en quelques heures, évanouie comme un rêve ! — ceci n'était rien moins que croyable, et Sauvageon n'y croyait pas !

— Je me serai trompé... — se dit-il — j'ai le cerveau troublé — je suis à moitié fou ! — j'y vois mal ! je suis allé trop loin, ou je me suis arrêté trop tôt... la maison était solide et n'a pu s'envoler...

Et, de la meilleure foi du monde, il se mit à regarder à droite et à gauche, cherchant sa demeure anéantie.

Il ne trouva pas ce qui n'existait plus, mais un objet qui frappa ses yeux fut pour lui la première révélation d'une catastrophe accomplie... — C'était le poteau auquel, chaque jour, il attachait la chaine de sa barque. — Il ne pouvait méconnaitre ce poteau placé à cinquante pas, tout au plus, de la porte du cabaret... — il suivit le chemin tracé dans l'herbe par ses pas quotidiens et il arriva muet, anéanti, foudroyé, jusqu'à l'amas de cendres fumantes...

Là une lumière soudaine se fit dans son esprit ; — la vérité lui apparut tout entière ; — il se rendit compte avec une lucidité merveilleuse de ce qui s'était passé la veille au soir.

— Oh ! ma maison... ma pauvre maison... — balbutia-t-il. — Les misérables ! ils l'ont brûlée ! Que leur avais-je fait ?

Alors, saisi d'un accès de désespoir indicible, Sauvageon, dépouillé en quelques heures de tout ce qu'il possédait, redescendit jusqu'au bord de l'eau, s'assit, ou plutôt se laissa tomber sur la berge et là, cachant sa tête dans ses deux mains, et il se mit à pleurer à chaudes larmes...

Le pauvre diable de coquin était assurément fort à plaindre ; cependant nous engageons nos lecteurs à garder leur compassion pour des douleurs plus intéressantes.

Sauvageon appartenait à la catégorie nombreuse de

ces gredins malchanceux, auxquels le crime ne réus[sit]
pas. Il aurait eu tout à gagner non seulement au poi[nt]
de vue moral, mais encore à celui des intérêts mat[é]-
riels, à rester ou à redevenir honnête homme, mais [il]
ne le comprenait pas, et combien de gens, hélas ! dan[s]
une situation identique, ne le comprennent guè[re]
mieux que lui !

Pendant deux heures il ne bougea non plus que s[i] [il]
avait été changé en statue.

Au bout de ce temps il releva la tête et une lueu[r]
douteuse rayonna sur son front pâle.

— Ça ne peut pas continuer comme ça... — murmur[a]-
t-il avec conviction — un jour ou l'autre la chan[ce]
tournera ! — L'homme qui se laisse abattre alo[rs]
qu'une femmelette et qui jette le manche après l[a]
cognée n'est point un homme ! — Je vas *me procure*[r]
un autre bateau, rebâtir une autre maison, et recom-
mencer ma fortune de sur nouveaux frais.

Ce peu de paroles renfermait tout un programme,
car nos lecteurs savent de quelle manière opérait Sauvageon pour *se procurer* les objets dont il avai[t]
besoin... — Donc l'avenir allait continuer le passé.

L'ex-cabaretier ajouta, en homme qui possède une
connaissance approfondie du cœur humain :

— Pour le moment je quitterai Paris, car les lapins
ne me pardonneront pas de sitôt le mal qu'ils m'ont
fait cette nuit, mais si le diable me prête vie je les re-
trouverai tôt au tard, et quelque chétif que je sois je
leur rendrai ce mal au centuple !

§

Laissons s'écouler un intervalle de deux ou trois

jours, et retournons au Moulin Noir, où nous retrouverons le baron de Lascars installé.

La mère Durocher et ses fils, séduits par les manières gracieuses et familières, et surtout par la générosité de Roland qu'ils considéraient comme un personnage, avaient fait preuve du plus grand zèle. — Les meubles indispensables, achetés chez un brocanteur de Rueil, garnissaient la pièce aux boiseries de chêne ; — un petit bateau plat, tout neuf et peint en vert, dormait au bas de l'escalier, attaché par sa chaîne à l'un des pilotis ; — enfin les deux jeunes gens, munis de haches, avaient ouvert quelques sentiers dans la forêt vierge de l'enclos, et placé de grosses pierres sous les plus grands arbres de manière à improviser des bancs.

Il était en outre convenu que l'un d'eux, chaque matin, apportait à Roland les provisions nécessaires pour sa nourriture de la journée.

A peine cette installation achevée, le baron ressentit les premières atteintes d'un mal terrible entre tous, et inévitable après le changement complet et subit qui venait de se faire dans son existence. — On devine que nous voulons parler de l'ennui...

Ces atteintes furent si vives et si soudaines que Lascars frissonna malgré lui.

— Si je m'abandonne, — se dit-il, — je suis un homme perdu ! — Il faut donc user de toute mon énergie pour la résistance pendant un temps d'épreuve qui ne sera pas long... — La vie de Paris est si dévorante, on est entraîné malgré soi dans un tel tourbillon d'activité fiévreuse, que le temps manque pour se souvenir, et qu'on oublie vite les absents. — C'est à peine, dans six mois, si mes meilleurs amis et mes ennemis les plus chaleureux se souviendront de mon nom... —

Mes créanciers, me croyant mort ou expatrié, auront porté le deuil de leurs créances et se trouveront très heureux d'accepter avec enthousiasme les arrangements que je leur ferai proposer. — Alors je reparaîtrai sans rien craindre, et quelque brillant mariage avec une fille de finance me remettra plus que jamais à flot! — N'en déplaise à mes ancêtres, vive une mésalliance qui nous enrichit! — Il ne me reste que mon nom... C'est une valeur, je le vendrai cher! — Six mois d'exil, après tout, ne sont point l'éternité! — l'ennui est un fâcheux ennemi, mais la pensée d'un radieux avenir me donnera le courage de le combattre et de le vaincre... — Je veux me cuirasser de toutes pièces... occuper toutes mes heures... ne lui laisser aucune place à prendre... — et, d'abord, pour commencer, je me fais pêcheur.

Lascars avait raison, l'homme occupé peut défier l'ennui; — l'ennui vaincu s'enfuit devant le travail de l'intelligence ou du cœur.

Les fils de la mère Durocher, fort épris de leur profession qu'ils considéraient de très bonne foi comme l'une des plus belles du monde, ne pouvaient manquer d'approuver le projet de Roland.

Ils se mirent à son entière disposition et prirent l'engagement formel de lui révéler, sans en réserver un seul, tous les secrets du métier.

Dès le jour suivant il partit avec eux pour commencer son apprentissage, et il goûta quelque plaisir à tendre les lignes, à lever les nasses, à jeter les filets et à les retirer de l'eau, gonflés de poissons frétillants aux écailles argentées.

Tout en pêchant, les fils Durocher ne se condamnaient point au silence et racontaient à leur élève les menus incidents et les petits bruits du pays, qu'il écoutait avec attention, sinon avec intérêt.

— Faut vous faire à savoir, mon digne monsieur, — dit l'un d'eux, après avoir effleuré successivement divers sujets, — faut vous faire à savoir qu'il y a présentement, de nos côtés, de mauvaises gens...

— De quelle façon l'entendez-vous ? — demanda Lascars.

— Je l'entends de rôdeurs et voleurs de nuit, qui viennent de Paris, bien sûr, avec des intentions malhonnêtes... — répliqua le jeune pêcheur.

— Ah ! ah !... et comment savez-vous cela ?...

— Nous avons failli, hier au soir, sur le coup de onze heures et demie, être dévalisés d'un bateau...

— En vérité !

— C'est comme je vous le dis, mon digne monsieur ! — Je revenais de Marly-le-Roi ; il faisait noir plus qu'au fond d'un four. — J'allais rentrer à la maison quand j'entends tout à coup grincer une chaîne du côté de la rivière, — je dresse l'oreille, je descends la berge, et, qu'est-ce que je vois tant bien que mal à travers la nuit ? un gaillard accroupi sur le sable et en train de limer le cadenas de notre meilleur bâchot...

— Alors qu'avez-vous fait ?

— J'ai fait une bêtise... — au lieu de ne rien dire, de marcher tout doucement, et de tomber sur mon drôle à grands coups d'aviron, j'ai crié : *Au voleur !* de toutes mes forces...

— Et le coquin a pris la fuite ?

— Naturellement...

— Vous l'avez poursuivi ?

— Bien entendu... — mais il faisait si noir qu'au bout de deux minutes j'avais perdu sa trace et qu'il court encore... — Il reviendra peut-être la nuit prochaine, et je le voudrais de tout mon cœur, car mon frère et moi nous serons sous les tilleuls, avec de bons fusils, pour le recevoir comme il le mérite et lui souhaiter la bien-venue! — Défiance, mon digne monsieur, je vous le conseille... — ouvrez l'œil de votre côté, ne fermez pas l'oreille, et faites attention nuitamment, rapport à votre bateau, qui est un joli bateau, et qui vaut son prix...

XXVI

RENCONTRE PRÉVUE

Pendant toute la journée les habitants de Bougival purent voir assis sur la berge, les jambes pendantes, les pieds à fleur d'eau, dans un état d'immobilité complète, un petit homme roussâtre, assez mal vêtu et doué d'une physionomie médiocrement engageante.

Ce petit homme pêchait à la ligne avec un instrument d'une simplicité toute primitive, consistant en une ficelle attachée au bout d'une gaule et terminée par une épingle recourbée, à laquelle une grosse mouche ou quelque fragment de vermisseau servait d'amorce...

Mais sans doute l'habileté du pêcheur suppléait aux défectuosités de l'engin, car de seconde en seconde le petit homme roussâtre détachait de son épingle un goujon, une ablette, ou une perche.

Le soir venu, il entra dans le cabaret le plus proche avec son butin qui représentait pour le moins cinq ou six livres de poissons de toutes les tailles, et il offrit d'abandonner la moitié de ce butin, à la condition qu'on lui ferait cuire le reste et qu'on y joindrait un morceau de pain et un verre de vin.

Le cabaretier n'eut garde de refuser un marché aussi avantageux, — le petit homme soupa longuement, et quand il reprit son chapeau de paille et son bâton, la nuit était déjà venue.

— Où diable vous en allez-vous comme ça, si tard, mon brave garçon? — lui demanda le cabaretier.

— Je vais où je veux... répondit le pêcheur d'un ton bourru — les chemins sont à tout le monde...

Et, sans attendre d'autres questions, il s'enfonça dans les ténèbres..

— Drôle de paroissien tout de même!... — murmura le cabaretier.

Puis, s'adressant à sa femme, il ajouta:

— Ce petit homme ne me revient guère... s'il se fait cette nuit par hasard quelque mauvais coup dans Bougival ou aux environs, ça ne m'étonnera pas beaucoup...

L'habile pêcheur avait pris, du moins en apparence, la route conduisant à Saint-Germain.

. . . .

Après avoir tour à tour manié l'aviron et jeté l'épervier pendant cinq ou six heures, Lascars rentra au Moulin-Noir aussi complètement brisé que s'il avait reçu sur le corps une volée de coups de bâton.

— Je vais dormir tout d'un somme jusqu'à demain matin... — se dit-il en se jetant sur son lit. — Il me semble déjà que je dors debout...

Lascars se trompait...

Excédé par une agitation nerveuse qu'il crut devoir attribuer à la pesanteur de l'atmosphère dans la chambre qu'il occupait, Lascars se leva, ouvrit la fenêtre, appuya ses coudes au rebord, et baigna ses tempes dans l'air refroidi.

Un silence profond régnait, interrompu seulement par le murmure monotone des eaux de l'écluse et par le grondement sourd et continu des grands rouages de la machine de Marly.

Lascars écoutait distraitement ces vagues rumeurs qui semblaient les voix de la solitude et de la nuit, lorsqu'un bruit soudain, à la nature duquel il paraissait impossible de se méprendre, le fit tressaillir et prêter l'oreille avec attention.

Ce bruit était très évidemment produit par l'action d'une lime d'acier sur un morceau de fer.

Le baron se souvint à l'instant même du vol tenté pendant la nuit précédente, de l'autre côté de la Seine à l'embarcadère des fils Durocher, et il ne mit point en doute que le voleur, espérant prendre une prompte revanche de son précédent insuccès, s'occupait avec zèle et activité à couper la chaîne du bateau.

— Voilà un gaillard qui me paraît avoir une singulière ténacité dans l'esprit, et beaucoup de suite dans les idées! — murmura Lascars. — Je suis curieux de faire sa connaissance...

Au lieu de crier sottement: *Au voleur!...* comme le fils Durocher, la veille au soir, le baron quitta sa chambre à pas de loup, ouvrit, non sans des précautions infinies, la porte extérieure du Moulin-Noir, descendit, avec une légèreté de fantôme, l'escalier de pierre dont les dernières marches se perdaient sous l'eau, et arriva jusqu'à deux pas de la barque sans avoir donné l'éveil au nocturne dévaliseur, qui continuat paisiblement sa besogne et faisait preuve d'une quiétude inaltérable.

La lime mordait le fer d'une façon tout à la fois vigoureuse et régulière ; — l'homme accompagnait son travail d'une espèce de ronronnement qui rappelait, tant bien que mal, un pont neuf alors en vogue.

— Tudieu ! — pensa Lascars — voilà le plus beau sang-froid du monde ! — Ce gaillard-là n'en doit pas être à son coup d'essai !... — je crois, que sa figure, tout à l'heure, sera réjouissante !...

En même temps il se pencha vers le voleur qui s'était agenouillé sur la dernière marche de l'escalier afin de fonctionner plus à son aise, et le saisissant au collet d'une main ferme, de manière à rendre inutile toute tentative de fuite, il lui dit :

— Pas de résistance, mon bonhomme, pour peu que vous teniez à la vie !... — je suis armé, et tout disposé, je vous assure, à faire usage de mes armes...

— Au nom du ciel, mon charitable monsieur, prenez pitié d'un pauvre père de famille sans ouvrage ! — ne me perdez pas ! — je n'avais point d'intention mauvaise... — Je ne voulais que vous emprunter votre bateau cette nuit, afin de pêcher un peu de poisson pour mes nombreux enfants, et je vous l'aurais sans faute ramené demain matin...

Dans le but d'ajouter à l'éloquence de ces paroles, le voleur crut devoir y joindre, malgré les ténèbres, une pantomime attendrissante. — Il joignit donc les mains et il les tendit vers Lascars, autant du moins que le lui permit l'étreinte du poignet de fer qui le maintenait par derrière et paralysait ses mouvements.

— Il me semble que cette voix ne m'est point inconnue... — se dit le baron, en écoutant les supplications de son prisonnier. — Sans aucun doute je l'ai entendue, et même il n'y a pas longtemps... — J'éclaircirai cela tout à l'heure...

Puis il répondit avec ironie :

— Vous êtes très honnête, mon bonhomme... — vous l'affirmez, et je me garderais bien d'en douter... Donc, non seulement vous ne serez pas puni, mais vous serez récompensé... — cette récompense, je ne vous la ferai point attendre... — venez chez moi... nous en causerons.

— Allez-vous me mettre à mort? — s'écria le voleur effaré... — Allez-vous m'égorger sans pitié?...

Le baron ne put comprimer un éclat de rire.

— Vous mettre à mort! — répliqua-t-il ensuite, — et pourquoi faire, grand Dieu? — Est-ce que vous me prenez pour un ogre? — non... non... venez sans crainte, mon bonhomme... votre peau ne court aucun risque...

Un peu réconforté par cette assurance, le voleur, dont les jambes flageolaient sous lui comme celles d'un homme ivre, gravit sur ses pieds et sur ses mains les marches de l'escalier, et franchit avec Lascars le seuil du Moulin-Noir.

Arrivé dans la chambre qu'il habitait et dont il referma la porte derrière lui, le baron poussa son captif dans un coin et, faisant jouer la batterie d'un pistolet, il dit brusquement :

— Si vous faites un pas, bonhomme, je vous brûle la cervelle! — Agissez en conséquence!

Inutiles paroles et vaine menace! — l'infortuné prisonnier ne songeait qu'à se tenir coi!...

Lascars battit le briquet, attacha la flamme à la mèche d'une petite lampe, et la chambre se trouva faiblement éclairée...

Le baron et le voleur échangèrent alors un regard rapide et curieux; ils se reconnurent; — une double exclamation jaillit de leurs lèvres.

— Sauvageon! s'écria Lascars stupéfait.

— Le gentilhomme de l'autre nuit! — murmura Sauvageon, dont le visage, un instant contracté par l'inquiétude et par l'effroi, reprit aussitôt son expression accoutumée. — Foi de bon garçon, continua-t-il, j'aime mieux que ce soit vous que tout autre, et je suis même très content de vous voir, attendu que j'ai des réclamations à vous adresser...

— Des réclamations! — Vous!... à moi?...

— Parfaitement bien...

— Je suis curieux de les connaître...

— Je ne vous laisserai pas languir... — mais d'abord commençons par le commencement... — Savez-vous ce que je faisais, tout à l'heure, au bord de la rivière?...

— Pardieu! ce que vous faisiez! — Vous étiez en train de me voler mon bateau!

Certainement... — mais savez-vous pourquoi je volais votre bateau?...

— Parce que vous êtes un voleur...

— Je suis un voleur aujourd'hui, c'est vrai... — mais il y a deux jours, j'étais un homme établi... un homme ayant pignon sur rue... un homme dont les affaires marchaient bien... un homme enfin à qui la fortune souriait... — tout cela s'est écroulé en quelques heures — je n'ai plus rien... je ne suis plus rien... rien qu'un voleur, comme vous dites! et c'est à vous que je le dois...

— A moi! répéta Lascars au comble de l'étonnement.

— Oui, monsieur... à vous-même...

— Perdez-vous la tête?...

— Non monsieur... j'ai tout mon bon sens, et je le

répète, c'est à vous seul que je dois ma ruine et ma détresse ! — C'est vous qui m'avez porté malheur !

— Comment cela?...

— Je vais vous le dire...

Sauvageon, sans perdre une minute, entama le récit des mésaventures que nous connaissons déjà et dont le baron était bien réellement la cause indirecte.

Il termina par cette péroraison pathétique :

— Vous le voyez, monsieur, mon zèle pour votre cause, mon dévouement pour votre service, ont attiré sur mon innocence tête tout un ouragan d'infortunes!... — par suite de la fatalité qui m'accable, je me vois réduit à voler pour vivre, et j'en rougis de honte, car je fus honnête jusqu'ici, et je m'étais juré de l'être toujours ! — Sans vous, monsieur, sans cette entreprise funeste dont j'ai voulu prendre ma part, je serais en ce moment très heureux, très vertueux, à la tête d'un établissement prospère et de quelques épargnes rondelettes ! — je vous demande avec confiance de réparer le mal que vous avez fait... — vous me devez un dédommagement, et vous êtes doué d'un trop grand cœur pour ne point souscrire sans retard à ma juste requête...

Lascars avait écouté attentivement l'odyssée du malheureux cabaretier, et c'est à peine si de temps en temps un sourire bien vite réprimé s'était dessiné sur sa bouche.

Au lieu de répondre tout de suite, lorsque le récit fut achevé, il garda le silence pendant quelques secondes et parut réfléchir.

— Eh bien, monsieur, — demanda Sauvageon inquiet de ce silence. — Eh bien, monsieur, vous ne me dites rien ?...

XXVII.

LE CHEMIN DE LA FORTUNE

Lascars, ainsi mis en demeure, releva la tête et regarda son interlocuteur en face.

— Je ne vous cacherai point — fit-il — que vous m'intéressez vivement... je suis plein du désir de vous tirer de peine.

— Ainsi, s'écria Sauvageon déjà radieux, vous ferez quelque chose pour moi?

— Je ferai votre fortune si vous voulez.

— Ah! monsieur, je ne demande pas autre chose.

— Seulement — poursuivit Lascars — il faut savoir si vous remplissez certaines conditions indispensables...

— Lesquelles, monsieur? dites-moi lesquelles! Je serai fort surpris, foi de Sauvageon, si je ne les remplis pas du premier coup, et parfaitement bien.

— Etes-vous discret?

— Autant qu'un poisson!... on ferait plutôt parler un mur que de m'arracher une parole, quand il s'agit de la chose d'un mystère qu'il ne faut pas qu'on sache...

— Êtes-vous actif?

— Je rendrais des points à un écureuil.

— Susceptible d'attachement et de fidélité.

— Ah! monsieur, je suis comme *le lièvre du proverbe, je meurs où je m'arrache!...* — et, pour ce qu est de la fidélité, il n'y a pas beaucoup de caniches en France qui pourraient me damer le pion... j'en réponds !

— Jusqu'ici, tout va bien... — continua le baron en souriant ; — je crois en outre que vous ne manquez pas d'une certaine intelligence.

Sauvageon prit un air de fausse humilité.

— Il ne m'appartient point de faire mon éloge, dit-il, et je serais mal avisé si je me donnais les airs de chercher à influencer monsieur, mais, étant tout petit, j'avais déjà de l'intelligence gros comme moi... On me trouvait malin comme un singe... ça n'a fait que croître et embellir depuis ce temps-là, et aujourd'hui j'ai plutôt trop d'esprit que pas assez, car il y a des moments où ça me gêne.

— Je comprends cela... fit Lascars en conservant admirablement son sérieux, le trop d'esprit doit en effet vous gêner parfois... — Surtout si vous y joignez la modestie...

— La modestie, monsieur, c'est mon fort !... — Je laisse aux autres le soin de découvrir mon mérite, mais je n'en parle jamais moi-même.

— A merveille !... je pense que vous êtes l'homme qu'il me faut, et que nous pourrons nous entendre.

— Nous nous entendrons, monsieur, c'est certain !... — quel sort me destinez-vous ?

— Le plus brillant que vous puissiez rêver, maître

Sauvageon... — Je me charge de votre avenir et je vous attache à ma personne.

— En quelle qualité ?

— En qualité de factotum, présentement, et de majordome, un peu plus tard, avec les pouvoirs les plus étendus sur tous les gens de ma maison.

La physionomie de Sauvageon, triomphante et rayonnante jusqu'à ce moment, exprima certaines nuances de désappointement. Il promena ses regards autour de la pièce dans laquelle il se trouvait et la simplicité toute spartiate de l'ameublement sembla produire sur lui une impression réfrigérante.

La surintendance de la maison d'un homme si piètrement logé ne lui semblait pas devoir être le chemin le plus direct pour arriver à la fortune promise.

Lascars se mit à rire aux éclats de la mine piteuse de son auditeur.

— Je vois ce qui se passe dans votre pauvre cervelle !... — dit-il ; — la confiance manque, et je ne saurais vous en vouloir, car, si je vous connais bien, vous ne me connaissez pas encore !... — apprenez donc que je suis un grand seigneur, immensément riche, forcé par suite d'une intrigue de cour de me cacher pendant quelque temps, de taire mon nom et d'afficher les dehors de la pauvreté... — mais ceci durera peu... — Bientôt mon étoile reparaîtra, plus brillante que jamais, je reprendrai ma place et je pourrai récompenser d'une façon large et digne de moi ceux qui l'auront mérité par leur dévouement... Il dépend de vous d'être de ceux-là, et le premier entre tous... Seulement décidez-vous vite, car une hésitation équivaudrait à un refus, et je ne vous ferais pas, deux fois de suite, une offre si belle.

— Une seule question, mon bon seigneur !... — s'écria Sauvageon, ébloui par les paroles pleines de fascinations et de rayonnements qu'il venait d'entendre, — quand votre étoile aura reparu... quand je serai majordome de votre maison, quels gages me donnerez-vous, s'il vous plaît ?

— Vous tenez à le savoir ?

— Beaucoup, mon cher seigneur, je l'avoue.

— Eh ! bien, je vais, d'un seul mot, vous donner la mesure de ma générosité. Je vous accorde pour gages tout ce que vous pourrez voler chez moi... — Cela vous va-t-il ?

— Parfaitement... — répondit Sauvageon avec une naïveté incomparable.

— Ainsi, nous sommes d'accord ?

— Oui, monseigneur.

— Appelez-moi monsieur.

— Oui monsieur...

— A partir de ce moment, vous m'appartenez... — vous prends à ma remorque, et je vous mènerai loin, comptez-y.

— J'irai aussi loin que vous voudrez, pourvu que la lune soit au bout du chemin.

— C'est convenu... Donc, ne vous inquiétez plus et reposez-vous de tout sur moi... — dès demain vous entrerez en fonctions auprès de ma personne... Quelqu'un vous connaît-il dans ce pays ?

— Personne.

— Vous y êtes depuis deux jours, cependant ?

— J'y suis arrivé avant-hier au soir, très-tard... — il faisait déjà presque nuit, hier j'ai pêché à la ligne toute la journée, et je n'ai montré mon visage qu'au baretier dont la femme a fait cuire mon poisson...

— Nous ferons en sorte de vous rendre méconnais[sable... — vos cheveux sont trop longs ; il faud[ra] les couper... — Vous êtes misérablement vêtu, ce q[ui] vous donne une piètre mine ; je vous procurerai d[es] vêtements plus convenables... — êtes-vous un pêcheu[r] habile ?

— Ce n'est pas pour me vanter monsieur, mais s'[il] n'y avait qu'un poisson dans une rivière, je trouvera[is] moyen de le prendre.

— Voilà un talent qui nous sera fort utile !... Save[z] vous un peu de cuisine ?

— Ah ! monsieur, je n'ai pas mon pareil au mon[de] pour sauter un lapin ou pour accommoder une mat[e]lotte.

— Ah ! ça, mais, Sauvageon, vous me semblez déc[i]dément un sujet précieux ! — s'écria Lascars [en] riant.

— Je me suis toujours dit cela, et je crois que mo[n]sieur, de son côté, ne tardera point à s'en dire a[u]tant... — quand monsieur me verra à la besogne, mo[n]sieur en sera lui-même étonné...

— Il m'est impossible, cette nuit, de vous offrir au[tre] chose que le plancher pour couche... — reprit Rolan[d] — mais j'aviserai, dès demain, à vous procurer un [lit] passable.

— Ah ! monsieur, — répliqua Sauvageon, — je n[e suis] pas toujours eu toutes mes aises. — Je sais prendre [le] temps comme il vient, et les choses comme elles so[nt].

— De la philosophie ! bravo ! — Un mot encore.

— Deux cents si ça convient à monsieur... — Je s[uis] a ses ordres, c'est pour l'écouter tant qu'il voudra.

— Vous avez des instincts pillards... — vous ê[tes] d'une nature friponne...

—Ah ! monsieur... — s'écria Sauvageon d'un air [...]ux et d'un ton vexé.

—Ne m'interrompez pas, — je ne vous fais aucun [repr]oche, je constate un fait, et vous voyez que ma con[dit]ion à cet égard ne m'empêche point de vous prendre [à m]on service... — Je suis au-dessus des préjugés [vulg]aires, mais, dans la situation particulière qui m'est [faite] en ce moment, je ne veux pas être compromis... [Tene]z donc avec soin la bride haute à toute velléité [de l]arcin... — Que le bien d'autrui vous soit sacré... [enfi]n, si par hasard une bourse pleine tombait devant [vous], poussez le scrupule jusqu'à ne la point ramasser, [ou pr]évenez le propriétaire qu'il risque de perdre son [bien].

[Sa]uvageon fit une grimace. La règle de conduite [tracé]e par Lascars lui causait une violente révolte in[térie]ure et il n'était point assez maître de lui-même [pour] dissimuler son impression ; — il répondit cepen[dan]t :

—Puisque monsieur l'exige, on s'y conformera !... [Je] promets à monsieur de ne m'oublier ni peu, ni [beau]coup, et d'avoir l'air plus honnête qu'un honnête [hom]me... ça sera peut-être difficile, mais à force de [bon]ne volonté on vient à bout de tout.

—J'aime à vous entendre parler ainsi, digne Sauva[geon]... — répliqua Lascars avec un sourire — et main[tena]nt, bonne nuit. Allez dormir et faites des rêves [d'or].

[Le l]endemain une heureuse transformation s'opéra [dans] la personne de l'ex-cabaretier des lapins. — Il se [rendi]t au Pecq avec le bateau de son maître ; les ci[seaux] d'un perruquier modeste émondèrent ses che[veux]rouges en désordre ; sa barbe, qui ne contribuait

pas peu à lui donner l'aspect d'un bandit, fut soigne[usement]
sement rasée ; enfin des vêtements simples, mais pr[esque]
que neufs et très-propres, complétèrent sa métamo[r-]
phose, et ces vêtement lui donnèrent sinon bonne mi[ne]
du moins une de ces apparences placides et inoffe[n-]
sives, qui passent inaperçues et n'éveillent ni l'atte[n-]
tion, ni le soupçon.

C'était ce que voulait Lascars et il se déclara satisf[ait].

L'introduction d'un nouveau personnage au Moul[in]
Noir apporta de grandes et immédiates modificati[ons]
dans la manière de vivre du gentilhomme.

Sauvageon, très habile pêcheur et cuisinier passab[le]
remplaça naturellement les fils Durocher dont les r[ap-]
ports avec le baron devinrent aussi rares qu'ils ava[ient]
été habituels pendant les deux ou trois jours pré[cé-]
dents.

Lascars et son étrange serviteur passaient sur la [ri-]
vière les journées entières, tendant des lignes et jet[ant]
des filets, et chaque soir ils reprenaient le chemin
Moulin-Noir en rapportant plus de poisson qu'ils [n']
auraient pu consommer en une semaine avec un pr[odi-]
gieux appétit.

Lascars prit d'abord un plaisir assez vif à ces pê[ches]
miraculeuses, et s'étonna de subir sans trop d'e[ffort]
l'immense changement survenu dans son existenc[e]
dans ses habitudes.

Cet étonnement fut d'ailleurs de courte durée. [Au]
bout de quinze jours à peine l'ennui, momentané[ment]
tenu à distance, grâce à des occupations nouvell[es]
imprévues, reprit ses droits imprescriptibles, s'em[para]
de Lascars par tous les côtés à la fois, à la façon [du]
conquérant qui met à sac une ville conquise, et us[e de]
sa victoire sans modération, sans générosité, sans m[esure]

XXVIII

OU SAUVAGEON VEUT SE RENDRE UTILE.

Sauvageon n'était point un aigle; il s'en fallait même de beaucoup : — il ne manquait pas, néanmoins, d'une certaine finesse dans l'esprit ; — il s'aperçut bien vite du changement de son maître et il n'eut aucune peine à deviner la nature et la cause du mal subit et cruel qui s'emparait de lui et le dominait de plus en plus.

Un beau matin Lascars refusa d'accompagner son serviteur à la pêche, ainsi qu'il l'avait fait chaque jour jusqu'à ce moment, quoiqu'avec un commencement de satiété et de dégoût bien manifeste.

— Le temps est beau cependant, — fit observer Sauvageon — et le poisson se laissera prendre, que ça fait plaisir à voir...

Le baron répondit par un bâillement expressif.

Sauvageon poursuivit :

— Monsieur veut-il que je reste auprès de lui ?

— Et pourquoi faire, bon Dieu ? — demanda Lascars
— Pour tenir compagnie à Monsieur.
— Non... non... — s'écria vivement le baron — [je] n'ai besoin de personne...
— Ainsi, monsieur restera seul toute la journée ?
— Oui.
— Ce ne sera pas gai...
— J'adore la solitude... — répliqua Lascars — et [je] ne trouve pas votre société fort réjouissante, maître Sauvageon, — ajouta-t-il — tenez-vous cela pour dit.
— Ah ! mon Dieu, je le sais bien... — murmura Sauvageon — je n'ai point de vanité... je m'offrais comme cela, tout bonnement, parce que monsieur n'a que moi sous la main, et parce que je sais un vieux proverbe qui dit : *Faute de grives, on mange des perles.*
— Des merles... — rectifia Lascars en souriant malgré lui.
— C'est bien possible, monsieur... — moi, j'ai toujours cru que c'étaient des perles... je ne suis pas un savant comme monsieur...

Sauvageon sortit du Moulin Noir, prit les avirons monta dans la barque et s'éloigna.

Au lieu de revenir dans l'après-midi pour s'occuper du repas de son maître, il resta dehors jusqu'à une heure très avancée de la soirée. — Lascars commença à croire qu'il avait disparu pour toujours, en s'appropriant le bateau et les filets...

Quand il reparut enfin, il trouva son maître fort irrité de ce manque absolu de convenance, et il fut accueilli par une bordée sonore de ces épithètes dont le dix-huitième siècle possédait une si riche collection.

— Je vois bien que monsieur est en colère... — dit-il en amarrant son bateau.

— Eh ! n'y a-t-il pas de quoi, maroufle ! ne méritez-vous pas, au bas mot, cent coups de bâton, bélître ?...

— Il est possible que tout à l'heure monsieur ne soit plus de cet avis... — répliqua Sauvageon de l'air le plus humble.

— Et pourquoi changerais-je d'opinion, s'il vous plaît ?...

— Parce que monsieur est un homme juste et qu'il verra très clairement que je n'ai rien fait aujourd'hui que par grande bonne volonté pour le bien de son service.

— Ainsi, c'est pour le bien de mon service que vous m'avez mis dans la nécessité de dîner, Dieu sait comment, avec quelques rogatons d'hier.

— Oui, monsieur.

— Ah ! par exemple, je serais curieux de voir de quelle façon vous vous y prendriez pour me démontrer cela...

— Monsieur le verra tout de suite, s'il veut me permettre de lui parler librement...

— Dites tout ce que vous voudrez...

— Monsieur ne s'irritera point dès les premiers mots ?...

— Je vous promets de vous écouter avec patience et avec calme...

— Eh bien, — commença Sauvageon, — depuis quelques jours je m'apercevais que monsieur n'était pas dans son état naturel... — Monsieur devenait sombre et maussade, monsieur se fâchait à propos de rien... — Naturellement, comme je m'intéresse beaucoup à monsieur, j'ai voulu savoir le pourquoi de ce changement...

— Et l'avez-vous découvert ? — demanda Lascars, qui le début de son valet semblait original.

— Oui monsieur, je l'ai découvert...

— Et c'est ?...

— C'est l'ennui, pour appeler le mal par son nom, vilain mal, très dangereux, qu'il faut combattre au plus vite en administrant de bons remèdes, d'un infaillible effet.

Lascars se mit à rire.

— Ah ! ça, maître Sauvageon, vous êtes donc médecin ! — dit-il.

— Dame ! monsieur, on est ce qu'on peut...

— Et ces remèdes d'une irrésistible puissance ?

— J'ai passé toute la journée d'aujourd'hui à les chercher...

— Sans résultat, j'imagine ?...

— Je demande pardon à monsieur de le contredire... — le résultat que j'ai obtenu me semble tout à fait satisfaisant...

— Ah ! ah ! — fit Lascars dont la curiosité se trouvait excitée au plus haut point, — vous pensez avoir réussi.

— Oui, monsieur...

— Par conséquent, vous vous chargez de guérir l'ennui prétendu qui, selon vous, s'est emparé de moi ?...

— Je m'en charge... — à la condition, bien entendu, que monsieur suivra mes conseils, comme le malade suit ceux de son médecin...

— C'est trop juste... — et quand commencerez-vous la cure ?...

— Le plus tôt possible... dès demain, si monsieur le permet...

— Puis-je savoir le nom du remède ?...

— Il s'appelle : *distraction*...

Lascars fit un haut-le-corps...

— Eh quoi — s'écria-t-il — vous prétendez me distraire dans ce pays de loup !...

— Je prétends cela, oui monsieur...

— Et à l'aide de quel sortilège ?

— A l'aide d'une aventure qui sera piquante, j'en réponds...

— Aventure d'amour ?...

— Oui, monsieur...

Lascars secoua la tête.

— Grand merci pour votre bonne volonté... — dit-il ; — je vous en sais gré, maître Sauvageon, mais je ne me mettrai pas à l'épreuve... — je connais la population féminine de Bougival... mères de famille brulées par le soleil et portant barbe au menton !... — filles hâlées, aux jambes nues !... — paysannes et pêcheuses !... — tout cela n'a rien qui me tente... — Je ne suis pas un homme primitif, moi qui vous parle, et j'ai le mauvais goût de n'aimer que les amours aristocratiques .. — Donc, n'en parlons plus et, si vous voulez absolument me distraire, cherchez autre chose et trouvez mieux...

— J'insiste, — reprit Sauvageon, — parce que monsieur est dans l'erreur... — il ne s'agit ni d'une paysanne, ni d'une pêcheuse, et la personne de qui j'entretiens monsieur n'habite pas Bougival...

— Dans ce cas, je retire ce que j'ai dit, — fit Lascars, — Voyons un peu de quoi il est question, et contez-moi la chose à votre manière...

— Monsieur a-t-il remarqué, sur le bord de l'eau, de l'autre côté de la route de Saint-Germain, à un quart de lieue d'ici, entre Bougival et Port-Marly, une assez

13.

grosse ferme et, tout à côté de la ferme, une maiso[n]
nette grande comme rien au milieu d'un petit enc[los]
rempli de grands arbres qui la cachent aux trois quarts?...

— J'ai remarqué tout cela, en passant, par hasar[d]
sans y attacher la moindre importance... — répond[it]
Lascars.

— On appelle cet endroit *le Bas-Frunet*, — contin[ua]
Sauvageon ; — ce matin, j'ai attaché le bateau à u[ne]
touffe de broussailles, au pied de la berge, et je s[uis]
monté à la ferme pour acheter des œufs et du lait.
— il y avait dans la cour avec la fermière une vie[ille]
petite dame, tout en noir, ni belle ni laide, mais q[ui]
n'est pas une personne du commun, j'ai vu cela to[ut]
de suite. — Au moment où j'entrai les deux femm[es]
causaient :

» — Et, comment donc va maintenant votre chè[re]
demoiselle, ma bonne dame? — demandait la fermiè[re].

» — Tout à fait bien, et mieux même que je ne po[u]vais l'espérer... — répondait la dame en noir, — [sa]
guérison est complète et, grâce au ciel, il ne reste a[u]cune trace de la terrible maladie...

» La fermière reprit d'un ton joyeux et d'un a[ir]
attendri :

» — Oh ! moi je m'attendais à cela... — Je vo[us]
demande un peu si le bon Dieu pouvait abandonne[r]
une pauvre chère créature qui est aussi belle et aus[si]
bonne que les anges ?... — Certainement, ma bonn[e]
dame, il ne le pouvait pas...

» — Dieu nous a prises en pitié, — répliqua la dam[e]
en noir, — et qu'il en soit béni !... — il était temps !...
— après tant de souffrances, un peu de consolation[,]
c'était la vie...

» — Pourquoi n'amenez-vous pas quelquefois à l[a]

ferme votre chère demoiselle ? nous lui ferions visiter les étables, les bergeries... elle verrait le poulailler et le colombier... ça la distrairait toujours un peu...

» — Sans doute, et je le lui ai proposé déjà, mais il est impossible de l'y décider... que voulez-vous, elle se complait dans une sorte de mélancolie douce qui ne la quitte guère, et elle redoute les distractions comme un autre redouterait la solitude...

» — Ne sort-elle jamais du petit jardin ?...

» — Jamais pendant le jour, mais tous les soirs, quand il fait beau et quand vient la nuit, nous allons nous promener sur le bord de la Seine...

» — C'est une singulière idée, convenez-en, d'attendre l'obscurité pour sortir, et ça doit être mortellement triste...

» — Mon Dieu, je ne dis pas le contraire ; — c'est triste en effet ; — mademoiselle le veut ainsi afin d'être certaine de ne voir personne et de n'être point vue...

» — Je comprends, mais est-ce que vous n'avez pas peur, en vous promenant à la nuit tombée ?

» — Peur de quoi ?

» — De faire de mauvaises rencontres...

» — Mademoiselle n'y a jamais pensé, ni moi non plus... — est-ce que c'est à craindre ?...

» — J'espère que non... — on entend rarement parler de mauvais coups dans nos environs... — les gens du pays sont généralement tranquilles et honnêtes, mais il peut y avoir par malchance des étrangers, des rôdeurs, des gueux de Paris... — et, ceux-là, je n'en réponds pas...

» — Vous avez raison. — Je dirai ça à mademoiselle, mais je suis presque sûre d'avance qu'elle n'en tiendra pas compte...

» Là-dessus la dame en noir s'en alla, et aussitôt seul avec la fermière je la questionnai sans en avoir l'air ; elle aime à causer, la bonne personne, et elle m'apprit volontiers tout ce qu'elle savait... — Il paraît que la vieille dame est comme qui dirait la gouvernante de la jeune fille. — Elles sont venues dans le pays il y a quelques mois... — Elles ont pris à bail, pour presque rien, la maisonnette qui n'a que deux chambres, et elles y vivent à peu près de l'air du temps, car elles ne sont pas riches du tout et économisent tant qu'elles peuvent... — la demoiselle était très malade en arrivant, mais elle est guérie présentement et plus belle, à ce que prétend la fermière, que tout ce qu'il y a au monde de plus beau...

» Elles ne reçoivent pas un chat ; — la fermière ignore d'où elles viennent, comment elles se nomment et quels sont les malheurs terribles dont la vieille dame parle de temps en temps avec de gros soupirs et en essuyant ses yeux rouges !... »

XXIX

OU SAUVAGEON VEUT SE RENDRE UTILE.

(Suite)

Sauvageon s'interrompit, et garda le silence pendant un instant.

— Pourquoi ne continuez-vous pas ? — demanda Lascars.

— J'attendais un ordre... — répliqua l'ex-cabaretier d'un ton qu'il voulait rendre malin. — Si par hasard mon histoire ennuyait monsieur, je me ferais un devoir de ne plus ajouter un mot...

— Eh ! — s'écria le baron en haussant les épaules, — si je ne prenais quelque plaisir à vous entendre, je vous aurais déjà fait taire !... Auriez-vous la sottise de croire que je me gêne avec vous ?...

Sauvageon salua.

— Monsieur est bien bon pour moi... dit-il ; puis il reprit : — Donc je remontai dans le bateau, je me laissai aller à la dérive et, tout en jetant l'épervier, je ruminai au fond de ma tête ce que je venais d'entendre... — Monsieur m'ayant promis de faire ma fortune, je lui suis certainement plus attaché qu'un quidam qui le servirait depuis sa tendre jeunesse... — Ce qui l'intéresse m'intéresse ; — je brûle du désir de me rendre utile par quelque signalé service, et de prouver mon dévoûment sans bornes... Or je voyais bien que monsieur s'ennuie, et je résolus de saisir aux cheveux la bonne occasion qui se présentait de distraire monsieur comme il faut... — Mais il importait de n'agir qu'à bon escient et d'éviter de rendre dupe monsieur d'une mystification involontaire...

« Il s'agissait, pour cela, de voir la jeune personne de mes propres yeux, afin de m'assurer qu'elle était véritablement digne de l'attention de mon maître... »

— Ah ça ! — demanda Lascars en souriant, — vous êtes donc connaisseur en fait de beauté ?...

— Eh mon Dieu ! je sais bien que je ne suis pas beau, ce qu'on appelle beau, mais je possède un physique chiffonné qui plaît au femmes, et je n'ai point à me plaindre de ces chères créatures... les témoignages de leur bienveillance ne m'ont pas manqué... — Oui, monsieur, oui, je crois m'y connaître...

« J'abrège, afin de ne pas fatiguer monsieur... — continua Sauvageon. — Le soir venu, je me tins à peu près ce langage : — *Au risque d'être grondé sans l'avoir mérité, j'en aurai le cœur net et aujourd'hui même !...* — J'attachai la barque au même buisson que le matin. — Je grimpai sur la berge et j'allai me coucher au fond du fossé qui borde la route, à vingt pas de la porte de la maisonnette... — Ce fossé est rempli de grandes herbes qui cachaient mon corps ; — je ne laissai passer que ma tête, et il était impossible de me découvrir à moins d'être instruit positivement de ma présence...

« La nuit tombait...

« La route restait déserte...

« Le temps commençait à me paraître un peu long dans mon fossé, dont l'humidité glaciale engourdissait mes membres...

« Enfin j'entendis une porte s'ouvrir et se refermer...

« Les deux femmes sortirent et, dirigeant leur promenade du côté où je me trouvais, elles passèrent à trois pas de moi...

« La jeune personne étai[t] habillée de noir, du haut en bas, comme la vieille dame...

« Je ne vis pas son visage, par deux bonnes raisons, — la première, c'est qu'il faisait déjà très-sombre ; — la seconde, c'est qu'elle portait un grand voile d'épaisse dentelle qui cachait ses traits, mais je vis sa taille et sa tournure !... Ah ! monsieur, quelle tournure et quelle taille !... et son pied !... quel pied ! — monsieur n'est pas sans avoir entendu parler du pied de Cendrillon qui donna dans l'œil à un fils de roi... — Eh bien ! je mettrais volontiers ma tête à couper, qu'il ne pouvait valoir celui-là !...

« Quand les deux dames furent un peu loin je me relevai et je les suivis, mais à distance, sans faire de bruit, de manière à ne point attirer leur attention...

« Elles marchèrent pendant à peu près une heure, puis elles revinrent sur leurs pas...

« Je fis comme elles. — Je m'étais promis de savoir tout à fait à quoi m'en tenir... je connaissais la tournure de la demoiselle... Je voulais voir sa figure...

« Les deux femmes rentrèrent dans le jardin et fermèrent la porte derrière elles. — Il faut dire à monsieur que ce n'est point une muraille qui forme la clôture du petit enclos, mais une haie vive, une haie d'épines, très-touffue, très-haute et très-hérissée... ça n'a l'air de rien du tout, n'est-ce pas?... — Eh bien! moi qui m'y connais, je déclare que pour une escalade un mur est cent fois plus commode!... — il n'y a rien que je déteste comme les épines!... — On a beau faire, on y laisse toujours un peu de sa personne... »

Sauvageon interrompit son récit pour dire à Lascars:

— Monsieur veut-il prendre la peine de me regarder avec attention?...

Roland fit droit à cette requête. Il approcha la lampe du visage de son valet et il reconnut que la peau du front et des joues était sillonnée par une multitude de déchirures encore saignantes.

— Qu'est-ce donc que cela? — demanda-t-il; — avez-vous eu maille à partir avec une douzaine de chats enragés?

— Non monsieur, mais j'ai eu affaire à la haie d'épines, et j'en porte les marques... — ne pouvant passer par-dessus, j'ai fait un trou tout au beau milieu et je me suis glissé comme une couleuvre, non sans un notable préjudice pour mes avantages extérieurs, ainsi que monsieur peut le voir de ses propres yeux... — mais, du moment qu'il s'agit du service de monsieur, je me ferais volontiers mettre en capilotade!... — monsieur a promis de faire ma fortune, et j'ai confiance...

« Bref, il m'en cuisait, mais j'étais dedans... — Je voyais briller une petite lumière à travers les volets entrebâillés... — la maisonnette n'a qu'un rez-de-chaussée ; c'est commode...

« Je m'approchai tout doucement, à pas de loup, — je collai mon visage à l'ouverture des contrevents et j'eus toutes les peines du monde à ne pas pousser un cri de surprise et d'admiration, en voyant la demoiselle assise vis-à-vis de moi, à côté d'une petite lampe qui l'éclairait en plein.

— Cette jeune fille est donc véritablement bien belle ? — demanda Lascars.

— Ah monsieur, la fermière n'en avait pas dit trop !... elle n'en avait pas même dit assez !... — Je ne sais point faire de phrases, moi... je suis un bon jeune homme tout simple et bien incapable de manier la parole comme un seigneur... — ce que je puis affirmer seulement, c'est que c'est une beauté qui dépasse toute idée !... une vision !... un soleil !... un éblouissement !...

Lascars sourit malgré lui du lyrisme de Sauvageon et de l'expression d'enthousiasme rayonnant sur sa figure chafouine et déchirée.

— Peste !... quel feu !... — murmura-t-il.

— Ah monsieur ! je ne me serais pas permis de m'enflammer !... — Le modeste garde-chasse doit respecter le gibier du maître, mais je parierais de grand cœur ma fortune à venir contre un écu rogné, que, lorsque monsieur verra la jeune demoiselle, il flambera pour elle tout de suite ni plus ni moins qu'un fagot d'épines sèches sur un feu de la Saint-Jean...

— Me croyez-vous donc le cœur si facile, maître Sauvageon ?... — demanda Lascars.

— Ah monsieur ! on ne résiste pas à des enchantements de cette force-là !... — Tous ceux qui regarderont la demoiselle en tomberont fous d'amour !.. — En voilà une, foi de Sauvageon, qui fera des malheureux dans sa vie !...

— Quel âge donnez-vous à cette jeune fille ?...

— Seize à dix-sept ans, tout au plus...
— Est-elle brune ou blonde ?
— Aussi blonde que les blés murs...
— Son teint ?
— Des roses pâles, effeuillées, voilà ses joues...
— Ses yeux ?...
— Ah ! ses yeux, monsieur, ils sont noirs et brillants comme si sa chevelure n'était pas couleur d'or...

Lascars tressaillit.

Le portrait rapidement esquissé de cette enfant blonde aux yeux noirs lui remettait en mémoire le divin et triste visage de sa victime, Pauline Talbot.

— Si c'était elle ?... — se demanda-t-il.

Mais il éloigna cette pensée. — Était-il vraisemblable en effet, était-il même admissible, que l'orpheline eut été ramenée, par le hasard, si près de lui ?

— Enfin, — reprit au bout d'un instant Sauvageon voyant que son maître gardait le silence — ma conscience me dit que j'ai travaillé aujourd'hui en bon serviteur, et je suis bien certain que monsieur ne s'ennuiera plus, dès que monsieur sera amoureux, ce qui ne tardera guère...

— Pour m'éprendre de cette personne, — répliqua Lascars — il faudrait d'abord la voir...

— Monsieur la verra...

— Comment ?...

— Mon Dieu, la chose ira d'elle-même...

— Mais pas déjà tant, ce me semble, puisque la jeune fille ne sort que la nuit, rigoureusement voilée, et qu'elle ne reçoit personne... — Sous quel prétexte, d'ailleurs, me présenter chez elle ?...

— J'ai pensé à tout cela.... — répliqua Sauvageon. — J'ai prévu les difficultés... J'ai trouvé le moyen de les réduire à néant, et, si monsieur veut me faire l'honneur de s'en rapporter à moi, je me charge de l'introduire dans la maison, du consentement de la vieille dame et de la jeune fille, et cela pas plus tard que demain au soir...

— Vous feriez cela, Sauvageon ? — s'écria Roland.

— J'en donne l'assurance à monsieur...

— Êtes-vous donc sorcier ?...

— Non, monsieur, mais je suis zélé...

— Eh bien ! apprenez-moi vos projets, et s'ils me araissent acceptables, ils sont acceptés d'avance...

XXX

PAULINE

Sauvageon avait un plan, le fait est positif, et ce plan, que nous allons bientôt connaître par ses résultats, ne manquait pas d'une certaine habileté.

La mise à exécution des projets de Sauvageon avait été fixée au lendemain soir. — La journée s'écoula sans amener d'incidents qu'il soit utile de mettre sous les yeux de nos lecteurs. — A la nuit tombante, Lascars et son valet se préparèrent.

Leurs préparatifs furent courts. — Le baron, qui depuis son installation au Moulin Noir négligeait absolument sa toilette, s'habilla avec un soin tout parisien, et attacha à son côté une épée de parade.

Sauvageon reprit, au contraire, les haillons qu'il portait lors de sa première entrevue avec Lascars, et baigna son visage, à plusieurs reprises, dans une dissolution de suie destinée à le rendre méconnaissable.

Quand sa métamorphose lui parut suffisante, il vint se présenter à son maître.

— Monsieur me trouve-t-il bien ainsi ? — lui demanda-t-il.

— Si le diable venait sur terre — répondit Lascars en riant — il prendrait cette figure...

— C'est tout justement ce qu'il faut, monsieur... — Les choses iront d'autant mieux, que la frayeur sera plus grande...

— Alors tout ira bien, car ce visage sombre aux yeux blancs épouvanterait les plus résolus...

— Nous partirons quand monsieur voudra...

— Je suis prêt...

Lascars et Sauvageon s'installèrent dans le bateau, qui descendit rapidement la Seine jusqu'à la hauteur du Bas-Prunet.

Là il fut amarré. — Le maître et le valet mirent pied à terre, gravirent la berge et se trouvèrent vis-à-vis la maisonnette servant de demeure aux inconnues...

A ce moment précis on entendit derrière la haie du petit jardin le bruit de pas légers et le frou-frou d'étoffes traînantes, puis la porte de l'enclos s'entrebâilla.

Sauvageon murmura à l'oreille de Lascars :

— Cachez-vous, monsieur !... les voici.

En même temps il se jeta derrière le tronc de l'un des vieux ormes qui bordaient la route. — Le baron en fit autant de son côté.

Les deux femmes sortirent, refermèrent avec soin la porte derrière elles, passèrent devant la cachette de Lascars et de Sauvageon, et s'éloignèrent avec lenteur pour leur promenade de chaque soir.

Lorsqu'elles eurent disparu dans les ténèbres, le maître s'approcha du valet et lui demanda :

— Faut-il les suivre ?...

— Inutile... — répliqua Sauvageon — c'est seulement au retour que nous agirons... — restez où vous êtes, et jouez votre rôle quand le moment en sera venu. — Moi, je vais me mettre à mon poste...

Et le bandit s'éloigna dans la direction prise par les deux femmes, mais il marcha peu de temps, et lorsqu'il eut fait environ cent cinquante à deux cents pas il s'arrêta et s'assit sur le revers d'un fossé.

Rejoignons les promeneuses qui n'étaient autres — (nos lecteurs l'ont deviné déjà) — que Pauline Talbot et madame Audouin.

La jeune fille, nous le savons, avait quitté Paris dans un état déplorable. — Sa raison, meurtrie, ou plutôt brisée par des chocs terribles, avait fait naufrage au milieu d'une tempête de malheurs, et la fidèle gouvernante, qui tenait lieu de mère à Pauline, s'était dit avec une profonde terreur que peut-être la pauvre enfant resterait folle toute sa vie...

Grâce au ciel — ou malheureusement — (c'est ce que l'avenir nous apprendra) — il n'en avait point été ainsi...(1) Quelques semaines de séjour à la campagne, une complète solitude, un air pur, les chants des oiseaux, la vue du soleil et des fleurs, avaient suffi pour rendre le calme à l'organisation ébranlée de l'orpheline, et pour ramener l'ordre dans son esprit troublé.

— Ma bonne Audouin — dit-elle à sa gouvernante — je viens d'être bien malade, n'est-ce pas ?

— Oui, chère enfant, tu as été malade... Pourquoi me demandes-tu cela ?

— Parce que j'ai conscience d'un long affaiblisse-

(1) Voir la deuxième série de cet ouvrage : *Les Pirates de la Seine.*

ment de toutes mes facultés et, quand je regarde derrière moi, mon esprit se perd au milieu d'une étrange obscurité... — Il me semble que j'ai longtemps dormi et que j'ai fait des rêves horribles... mais ces rêves, hélas! je le comprends trop bien, c'était la triste réalité...

Madame Audouin baissa la tête et ne répondit pas.

— Oh! ne crains rien — poursuivit Pauline en se jetant dans les bras de sa gouvernante et en l'embrassant avec effusion — j'ai le courage de tout entendre... j'ai la force de tout savoir... Apprends-moi donc ce que je ne dois pas, ce que je ne veux pas ignorer... — — Dis-moi comment mon père est mort...

Madame Audouin hésita. — Un instant elle eut la crainte de causer à Pauline, par ce déchirant récit, des émotions dangereuses, mais elle réfléchit bien vite que le véritable péril était ailleurs, c'est-à-dire dans le travail incessant de la pensée qui s'efforçait en vain de voir clair à travers les ténèbres et de reconstituer le fil brisé des souvenirs...

— Chère enfant — dit-elle après ces réflexions rapides — écoute-moi donc... Je ne te cacherais rien...

Elle tint parole; tout ce qu'elle savait, elle le répéta fidèlement à l'orpheline.

Pauline, en l'écoutant, pleura longuement; — elle pleura avec amertume; il lui parut que son cœur tout entier se fondait en larmes; elle souffrit de telles angoisses qu'il lui sembla qu'elle allait mourir...

Puis, comme Dieu a voulu — (sans doute par pitié pour la faiblesse humaine) — que les grandes douleurs s'évaporent par leur violence même, Pauline éprouva une sorte de soulagement et elle abandonna son âme à une douce et rêveuse mélancolie qui ne la quitta plus...

Il ne lui semblait point que son père fût mort. — Sans cesse elle évoquait son image ; — sans cesse elle le voyait auprès d'elle ; elle croyait lui parler ; — elle l'entendait lui répondre...

Ceci n'était d'ailleurs ni un retour de folie, ni le résultat d'une sorte d'hallucination... c'était une illusion de filiale tendresse... — Qui donc, après une perte irréparable et profondément sentie, n'a cru vivre encore avec un mort bien-aimé ?...

A côté de l'image du vieillard, presque toujours présente, à côté de son noble visage encadré dans les longues boucles de ses cheveux blancs, une autre figure, à peine moins distincte, apparaissait souvent...

C'était celle de cet héroïque jeune homme, resplendissant de générosité chevaleresque, d'audace et de dévouement, par qui Pauline avait été défendue dans la rue Royale, pendant la nuit du 30 mai, et sur le bras duquel elle s'était appuyée... — Le marquis Tancrède d'Hérouville !

La jeune fille mêlait naïvement le souvenir de cet inconnu au souvenir de son père et, dans son innocence absolue, elle ne cherchait point à éloigner ce gracieux fantôme, qu'elle n'évoquait pas non plus, mais dont l'apparition la charmait toujours et la troublait parfois...

Telle était la situation morale de l'orpheline, au jour et à l'heure où nous la retrouvons, en compagnie de madame Audouin, faisant sa promenade de chaque soir sur la route qui conduit de Bougival à Port-Marly et qui ne s'écarte guère des rives de la Seine.

La vieille dame et la jeune fille marchaient l'une à côté de l'autre, silencieusement.

Un quart-d'heure à peu près se passa ainsi, puis madame Audouin rompit un silence qui semblait lui peser, quoique, certes, l'excellente femme ne fût point bavarde.

— Pauline, mon enfant — murmura-t-elle — pourquoi ne me parles-tu pas? A quoi penses-tu donc ainsi?

La jeune fille tressaillit, comme au moment d'un brusque reveil.

— Ma bonne Audouin — répondit-elle — je regardais le ciel, je pensais à Dieu, à mon père qui est auprès de Dieu, et je leur demandais à tous deux de veiller sur nous, de nous protéger, de ne nous abandonner jamais... — Que deviendrions-nous, hélas, si Dieu et mon père ne nous soutenaient pas, nous qui sommes seules, seules sur la terre?

Ces paroles furent prononcées d'une voix basse et plaintive; — leur intonation désolée prouvait jusqu'à l'évidence qu'elles s'échappaient d'un cœur dont les blessures étaient saignantes et douloureuses.

— Ma chère enfant — dit madame Audouin avec inquiétude, — il me semble que tu es, ce soir, plus découragée, plus abattue que de coutume... — Est-ce que je me trompe?

Pauline secoua la tête, comme si sa compagne avait pu voir ce mouvement.

— Non, tu ne te trompes pas... — murmura-t-elle ensuite. — J'éprouve en ce moment, c'est vrai, un redoublement de tristesse...

— Pourquoi?

— Je l'ignore et il me serait tout à fait impossible de

l'expliquer... — au chagrin si profond et si légitime que tu partages avec moi se joint ce soir un malaise moral dont les causes me sont inconnues... — J'ai entendu parler jadis de pressentiments, mais je ne puis croire qu'ils existent, puisque le 30 mai, insouciante et joyeuse, j'entraînais, malgré lui, mon père à cette horrible fête ! — Eh bien ! il me semble aujourd'hui qu'un pressentiment sombre pèse sur mon âme... — il me semble que nos infortunes ne sont point à leur terme, il me semble enfin qu'un nouveau malheur est près de nous atteindre...

— Pauline, mon enfant, — s'écria madame Andouin avec un commencement d'épouvante — ne dis pas cela, je t'en supplie !... — tu me fais trembler ! — Quel malheur crains-tu donc ?

— Je te répète que je l'ignore... — répliqua la jeune fille — je ne comprends absolument rien à ce qui se passe en moi et, sans ta question de tout à l'heure, je ne t'en aurais point parlé...

— Tu m'as troublé l'âme et l'esprit avec tes prévisions sinistres ; — poursuivit la gouvernante. — Voici que je me sens toute agitée... toute tremblante... Cette obscurité me paraît lugubre... — Je trouve que ces grands arbres noirs ressemblent à des fantômes géants...

— Ma bonne Audouin — dit Pauline — puisque l'aveu de ma faiblesse involontaire te trouble et t'agite ainsi, veux-tu ne pas continuer ce soir notre promenade et reprendre tout de suite le chemin de la maison ?

— J'allais t'adresser cette prière...

— Viens donc, et surtout calme-toi, car s'il est au monde une chose certaine, c'est qu'aucun danger ne nous menace et que mon imagination malade prévoit des maux imaginaires...

La jeune fille et la vieille dame revinrent alors sur leurs pas, et pendant quelques minutes aucune parole ne fut échangée entre elles.

XXXI

ROUERIE

Tout à coup Pauline sentit le bras de madame Au[douin] trembler légèrement sur le sien.

— Qu'as-tu donc? lui — demanda-t-elle. — Est-c[e] que tu souffres?

— Non, mais j'ai peur... — murmura la vieille dam[e] d'une voix à peine distincte.

— Peur! — répéta la jeune fille — et de quoi, m[on] Dieu?...

— Il me semble qu'on marche derrière nous...

L'orpheline tourna la tête à demi, pour écouter, et [le] bruit d'un pas lourd frappa distinctement son oreil[le].

— C'est vrai — dit-elle au bout d'un instant — [on] marche...

— Fuyons, alors!... fuyons!... — balbutia la g[ou]vernante affolée.

Pauline, malgré la disposition d'esprit dans laqu[elle] elle se trouvait, ne put s'empêcher de sourire.

— Ma bonne Audouin — répliqua-t-elle ensuite

rassure-toi, je t'en supplie... — la présence d'un voyageur sur cette route n'a rien qui doive nous alarmer, ni même qui puisse nous paraître suspect... — la personne dont nous entendons les pas est sans doute un paysan de Bougival qui rentre chez lui... — peut-être même est-ce un habitant de la ferme...

— Tu parles de la ferme... — Sais-tu ce que, pas plus tard qu'hier, la fermière me disait ?

— Que te disait-elle ?

— Ceci, en propres paroles : — *Défiez-vous ! — Vous sortez trop tard ! — prenez garde aux fâcheuses rencontres... — il y a des rôdeurs de nuit... des mauvaises gens... des gueux de Paris...* — Je voulais te répéter ces paroles aujourd'hui... — je voulais te demander de changer nos heures de promenade... Cela m'est sorti de l'esprit... — plaise à Dieu que ce ne soit pas pour notre malheur...

Rien n'est contagieux comme l'épouvante...

Pauline, très brave malgré la délicatesse apparente de sa nature, l'éprouva.

Elle sentit un frisson passer dans ses cheveux, et elle répondit, d'une voix presque aussi tremblante que celle de madame Audouin :

— Mais alors, s'il en est ainsi, hâtons-nous... — Deux cents pas, tout au plus, nous séparent de notre demeure... — ne laissons point à cet homme le temps de nous rejoindre... courons...

La bonne dame ne demandait assurément pas mieux, mais ses jambes n'étaient ni jeunes ni solides, et la peur les affaiblissait encore. — Après une course de peu de durée, qui cependant n'avait point été bien rapide, elle dut se ralentir, haletante, et fut presque contrainte de faire halte.

14.

La marche lourde continuait à retentir derrière les deux femmes et devenait de plus en plus distincte. — Évidemment l'homme hâtait le pas et se rapprochait...

— Au nom du ciel, ma bonne Audouin, — balbutia Pauline en saisissant le bras de sa gouvernante pour l'entraîner — faites un dernier effort... continuons... ne vous arrêtez pas...

— Je n'en puis plus... je suffoque... je vais tomber...

— Du courage! — vous vous remettrez au logis...

Madame Audouin, galvanisée en quelque sorte par les tentatives et les supplications de la jeune fille, essaya de reprendre une allure plus rapide, mais il était déjà trop tard.

Une voix, rendue à dessein rauque et brutale — (celle de Sauvageon) — retentit à quelques pas des deux femmes et, glaçant leur sang dans leurs veines, anéantit leurs forces et paralysa leurs mouvements...

— Eh! bien! Eh! bien, mes divinités — disait cette voix — qu'est-ce que c'est, on se sauve quand j'arrive! — C'est une chose qui ne se fait pas! — halte-là, mes poulettes! — vous m'appartenez par droit de conquête! — nous allons faire ensemble plus ample connaissance, et, pour commencer, je vais vous embrasser toutes les deux...

Le misérable, joignant l'action aux paroles, étendit les bras et prit par la taille Pauline et madame Audouin qui, parvenues au comble de l'épouvante, se serraient l'une contre l'autre en tremblant...

La gouvernante fit une tentative désespérée pour crier à l'aide, mais sa voix expira dans sa gorge contractée...

Pauline se débattait en gémissant sous l'étreinte de Sauvageon et s'efforçait de se dégager.

— Des manières! — reprit ce dernier — à quoi que ça sert avec moi! — bas les pattes, mes petites chattes! — j'ai dit que je vous embrasserais et je vous embrasserai... et si ce n'est pas de bon gré, ça sera de force, j'en fais serment de par tous les diables!

L'excès du désespoir, de l'effroi et de la honte ranimèrent Pauline. — Elle eut la force de crier à deux reprises :

— Au secours! au secours!

Sauvageon répondit par un éclat de rire farouche.

— Egosillez-vous, la belle! — continua-t-il. — Criez, appelez, passez-vous-en la fantaisie si ça vous amuse! — je m'en moque pas mal! — la route est déserte. — Personne ne viendra... — et d'ailleurs, si quelqu'un arrive, tant pis pour lui, je le tuerai comme une mouche! — Ah! vous ne me connaissez pas... — je suis bon enfant tant que ça va comme je veux, mais pour si peu qu'on me résiste, faut changer de gamme... je deviens terrible!...

— Monsieur, au nom du ciel, ayez pitié de nous!... — balbutia madame Audouin.

— Nous vous implorons, monsieur, — dit Pauline à son tour — nous sommes à vos genoux!... — au nom de votre mère, soyez miséricordieux pour deux pauvres femmes...

— Tiens! tiens! tiens! — reprit Sauvageon avec un nouvel éclat de rire — heureusement encore qu'elles ont parlé toutes les deux!.. sans ça j'allais être volé! — ce que c'est pourtant quand on n'y voit goutte! — j'ai sous la main une vieille chouette et une jeune colombe... — au diable la chouette et à moi la colombe!..

Il repoussa brutalement madame Audouin qui tomba

presque inanimée sur le sol puis, saisissant dans ses bras Pauline, malgré sa résistance désespérée et malgré les coups de ses faibles mains, il l'enleva de terre et fit mine de s'éloigner en l'emportant.

— Mon Dieu — cria la jeune fille dont la raison chancelait de nouveau et qui se sentait mourir — mon Dieu, ne viendrez-vous point à mon aide ! — Oh ! mon père, mon père, n'enverrez-vous pas un défenseur à votre enfant !

Une voix retentit dans les ténèbres et prononça ces mots :

— Qui donc appelle à l'aide ? — Qui donc a besoin d'un défenseur ?..

Cette intervention inattendue parut providentielle à la jeune fille déjà presque évanouie, et la ranima.

— On outrage des femmes ! — répondit-elle. — C'est Dieu qui vous envoie pour nous défendre... — pour nous sauver !...

— Au large ! — hurla Sauvageon — et qui que vous soyez, si vous tenez à la vie, croyez-moi, ne vous mêlez pas de mes affaires...

On entendit ce bruit particulier produit par une épée qui siffle en sortant du fourreau.

En même temps le nouveau venu, — qui n'était autre que Lascars, — répliqua d'un ton indigné et plein de menaces :

— Au large vous-même, misérable ! hâtez-vous de fuir ! — il y a un homme en face de vous, et vous êtes lâche puisque vous insultez les femmes !

— Pour la dernière fois — dit Sauvageon — prenez garde !.. livrez-moi passage !

Larscars ne répondit que par un éclat de rire sardonique.

Sauvageon dénoua l'étreinte qui retenait Pauline captive.

La jeune fille se sentant libre poussa une exclamation de joie et courut se réfugier derrière son défenseur improvisé.

Sauvageon, de son côté, fit le geste de tirer de sa ceinture un couteau, et bondit vers Lascars qui l'attendait de pied ferme et qui soutint le choc sans broncher...

Alors s'engagea entre les deux hommes une lutte corps à corps, d'autant plus formidable en apparence qu'elle était plus inoffensive en réalité, et que les adversaires, tout en ayant grand soin de se ménager réciproquement, ne négligeaient rien pour donner à la rixe une apparence farouche et dramatique...

Pendant ce simulacre de combat, qui se prolongea plusieurs minutes, Pauline et madame Audouin, tremblant de voir succomber le généreux inconnu qui s'était constitué leur chevalier et qui pour elles jouait sa vie contre le couteau d'un lâche assassin, Pauline et sa gouvernante, disons-nous, faisaient retentir l'air de leurs cris les plus aigus, et appelaient à l'aide de toute la force de leurs poumons ranimés...

Ces clameurs amenèrent un résultat auquel, assurément, ni Lascars, ni Sauvageon ne pensaient.

La scène de violence que nous racontons se passait à une faible distance des bâtiments de la ferme.

La porte charretière s'ouvrit tout à coup; — des clartés vives, succédant sans transition aux ténèbres opaques, inondèrent la route, et trois vigoureux garçons, suivis de la fermière elle-même, s'élancèrent au-dehors avec une ardeur incomparable.

Deux d'entre eux portaient des lanternes et brandissaient des fourches. — Le troisième tenait un vieux mousquet rouillé.

— Alerte! — dit tout bas Lascars à Sauvageon. — Jouez des jambes... — il n'est que temps!

L'ex-cabaretier des Lapins ne se fit pas répéter deux fois cette prudente recommandation. — Il tourna sur ses talons et prit la fuite en agitant au-dessus de sa tête le long couteau inoffensif dont il était armé.

Il espérait que la vue de ce formidable coutelas tiendrait à distance les assaillants et refroidirait leur zèle...

Il n'en fut rien, malheureusement pour lui! — Les trois garçons de ferme prenaient au sérieux leur rôle de justiciers. — Ils voyaient d'ailleurs que le nombre et la force étaient pour eux, en même temps que le bon droit, et ils commencèrent la poursuite avec une rapidité de funeste augure pour l'infortuné qui, cette fois encore sans doute, allait porter la peine immédiate de sa coquinerie...

Le péril était réel, — il était imminent; — Sauvageon le comprit et redoubla de vitesse, mais ses persécuteurs avaient des jambes de cerfs, et de seconde en seconde le fugitif, comme le lièvre sur ses fins qui sent la meute lui souffler au poil, s'apercevait d'une notable diminution de distance entre lui et les jeunes paysans...

Cette distance devint bientôt si courte que les pointes acérées des fourches traversèrent les vêtements de Sauvageon et firent connaissance avec ses reins.

— Ces gens-là ne voudront entendre à rien! — se dit-il; — ils vont me tuer comme un chien enragé! — Je n'ai qu'une ressource, c'est de gagner l'eau... — la rivière les arrêtera peut-être...

Aussitôt il quitta la route; — il atteignit le sommet

de la berge en quelques élans, avec cette force nerveuse que donne le désespoir, — il descendit d'un seul bondle talus, rapide et haletant, suffoqué, n'en pouvant plus, il se précipita dans la Seine et fit un plongeon...

Les trois paysans, prodigieusement désappointés, restèrent immobiles sur le bord. — Ni les uns ni les autres ne savaient nager et leur proie leur échappait!...

Volontiers ils se seraient pris aux cheveux pour se punir de leur insuccès...

— C'est-il en vérité Dieu possible de laisser filer un pareil gredin, quand on le tient si bien que nous le tenions! — s'écria l'un d'eux en frappant du pied : — aussi, c'est ta faute, grand dadais de Nicolas que tu es! — Pourquoi donc que tu n'as pas tiré dessus? — A quoi que ça te servait d'avoir un fusil, puisque tu n'étais point tant seulement capable de t'en servir?

— Tais ton bec, Bonaventure! — répliqua Nicolas pris à partie; — j'ai cru, moi, que vous lui feriez son affaire à vous deux avec vos fourches! — fallait prévenir que vous ne saviez courir non plus que des limaces!... — Je comptais sur vous comme une bête, mais si c'était à refaire, on verrait...

Bonaventure poussa un cri.

— Qué qu'il y a?... — demandèrent vivement les deux autres garçons de ferme.

— Le voilà... — répondit Bonaventure.

— Où?

— Là-bas... — tenez... tenez... voyez-vous sa tête?...

— Oui... oui... ça pourrait bien l'être tout de même... c'est sa tête pour sûr; — nage-t-il crânement, ce matin-là! — dirent les paysans convaincus.

Sauvageon en effet, après avoir glissé entre deux eaux pendant quelques secondes, venait de reparaître sous un rayon de lune, à une distance de vingt-cinq ou trente pas, pour reprendre haleine.

— Attention! — fit Nicolas — je ne vous dis que ça, mes compères... — Vous allez voir ce que vous allez voir !

Il épaula son vieux mousquet, il visa longuement et il appuya sur la détente.

La charge était énorme ; — une traînée de feu raya les ténèbres ; — une détonation formidable se fit entendre dans le silence de la nuit, et Nicolas fit la grimace en secouant son épaule talée par le recul du mousquet.

— Il en tient ! — crièrent à la fois les trois paysans, en étendant leurs mains vers le fleuve, dans la direction de Sauvageon.

Ce dernier venait de pousser un gémissement sourd ; — ses bras battaient l'eau, qu'ils faisaient jaillir avec violence autour de son corps ; — il tournait convulsivement sur lui-même comme un marsouin qui fait la roue...

Cette agitation suprême ne dura d'ailleurs que la vingtième partie d'une seconde, puis le bandit devint immobile et disparut dans les profondeurs de la Seine.

XXXII

LES SUITES D'UNE ROUERIE

Une clameur triomphale des garçons de ferme accueillit ce dénoûment.

— Eh! bien — fit ensuite Nicolas, en frappant d'un air orgueilleux sur le canon rouillé de son vieux fusil, — qu'est-ce que je vous disais tout à l'heure? — Ça y est-il, hein, mes garçons? — Pensez-vous qu'on sache jouer un peu de la clarinette de cinq pieds?... Je crois, sans me vanter, que je lui ai fait son affaire assez proprement, à ce *guerdin*-là, et qu'il ne demande pas son reste...

Bonaventure et Pancrace — (le troisième paysan se nommait Pancrace) — se montrèrent bons compagnons; — ils ne témoignèrent aucune jalousie et ils applaudirent fraternellement au triomphe de leur camarade.

— Ah! dame! oui, — dit Pancrace, — faut être juste!... tu lui as donné son compte comme il faut!

— C'est toujours un scélérat de moins! appuya Bo-

naventure — et, quant à ce qui est de faire des mauva[is]
coups, la chose est certaine, celui-là n'en fera plus...

— Ça lui apprendra! — reprit Nicolas; — s'il e[n]
arrivait autant à toutes les vilaines gens, le monde n[e]
serait pas si méchant.

— C'est dommage tout de même qu'il ait coulé [si]
vite à fond... — hasarda Pancrace — j'aurais voul[u]
voir de plus près la frimousse du particulier.

— Bah! nous l'avons bien assez vu!... — répliqu[a]
Bonaventure; — il était noir comme le diable et pl[us]
laid que les sept péchés!... les écrevisses vont l[e]
manger présentement; — grand bien leur fasse... qu[e]
Dieu ait son âme!

— Ils ne doivent pas savoir, là-bas, tout de mêm[e]
ce qui se passe par ici... — poursuivit le vainqueu[r]
Nicolas — faut aller raconter la chose à la *fârmière*.
— *âlle* sera joliment contente... ah! dame! oui.

Nos trois héros regagnèrent la route et se dirigèr[ent]
vers le petit groupe de personnages loin duquel [la]
poursuite avait entraîné les chasseurs et le gibier.

La fermière portait une lanterne en sortant de [sa]
demeure, de telle sorte que le lieu de la scène res[ta]
faiblement éclairé, — après le départ des trois jeun[es]
gens.

Pauline Talbot, toujours enveloppée d'un voile no[ir]
à travers lequel il était impossible de distinguer s[es]
traits, s'approcha vivement de Lascars qui, dans u[ne]
attitude à la fois fière et modeste, s'appuyait sur s[on]
épée nue.

— Ah! monsieur — balbutia-t-elle d'une voix bris[ée]
par l'émotion — comment vous remercier digneme[nt]
de ce que vous venez de faire pour deux pauvr[es]
femmes?

n entendant la voix de la jeune fille Lascars tres-
llit malgré lui, sous le choc d'un souvenir inattendu.
is il se remit aussitôt et cacha son trouble.
- Vous ne me devez rien, mademoiselle, — répon-
il en s'inclinant d'une façon courtoise et respec-
use... — Je n'ai fait que mon devoir! Tout gentil-
mme, tout galant homme, aurait agi comme je
s d'agir.
- Votre modestie vous abuse!... — reprit Pauline
l est très grand, très beau, très héroïque, d'exposer
ie ainsi que vous l'avez fait... — Mais que vois-je ?
jouta-t-elle, saisie d'un tremblement soudain ; —
vois-je, monsieur? vous êtes blessé ! votre sang
le !
- Je crois mademoiselle, que vous vous trompez...
épliqua le baron en s'efforçant d'appeler un sou-
ur ses lèvres, sans y parvenir toutefois, car en ce
ment une vive inquiétude s'emparait de lui. — il
it les paysans gagner du terrain sur Sauvageon,
l commençait à trembler que ce dernier ne se
ât prendre, et l'on comprend quels devaient être
inconvénients et les dangers de cette capture, pour
même autant que pour son valet.
e là le trouble et l'inquiétude dont nous venons de
ler.
- Non, monsieur, je ne me trompe pas... — reprit
line avec une extrême vivacité... — regardez votre
n... elle est toute sanglante !... — Oh ! mon Dieu !
Dieu ! pourvu que la blessure ne soit pas profonde
angereuse !
ascars, un peu surpris, abaissa ses yeux vers sa
n, et la vit en effet marbrée de taches rouges.
ques larges gouttelettes de sang filaient depuis le

poignet jusqu'au bout des doigts et tombaient une à une sur la poussière de la route.

Dans la chaleur du combat simulé avec Sauvageon, le baron, sans s'en apercevoir, s'était fait à l'avant-bras gauche une entaille légère qui ne lui causait aucune souffrance, quoique suffisante pour alarmer la jeune fille.

— Vous voyez bien, monsieur... continua-t-elle, vous voyez !

— Je conviens, mademoiselle, que vous seule aviez raison... — répliqua Lascars — mais, je puis l'affirmer, le pansement le plus simple suffira pour faire disparaître la moindre trace de cette égratignure.

— Ce pansement, dont vous parlez, monsieur, il faut le faire tout de suite...

— Aussi, mademoiselle, vais-je reprendre le chemin de mon logis... — J'ai là, tout près, un bateau ; dans une demi-heure je serai chez moi.

— Non, monsieur, répliqua Pauline — ce n'est point ainsi que je l'entends... — Voici la porte de la maisonnette que j'habite avec ma chère gouvernante, madame Audouin... — entrez dans notre pauvre demeure... je laverai votre blessure et j'attacherai sur votre poignet une bande de fine toile bien blanche...

— Comment — murmura Lascars dont cette proposition comblait tous les vœux, — comment, mademoiselle, vous voulez...

Pauline ne lui laissa pas le temps d'achever...

— Ah ! dit-elle — c'est bien le moins que je panse moi-même une blessure reçue pour moi... — Venez donc, monsieur, je vous en prie... ce sera l'affaire d'un instant... — Songe qu'il nous faut de la lumière, ma bonne Audouin, — ajouta la jeune fille en s'a dressant à la vieille dame, — allume bien vite la petite lampe.

Les paysans et le fugitif avaient disparu dans les ténèbres ; — on n'entendait plus le bruit de leurs pas et le murmure de leurs respirations haletantes.

Déjà Pauline se dirigeait vers sa maisonnette, et le baron se disposait à l'accompagner.

C'est en ce moment que retentit dans l'éloignement le coup de feu de Nicolas.

Lascars eut un nouveau tressaillement. Les trois femmes poussèrent un cri.

— C'est drôle tout de même !... dit la fermière, je croyais que le vieux fusil n'était pas chargé !...

— Il se passe là-bas quelque chose de terrible... murmura Pauline en joignant les mains, oh ! mon Dieu... mon Dieu... pourvu qu'ils n'aient pas tué ce malheureux !...

— S'ils l'ont tué — reprit la fermière — ma foi, tant pis pour lui !... la perte ne sera pas grande...

— Mademoiselle — demanda Roland à l'orpheline, — êtes-vous d'avis comme moi d'attendre ici le retour de ces braves jeunes gens qui nous apprendront ce qu'ils ont fait ?

Pauline répondit par un signe affirmatif.

Enfin les souliers ferrés de Nicolas, de Bonaventure et de Pancrace retentirent sur la route durcie ; — leurs lanternes brillèrent au loin comme des feux follets et se rapprochèrent rapidement ; les jeunes gens furent bientôt à portée de la voix.

— Eh bien ! leur cria la fermière dès qu'elle supposa qu'ils pouvaient l'entendre, qu'est-ce que vous avez donc fait du brigand ?

— Mam'Mathurine, répondit fièrement Nicolas —

soyez paisible ! — Celui-là ne vous empêchera plus de dormir !... vous pouvez vaquer à vos affaires le long des routes, nuitamment, sans courir le risque de le rencontrer !.. il ne violentera personne, ni cette nuit, ni demain, ni jamais...

— Vous l'avez tué ! s'écria Pauline.

— Un peu, mam'zelle... — répliqua le vainqueur avec orgueil.

La jeune fille cacha dans ses deux mains sa figure pâle sous son voile.

— Ah ! balbutia-t-elle — c'est affreux !... Certes, cet homme était bien coupable, mais il ne méritait pas la mort.

— Faites excuse, mam'zelle — reprit le garçon de ferme un peu honteux de cette désapprobation si manifeste — impossible de faire autrement.. — Le *guerdin* ne voulait entendre à rien... Il avait sauté dans la rivière, où il plongeait comme un canard, et il allait nous brûler la politesse le mieux du monde, quand j'ai tiré dessus... vous voyez bien, présentement, que ce n'était point pour le plaisir... — C'était à lui de s'arrêter, de se rendre, et de nous dire : *Je suis un mauvais gueux, un vrai coquin, une franche canaille, qu'on me mène en prison, qu'on me juge et qu'on me pende ! j'y souscris !* S'il avait dit ça, mam'zelle, au lieu de se jeter à l'eau, foi de Nicolas, il serait encore l'heure qu'il est aussi bien en vie que vous et moi !

— Est-ce que vous avez tué raide ce malheureux demanda Lascars.

— Pour ce qui est de ça, oui monsieur... répondit le jeune paysan — il a fait le tourniquet un moment, comme un homme qui se *noye*... et puis, couic ! il a coulé à fin fond de la rivière !... — bonsoir la compagnie !... plus personne...

— Je l'aime mieux mort que blessé... — pensa Roland, dont la poitrine était soulagée d'un poids énorme ; — au moins ainsi, je n'ai rien à craindre.

Puis il ajouta, par réflexion :

— Le pauvre diable m'était très utile, il le serait devenu plus encore, et je le regrette sincèrement.

Telle fut la courte oraison funèbre de Sauvageon.

La fermière reprit :

— Depuis quand donc, Nicolas, le fusil était-il chargé ?

— Depuis hier, mam'Mathurine, pour tirer sur la gueuse de fouine qui vient au poulailler manger nos poules... — répliqua le paysan ; — j'avais mis dans le canon une forte charge de poudre et une grosse poignée de petit plomb... — aussi, ça m'a donné une fière tape ! Dieu de Dieu ! j'ai failli tomber à la renverse !

— Vous plaît-il maintenant de me suivre, monsieur ? demanda Pauline à Lascars, votre blessure n'a déjà que trop longtemps attendu.

— Je suis à vos ordres, mademoiselle, — répondit le baron — et ma reconnaissance pour vos bontés est d'autant plus grande que ma blessure est plus légère.

La jeune fille, précédant Lascars, se dirigea vers la maisonnette, où madame Auduoin était entrée avant eux.

Sur la table, à côté de la lampe, était ouvert un gros livre, — lecture habituelle des deux femmes : — la Bible...

XXXIII

PAULINE ET LASCARS

— Vous le voyez, monsieur, — dit la jeune fille avec un triste sourire, — vous le voyez, la maison est pauvre... — que mon sauveur y soit pourtant bien venu! — Je suis orpheline, mais, du haut du ciel, mon père vous remercie et vous bénit.

En même temps elle releva son voile.

Lascars attendait avec une vive impatience le moment où les traits, si chaleureusement vantés par Sauvageon, lui apparaîtraient enfin.

En les voyant, une mortelle pâleur envahit son visage... — Ses pressentiments ne l'avaient point trompé; il se trouvait bien réellement en présence de Pauline Talbot dont il avait déjà, à plus d'une reprise, cru reconnaître la voix, et la vue de cette malheureuse enfant, portant un deuil qui était son ouvrage, évoquait dans sa mémoire tous les souvenirs sinistres de la nuit du 30 mai...

— Vous pâlissez, monsieur !... — s'écria Pauline

prise d'un soudain effroi — vous souffrez davantage...
je le vois, j'en suis sûre...

— Je souffre un peu, c'est vrai... — murmura Lascars, saisissant le prétexte qui s'offrait à lui pour expliquer son trouble manifeste.

— Vite... vite... ma bonne Audouin — poursuivit la jeune fille, — déchire de la toile et taille des bandes, — je vais préparer de l'eau salée...

Le pansement fut fait en trois minutes par Pauline d'une main légère et délicate; — une longue bande de toile fine, soigneusement cousue, s'enroula autour du poignet du gentilhomme.

Ce temps si court avait suffi à Lascars pour effacer les traces de son émotion, pour reprendre son calme et redevenir maître de lui-même.

— Vous trouvez-vous mieux maintenant, monsieur? lui demanda la jeune fille.

— Je me trouve complètement bien, mademoiselle... — répondit le baron; — toute souffrance a disparu, grâce à vous... — Mais c'est beaucoup trop vous occuper de moi — ajouta-t-il; — la frayeur qu'une agression infâme a dû vous causer pouvait avoir des suites bien autrement graves qu'une blessure insignifiante comme la mienne... Rassurez-moi sur votre compte, je vous en supplie...

— Ma frayeur a été grande, je l'avoue; — murmura Pauline; — il m'a semblé que j'allais mourir d'épouvante et de saisissement lorsque je me suis sentie livrée sans défense au misérable qui vient de payer de sa vie un crime inachevé... — Je suis un peu ébranlée, voilà tout... — Je me sens faible comme à la suite d'un accès de fièvre. — Mais ceci ne m'inquiète guère, et demain, après quelques heures de sommeil, je serai

15.

redevenue ce que j'étais ce soir avant cette terrible aventure... — Ainsi monsieur je vous dois la vie, car sans vous, certainement, je n'existerais plus à cette heure...

— Vous avoir sauvée, mademoiselle, sera la joie et l'orgueil de toute mon existence ! — s'écria Lascars avec feu.

— Mon sauveur veut-il me permettre de lui adresser une question ? — demanda timidement Pauline.

Pour toute réponse, le baron s'inclina.

— Je suis fille d'Ève... — continua l'orpheline avec un demi-sourire, — et, en cette qualité curieuse... — Par quel miracle du hasard, par quel prodige incompréhensible pour moi, se fait-il que vous soyez arrivé si providentiellement à mon secours ?

— Ce qui vous semble miraculeux est en réalité la chose la plus simple du monde, — répliqua le baron : — depuis quelques jours, mademoiselle, je suis presque votre voisin.

— Ah ! — fit la jeune fille avec une sorte de joyeux étonnement, — vous demeurez à Bougival ou à Port-Marly ?...

— Pas précisément, mais j'habite de l'autre côté de la Seine, presque en face de la machine, une vieille maison délabrée qui se nomme le Moulin-Noir... — De grandes déceptions, d'amers chagrins, la trahison de ceux que j'aimais, l'ingratitude de gens à qui je m'étais dévoué, m'ont chassé de Paris, et je suis venu enfermer au fond d'une retraite absolue mon cœur et mon âme froissés tous deux douloureusement...

« Dans cette solitude volontaire je n'ai qu'une seule distraction, qu'un plaisir unique, la promenade, et je choisis presque toujours, pour goûter ce plaisir, les heures sombres où la tristesse de la nature est d'accord avec ma propre tristesse.

— Comme moi... — balbutia Pauline d'une manière à peine distincte, — comme moi...

— Presque chaque soir, — continua le baron, — je monte dans ma barque et je me laisse entraîner à la dérive par le fleuve. — Aujourd'hui, au moment où je venais de passer devant votre maison, il m'a semblé entendre des plaintes, des gémissements, des appels, sur la route qui domine la rivière...

« Je ne pouvais hésiter un seul instant. — J'ai amarré mon bateau au premier buisson qui s'est rencontré sous ma main le long du bord, j'ai franchi rapidement la berge, et, grâce au ciel, il m'a été permis d'arriver assez tôt pour vous venir utilement en aide. — Vous savez le reste, mademoiselle, et vous voyez que rien n'est plus simple...

— Rien ne serait plus simple en effet, monsieur — répondit Pauline — si le courage intrépide et la générosité chevaleresque étaient les vertus de tout le monde, mais comme par malheur il n'en est rien, laissez-moi croire et laissez-moi dire que cette chose si simple dont vous parlez est une grande et belle action...

Lascars eut un sourire aux lèvres.

— La reconnaissance que vous croyez me devoir, mademoiselle — répliqua-t-il — joue en cette circonstance le rôle d'un verre grossissant. — Elle exagère singulièrement ce qui ne saurait être un mérite qu'à vos yeux. — Enfin, cette reconnaissance, je l'accepte comme si je la méritais, et j'use des droits qu'elle me donne en vous adressant une prière...

— Laquelle, monsieur ? — demanda vivement Pauline.

— Celle-ci : — Permettez-moi de venir de temps en temps prendre de vos nouvelles et, quoique vous ne me connaissiez que depuis un instant, daignez me faire l'honneur de me traiter en vieil ami...

Cette demande imprévue causa un trouble extrême à Pauline, dont le doux et beau visage un peu pâle devint soudainement pourpre.

Elle échangea avec madame Audouin, non moins troublée qu'elle, un regard où se lisait le plus immense embarras ; — elle hésita avant de répondre et, pendant quelques secondes, elle resta muette.

Lascars rompit ce silence significatif.

— Ai-je donc été trop ambitieux ? — dit-il, — et me réservez-vous le chagrin et l'humiliation de voir ma requête repoussée ?...

L'embarras de Pauline redoubla, — le feu de ses joues devint comparable aux teintes ardentes du cactus.

— Que puis-je vous répondre ? balbutia-t-elle ; — suis-je maîtresse d'écouter mes désirs ?... d'obéir à ma volonté ?... — Ne dois-je pas, même au prix d'un réel sacrifice, respecter cette loi suprême que le monde appelle *Convenance*... — Madame Audouin et moi, nous vivons dans un isolement complet... nous n'avons pas de protecteurs, pas d'amis... nous ne recevons personne... — Ne serait-on point en droit de s'étonner si nous faisions une exception à notre règle de conduite ?

— Eh ! mademoiselle, qui donc s'étonnerait ? — s'écria Lascars. — Ne vous faut-il pas un défenseur en raison même de votre isolement ?... N'en avez-vous pas eu ce soir la preuve irrécusable ; — d'ailleurs la maison d'une jeune fille peut et doit être ouverte à son frère...

Pauline poussa un soupir.

— Hélas ! — fit-elle ensuite — vous n'êtes pas mon frère...

— Je suis prêt à le devenir, — répliqua le baron, — si vous daignez m'accorder le titre de votre ami... — et jamais, je vous en donne ma parole de gentilhomme, jamais affection fraternelle ne se sera montrée plus pure et plus respectueuse que la mienne...

Pauline secoua doucement la tête.

— Vous refusez... — demanda Lascars d'une voix altérée.

— Il le faut, monsieur... — murmura la jeune fille, — et je vous jure que cela me coûte !... mais mon seul bien en ce monde est le nom sans tache que m'a laissé mon père... — Je dois à celui qui n'est plus, je me dois à moi-même, d'éviter toute démarche imprudente qui puisse faire naître des soupçons injustes... — Je vous en conjure, monsieur, dites-moi que vous me comprenez, dites-moi que vous m'approuvez, et que rien dans mes paroles ne vous blesse et ne vous offense...

— Vous êtes cruelle pour moi, mademoiselle ! — répondit Roland avec amertume, — et je mentirais en vous laissant croire que je reste insensible à la blessure que vous me faites ! — Mon nom, comme le vôtre, est sans tache... — le baron Roland de Lascars n'a pas une honte dans son passé, et votre honneur, je l'atteste, était en sûreté sous la garde du mien ! — Je courbe la tête cependant devant l'arrêt qui me frappe... — J'aurais dû le prévoir et ne point m'exposer à l'entendre de votre bouche ! — Hélas ! je le savais depuis longtemps, en ce monde la reconnaissance est toujours sur les lèvres et jamais dans le cœur ! — Au risque de ma vie j'ai sauvé la vôtre, et votre première action est de me bannir à jamais d'une existence que vous me devez... — Adieu, mademoiselle, — que Dieu vous protége, soyez heureuse, et si quelque nouveau péril venait plus tard à vous menacer, appelez hardiment à votre aide celui que vous chassez aujourd'hui... — appelez-le sans crainte et sans hésitation, — il viendra !...

Ayant ainsi parlé, Roland prit son chapeau qu'il avait posé sur la petite table de bois blanc en entrant dans la maisonnette.

Il s'inclina devant madame Audouin, témoin muet de l'entretien auquel nous venons d'assister ; — il salua respectueusement Pauline Talbot, et il se dirigea vers la porte.

Pendant la véhémente réplique du baron, la jeune fille avait été visiblement en proie à une agitation et à une émotion violentes ; — elle pâlissait et rougissait tour à tour, et ses grands yeux se remplissaient de larmes.

Enfin elle prit son parti soudainement.

— Monsieur le baron... — balbutia-t-elle.

— Mademoiselle ? — demanda Lascars en s'arrêtant.

— Pardonnez-moi mon ingratitude apparente... — poursuivit Pauline d'une voix à peine distincte ; — vous venez de me faire comprendre à quel point j'étais coupable envers vous... — J'accepte avec joie, avec bonheur, cette affection, ce dévouement que vous m'avez offerts... — Soyez mon protecteur, soyez mon ami, soyez mon frère, l'orpheline met son honneur sous la garde du vôtre... — elle ne vous dit plus . — Adieu... — elle vous dit : — Au revoir... — elle vous dit : — à demain...

— Ah ! — s'écria Roland avec une indicible expression d'enthousiasme, — maintenant, mademoiselle, vous me récompensez trop! — Ces paroles si touchantes et si nobles, je n'ai rien fait encore pour les mériter, mais si Dieu le permet je vous prouverai, ma sœur, que j'étais digne de les entendre...

Pauline, avec une adorable expression de confiance ingénue, tendit à Lascars sa main blanche, aux ongles roses, sur laquelle il n'appuya ses lèvres qu'à peine...

Puis, passé maître depuis longtemps dans le grand art des *sorties*, il n'ajouta pas un seul mot, — il salua de nouveau et sortit de la maisonnette.

— Ma bonne Audoin — demanda l'orpheline tout à coup, — que penses-tu de ce qui vient de se passer?...

— Je pense, — répliqua l'excellente femme, — que le visage de ce courageux gentilhomme exprime la franchise et la loyauté, et que nous n'aurons qu'à nous louer de la confiance qu'il nous inspire...

— Moi aussi, je le crois... — murmura Pauline; — oh! oui, je le crois... — Mais alors, pourquoi donc suis-je si triste sans raison? — Pourquoi donc mon cœur est-il oppressé comme si le pressentiment d'un malheur pesait sur moi? — Comprends-tu cela, ma bonne Audoin, et peux-tu me l'expliquer?...

Cette question était superflue. — La gouvernante ne comprenait point et se trouvait tout à fait incapable de donner à Pauline l'explication demandée.

— Je ne sais pas... — répondit-elle; — comment veux-tu que je puisse savoir ces choses-là?...

Pauline fondit subitement en larmes, — de longs sanglots soulevèrent sa poitrine. — Madame Audoin, très inquiète de cette crise inattendue, se rapprocha d'elle, la prit dans ses bras et s'écria :

— Chère enfant, qu'as-tu donc?

— C'est à mon tour de te répondre : — *Je ne sais pas...* — murmura la jeune fille en s'efforçant de sourire à travers ses pleurs.

— Ce sont les nerfs très certainement, — reprit alors la gouvernante ; — tu as éprouvé un grand effroi, et tu t'en ressens, — c'est tout naturel... — Il ne s'agit que de bien dormir cette nuit, et demain matin il n'y paraîtra plus...

XXXIV

OU SAUVAGEON REPARAIT

Lascars, — au moment où, après avoir quitté la petite maison du Bas-Prunet, il sautait dans sa barque et reprenait les avirons pour retourner au Moulin-Noir, — Lascars, disons-nous, était animé d'une joie sauvage.

— Décidément — se disait le gentilhomme en faisant glisser le bateau sur les eaux tranquilles, — le hasard devient mon complice!... Avec quelle infatigable complaisance il me rend cette jeune fille que je ne cherchais plus, cette jeune fille qui m'appartient maintenant, car je la trouve isolée, sans défiance, sans défense, et j'ai pour allié son propre cœur que va me livrer la reconnaissance?... — Pauline rêvera de moi cette nuit... — Demain elle commencera à m'aimer... — Avant la fin de la semaine, son amour sera devenu une passion, sa petite tête flambera, et j'aurai soin d'exciter la flamme!... Allons, je commence à croire que mon temps d'exil me semblera court, et qu'au lieu de trouver, comme hier encore, les heures trop longues, elles me paraîtront désormais trop rapides... — Sauvageon était décidément un bon serviteur que j'aurai peine à remplacer !... Pourquoi faut-il que le pauvre diable ait payé de sa vie son idée triomphante !...

Tout en monologuant de la sorte Lascars avait franchi la plus grande partie de la distance qui le séparait de son habitation délabrée. La sombre silhouette du moulin, plus noire que les ténèbres elles-mêmes, se dessinait à l'horizon...

On sait qu'un rameur, assis sur son banc de nage et maniant les avirons, tourne forcément le dos à l'endroit vers lequel il se dirige.

Ceci nous explique comment il put se faire que le baron ne leva point les yeux sur le bâtiment sinistre avant le moment où, parvenu au terme de sa course, il changeait de position et se retournait pour amarrer l'esquif à l'un des pilotis de l'estacade...

Mais alors, au lieu de s'occuper sans retard de cette besogne, il resta pendant quelques secondes muet, immobile, la bouche béante, les yeux largements ouverts, dans l'attitude enfin d'une statue de la Stupeur.

Cette stupeur s'explique le plus facilement du monde.

Lascars savait le logis désert, et cependant il voyait briller une lumière à travers l'une des fenêtres étroites qui trouaient le pignon pointu...

Qui donc s'était introduit dans le Moulin-Noir et, ne songeant point à s'y cacher, trahissait sa présence par des lueurs indiscrètes ?...

Il était malaisé de répondre pertinemment à une question de ce genre ; aussi Lascars passa successivement en revue une foule de suppositions qui ne semblaient, ni les unes ni les autres, conformes à la vraisemblance, et il finit par s'arrêter à celle-ci que des vagabonds, des gens sans aveu vivant de rapines, avaient envahi pour y passer la nuit, et peut-être pour y faire orgie, le Moulin-Noir qu'ils croyaient sans doute tout à fait abandonné.

Le baron prêta l'oreille.

Tout était silencieux... — Aucun bruit, pas même le plus léger murmure, ne s'échappait des vieilles murailles...

— Dans une minute, — se dit Lascars — je saurai à quoi m'en tenir !

Il attacha rapidement la barque ; il gravit les marches de l'escalier de pierre et, tirant son épée hors du fourreau pour être prêt à l'attaque ou à la défense en cas de mauvaise rencontre, il pénétra dans le moulin et il se dirigea à travers les ténèbres vers la pièce éclairée...

Cette pièce était celle qui précédait sa propre chambre. — Au moment d'en franchir le seuil, il lui sembla qu'un gémissement arrivait jusqu'à lui, et que ce gémissement n'avait rien d'humain...

Lascars ne sut point se défendre, d'un premier mouvement de terreur nerveuse.

Ceci fut d'ailleurs l'affaire d'une minute à peine. — Il eut honte de lui-même, il rougit et sourit de sa faiblesse, et, faisant appel à toute sa résolution, il poussa la porte de la chambre lumineuse...

Rien n'était moins rassurant que le spectacle qui s'offrait à lui ; rien n'était plus propre à le confirmer dans la pensée qu'un fantôme se présentait à ses regards...

Sauvageon avait été tué roide, d'un coup de fusil,

une heure auparavant, — Lascars croyait en avoir la certitude, — et néanmoins Sauvageon se trouvait là, ou plutôt son fantôme, pâle comme un mort, enveloppé dans une sorte de suaire taché de sang, étendu sur un matelas, et poussant des plaintes sourdes.

Le baron sentit un petit frisson glacé courir sur son épiderme, et il chercha dans sa mémoire les paroles avec lesquelles on fait disparaître les spectres... — Tel était le désordre momentané de son esprit, qu'il ne put trouver autre chose que la formule des exorcismes, et murmura, en étendant vers l'apparition sa main armée d'une épée :

— *Vade retro satanas!*...

Ces mots attirèrent l'attention du prétendu spectre. — Il fit un mouvement infructueux pour se soulever, et il s'écria, avec un juron retentissant :

— Oh! que je souffre!... — De par tous les diables de l'enfer, que je souffre!...

— Ah! ça, — demanda Lascars, — suis-je le jouet d'un rêve?... — Est-ce vous que je vois, Sauvageon?...

— Eh! oui, monsieur, c'est bien moi... ça n'est que trop moi, hélas!...

— Vivant!!!

— Très vivant, mais je n'en vaux guère mieux, car je souffre comme un damné... — Monsieur veut-il m'apprendre d'où vient la surprise qu'il me semble lire sur son visage?...

— Cette surprise est bien naturelle!... je vous croyais mort, mon pauvre garçon, et je vous regrettais sincèrement.

— Ah! monsieur, quelle reconnaissance je vous dois!... — mais qui donc a fait courir si vite le bruit que j'étais défunt?...

— Les trois garçons de ferme du Bas-Prunet.

— Voyez-vous, les gredins ! — cria Sauvageon en grinçant les dents et en serrant les poings ; — si je suis de ce monde à l'heure qu'il est, ce n'est pas leur faute ! — Quelle chasse enragée ils m'appuyaient ! Il me semble encore sentir les pointes de leurs fourches chatouiller mes reins, et quelles fourches, monsieur !... — Si je n'avais pris le parti de piquer une tête dans la Seine, j'étais embroché comme un lapin !... — mais c'est égal, foi de Sauvageon, ils me revaudront cela quelque jour.

— Ne pouvant vous arrêter, — reprit Lascars, — l'un d'eux a fait feu sur vous, n'est-ce pas ?

— Oui, monsieur, sans plus de façon qu'un chasseur sur une perdrix ou sur un lièvre...

— Vous a-t-il manqué ?..

Sauvageon fit un haut-le-corps.

— Ah ! que non pas ! — répliqua-t-il avec véhémence ; — il ne m'a point manqué, le brigand !...

— Où vous a-t-il atteint ?...

Sauvageon prit un air embarrassé et pudibond.

— Où peut-on atteindre un homme qui nage, quand ce n'est pas à la tête ?... — je le demande à monsieur... — murmura-t-il en baissant les yeux et en pinçant les lèvres...

— Comment, mon pauvre garçon, — s'écria Lascars, saisi malgré lui d'une violente envie de rire. — Vous avez eu cette mauvaise chance !...

— Hélas ! monsieur, — répliqua Sauvageon en soupirant, — il se passera bien du temps avant que je puisse m'asseoir...

— Ceci, — reprit le baron, — m'explique moins que jamais à quel propos ces brutes ont répandu le bruit de votre mort et prétendu que le coup de feu vous avait tué roide...

— Mais moi je me l'explique très bien. — Monsieur veut-il que je lui raconte de quelle façon l'événement est arrivé ?

— Oui sans doute, je le veux...

— Eh bien, voici la chose en deux mots... — Tout en me sauvant je n'avais vu que les fourches, je ne pensais pas au fusil, et après avoir plongé et fait un bon bout de chemin entre deux eaux, je venais de reparaître pour respirer et je nageais de toutes mes forces, quand j'entendis le bruit de la poudre... en même temps je sentis que le gredin avait visé juste!...
— Heureusement c'était du petit plomb... — Sans cela, bonsoir la compagnie! Pas plus de Sauvageon que sur ma main !... — Je compris tout de suite que la blessure n'était pas mortelle, mais j'éprouvai une douleur atroce et je me mis à gigoter en battant l'eau, ni plus ni moins qu'un homme qui se noie... — Pendant que je gigotais ainsi, une idée me traversa la cervelle... — Je me dis que le damné fusil qui venait de m'accommoder si mal pouvait être à deux coups, qu'une seconde décharge m'achèverait infailliblement, et que le seul moyen de courir une chance de l'éviter, était de faire le mort tout de suite... — En conséquence, je ne bougeai ni pied ni patte, je me roidis comme un trépassé, je me laissai couler à fond et je nageai très longtemps entre deux eaux avant de me hasarder à montrer seulement le bout de mon nez...

« Quand je reparus, j'étais assez loin pour que la lumière des falots n'arrivât plus jusqu'à moi... — Les ténèbres m'enveloppaient et me protégeaient, et je voyais sur la berge, à cent brasses de distance, mes trois gredins de paysans qui faisaient de grands gestes et qui semblaient tenir conseil...

» Je n'avais plus rien à craindre d'eux, mais je m'affaiblissais beaucoup... — chaque grain de plomb avait fait son trou, et mon sang coulait par une multitude de petites fontaines que l'eau rendait encore plus actives...

» Il n'était que temps de gagner l'autre rive! il ne fallait même pas perdre une minute, sous peine de me noyer pour tout de bon!... — Je mis donc le cap sur ce vieux saule vermoulu que monsieur connaît et auprès duquel on prend tant de perches à l'épervier... — Je nageai de mon mieux, j'atteignis le bord et, clopin-clopant, gémissant et jurant, je pris le chemin de la maison, où j'arrivai non sans beaucoup de peine, et où me voici, fort mal accommodé, plus criblé qu'une écumoire, et ne sachant dans quelle position me mettre pour y trouver un peu de repos...

» Telle est mon histoire, monsieur.. — Elle n'est pas gaie, mais elle n'est pas longue, et n'a d'ailleurs rien qui m'étonne, car depuis que je suis au monde j'ai toujours été le dindon de toutes les farces! Maintenant, monsieur veut-il me dire s'il a réussi et si, de son côté, il est plus satisfait que je n'ai lieu de l'être du mien?...

— Mes affaires vont à merveille, mon pauvre Sauvageon, — répondit Lascars; — je suis admis dans la maison de la petite fille, tout marche sur des roulettes, ainsi que vous l'aviez prévu, et votre idée était excellente...

XXXV

PREMIÈRE SOIRÉE

Pendant tout le reste de la nuit Sauvageon, en proie à des douleurs qui pour être grotesques n'en étaient pas moins cruelles, se tordit en gémissant sur le matelas qui lui servait de lit. — Une fièvre violente s'emparait de lui ; — les grains de plomb restés dans les chairs, quoiqu'ils n'eussent pénétré qu'à une très faible profondeur, menaçaient d'amener une inflammation générale. — Bref, la situation devenait grave, et se compliquait encore par l'impossibilité de recourir à l'aide d'un médecin, les blessures de Sauvageon étant de nature à le dénoncer à l'instant même comme l'auteur du guet-apens de la veille au soir.

Lascars se trouva donc dans l'absolue nécessité de venir de sa personne en aide à son valet ; — il possédait quelques notions très superficielles de chirurgie, comme tous les gentilshommes, exposés à des accidents de chasse, et il vint à bout sans trop de peine d'extirper, avec la pointe d'un stylet, les grains de plomb fourvoyés.

A la suite de cette petite opération Sauvageon éprouva un soulagement immédiat, avant-coureur d'une guérison prochaine, il s'assoupit sur le champ et dormit pendant vingt-quatre heures sans interruption.

Le soir venu, Lascars se garda bien d'interrompre ce sommeil réparateur ; il monta dans son bateau et traversa la Seine pour se rendre à la maisonnette du Bas-Prunet.

Aussitôt qu'il en eut franchi le seuil, il reconnut à des signes certains qu'il était attendu et que les deux femmes avaient fait des frais pour le recevoir, frais bien modestes, mais touchants par cela même.

En voyant entrer Lascars, Pauline rougit légèrement, mais elle ne manifesta aucun embarras; elle fit deux pas au-devant du gentilhomme et, lui tendant la main d'une façon adorablement familière, elle lui dit :

— Nous avons bien pensé à vous aujourd'hui, mon frère, et nous avons prié Dieu à votre intention avec tant de ferveur qu'il doit nous exaucer et vous rendre heureux...

Lascars, après s'être informé, d'un air de grande déférence, des nouvelles de madame Audoin dont il voulait se faire une alliée à l'insu de la bonne dame elle-même, et qui se sentit vivement touchée de ce témoignage d'intérêt, demanda à Pauline :

— N'allez-vous pas vous préparer, ma chère sœur, pour votre promenade de chaque soir ?...

La jeune fille secoua la tête avec un sourire triste et résigné.

— Oh ! c'est bien fini... — répondit-elle ; — maintenant nous ne nous promènerons plus...

— Eh quoi! — s'écria Lascars; — plus jamais?

— Jamais du moins hors de notre jardin qui n'est pas grand, mais dont nous saurons nous contenter...

— Et, me permettez-vous de vous demander la cause de cette résolution si soudaine?...

— Cette cause, la voici : — Déjà nous ne sortions point en plein jour, parce que nous aimons la solitude et que nous craignons plus que tout au monde d'attirer l'attention sur nous... — Ai-je besoin de vous apprendre pourquoi nous ne sortirons plus le soir? — La terrible aventure d'hier nous a trop cruellement prouvé quelle imprudence commettent deux femmes en affrontant sur une grande route les ténèbres et les mauvaises rencontres... — Pour ma part, je l'avoue franchement, rien que la pensée de faire cent pas au dehors, après la nuit tombée, me glace jusqu'à la moelle des os.

— Je comprendrais à merveille cette terreur et cette prudence, — répliqua Lascars, — si vous deviez sortir seule avec madame Audoin, et par conséquent vous exposer à quelque nouveau danger... — mais il n'en est point ainsi...

— Que voulez-vous dire? — demanda Pauline sans aucune arrière-pensée.

— Je veux dire que vous avez désormais vos ordres le bras dévoué d'un gentilhomme... un bras qui vous a défendue déjà, et qui saurait vous défendre encore...

— Le vôtre!... — s'écria la jeune fille en devenant pourpre.

— J'espère, ma chère sœur que vous ne me faites point l'injure d'en douter?... répondit Lascars, en donnant à sa voix des inflexions tout à la fois tendres et respectueuses...

En ce moment madame Audoin jugea convenable d'intervenir.

— Certes, monsieur le baron — dit-elle, — s'il est quelqu'un au monde qui ne puisse révoquer en doute votre courage et votre générosité, ce quelqu'un c'est nous !... Nous ne doutons pas davantage de votre courtoisie infatigable. Vous êtes Français, vous êtes gentilhomme, à ce double titre vous considérez comme un devoir de vous faire le chevalier de deux pauvres femmes isolées et sans protecteur... — Cela est beau, monsieur le baron... cela est noble... cela est digne du nom et du titre que vous portez, mais nous saurons unir la discrétion à la reconnaissance ; nous n'abuserons point d'une galanterie qui vous honore, et que nous apprécions, je vous le jure, autant qu'elle mérite de l'être...

Ayant ainsi parlé, madame Audoin fit la révérence et se rengorgea, très contente d'elle-même et enchantée du petit discours un peu prétentieux qu'elle venait de débiter avec un choix d'intonations qui ne pouvait manquer d'en doubler l'effet.

— Que le diable emporte la vieille folle et son éloquence !... — pensa Lascars fort contrarié de cette résistance à laquelle il ne s'attendait pas. — Est-ce qu'elle se figure, par hasard, que mes frais de galanterie, comme elle le dit, sont à son adresse ?... — Elle en est ma foi bien capable !...

Puis il reprit tout haut, d'un ton de franchise et d'enjouement :

— En vérité, chère madame Audoin, vous me faites un honneur que je suis loin de mériter, et vous m'attribuez des mérites qu'il faut absolument que je décline... — Au lieu et place de cette courtoisie chevaleresque qu'il vous semble voir en moi, je constate un égoïsme bien naturel, et ce qui, de votre part, vous semble discrétion, n'est au fond que cruauté pure...

Lascars fit une pause.

— Monsieur le baron — dit vivement la gouvernante, — de grâce, expliquez-vous !... Votre égoïsme prétendu et ma prétendue cruauté restent pour moi lettres closes...

— Chère madame, — continua Roland, — je n'ai ni les goûts, ni les habitudes d'un sauvage, vous le comprenez sans doute, et l'isolement auquel je me vois réduit me pèse au-delà du possible... — Pour peu qu'il me faille continuer cette existence de complète solitude, replié sur moi-même, loin de toute oreille intelligente et sympathique à qui je puisse confier mes pensées, je tomberai certainement malade de tristesse et d'ennui, et, n'ayant rien de mieux à faire, je mourrai !... Une lueur d'espérance a traversé mes ténèbres... J'ai pu croire un instant qu'après avoir eu l'immense bonheur de vous être utile, je trouverais auprès de vous une charmante et pure intimité, précieux remède à mes chagrins, et qu'en même temps ma présence ne vous semblerait point importune... Au nom du ciel, ne détruisez point ce beau rêve... — Ma vie est entre vos mains !... — Par pitié, ne me laissez pas mourir !... — Et vous, mademoiselle, — ajouta Lascars en s'adressant à Pauline, — vous, ma sœur, puisque vous avez daigné me permettre de vous donner ce nom si doux, intercédez pour moi... faites en sorte que je ne devienne pas victime d'une discrétion funeste qui me rendrait, bien injustement, le plus malheureux des hommes...

Ces dernières paroles empruntèrent une sorte d'éloquence du ton avec lequel elles furent prononcées et du geste suppliant qui les accompagnait.

Pauline, en les écoutant, changea plusieurs fois de visage, — elle rougit et pâlit successivement.

— Mon Dieu — balbutia-t-elle avec un extrême embarras, — ni ma bonne Audoin, ni moi, nous n'avions la pensée cruelle de vous rejeter dans l'isolement... nous craignions seulement d'abuser d'une bienveillance si généreusement offerte...

— Mais, — reprit la gouvernante, — puisque monsieur le baron insiste, nous ne faisons plus difficulté d'accepter, et nous sommes heureuses de nous placer sous la protection d'un aussi galant homme.

— Ainsi, mesdames, ma cause est gagnée ?... — demanda joyeusement Lascars.

— Elle n'avait jamais été perdue... — répondit Pauline d'une voix si basse que ses paroles furent presque indistinctes.

Lascars les entendit cependant, ou plutôt les devina.

— Merci, ma sœur, merci de toute mon âme !... — murmura-t-il avec une émotion de commande digne d'un grand comédien. Vous me rendez enfin justice, et j'en serai reconnaissant toute ma vie !

Puis changeant de ton, il ajouta :

— La soirée est magnifique... — l'air est tiède... — les étoiles brillent dans un ciel sans nuages... — tout invite à la promenade... — Voulez-vous accepter mon bras et venir respirer dehors ?...

— Je ne demanderais pas mieux, — répliqua Pauline — mais...

16.

— Comment, — s'écria le baron — comment, il y a encore un *mais ?*...

— Oh ! celui-là ne saurait vous blesser... fit la jeune fille avec un sourire — l'émotion et le saisissement d'hier m'ont anéantie... — Je me sens faible, toute brisée et peu capable de me mettre en marche...

— N'est-ce que cela ?... — Eh bien ! il existe un moyen bien simple de vous promener sans fatigue...

— Un moyen ? — répéta Pauline curieusement — lequel ?...

— Ma barque est amarrée presque en face de votre maison... — Prenez-y place avec madame Audouin et je vous servirai de pilote...

Les yeux de la jeune fille brillèrent.

— Eh bien ! — continua Lascars — ma proposition vous séduit-elle ?

— Une promenade en bateau... la nuit... ce serait charmant...

— Alors, n'hésitez pas...

— Qu'en penses-tu, ma bonne Audouin ?

— Monsieur le baron — demanda la gouvernante — n'y a-t-il point de danger ?...

— Aucun, je vous l'affirme...

— Cependant les accidents les plus funestes ne sont point rares sur les rivières... sans cesse on entend parler de barques chavirées et de gens qui se noient...

— Vous avez raison, madame, mais une grande partie de ces sinistres, pour ne pas dire tous — répliqua Lascars — sont occasionnés par l'incurie ou par la témérité des rameurs, et je crois que vous pouvez compter sur ma prudence...

— Je m'inquiète fort peu de moi-même, — reprit la bonne dame — mais je veux avoir la certitude que

Pauline ne peut courir aucun risque... — me répondez-vous d'elle ?

— Sur mon honneur de gentilhomme, oui madame...

— Dans ce cas, nous acceptons...

— Quel bonheur ! — murmura la jeune fille avec une joie enfantine — je vais mettre mon voile et nous partirons vite...

Un instant après, les deux femmes avaient pris place l'une à côté de l'autre à l'arrière du bateau, et Lascars, maniant les rames avec une précision et une vigueur incomparables, faisait voler la petite embarcation sur les eaux calmes de la Seine.

Pauline, silencieuse, se livrait à une rêverie dont la tristesse n'offrait aucun mélange d'amertume. — Elle pensait à son père qu'elle ne devait plus revoir ici-bas... Elle pensait à la noble figure de ce défenseur à peine entrevu au milieu des sanglantes horreurs de la nuit du 30 mai... — Elle pensait enfin à ce gentilhomme, non moins jeune, non moins beau, non moins courageux que l'inconnu, — à ce baron de Lascars par qui elle avait été sauvée la veille et qui semblait devoir se mêler à sa vie...

Tout en s'abandonnant, presque à son insu, aux souvenirs dont nous venons d'indiquer la nature, Pauline, protégée par l'obscurité, abaissait ses yeux vers Roland, assis en face d'elle, et qui de seconde en seconde, par des mouvement réguliers et cadencés, se penchait sur ses avirons pour imprimer à la barque une impulsion nouvelle...

Un rayonnement vague, une sorte de lueur phosphorescente se dégageaient des eaux. — La silhouette du baron détachait hardiment ses lignes élégantes sur ce fond faiblement lumineux, et Pauline prenait à la regarder ce plaisir immatériel qu'inspire la vue d'une statue parfaite, unissant la grâce à la force dans de justes proportions.

Roland s'apercevait à merveille de l'examen complètement irraisonné, sinon complètement involontaire, dont il était l'objet, mais il se gardait bien de rompre un silence mille fois plus favorable à ses projets que les paroles les plus éloquentes...

XXXVI

LES FRÈRES TALBOT

Ce silence ne pouvait, néanmoins, se prolonger indéfiniment ; — il devait suffire, non-seulement pour le rompre mais encore pour rendre son retour impossible, d'un mot prononcé au hasard par l'une des trois personnes qui se trouvaient en présence dans le bateau.

Cette personne ne pouvait être que madame Audouin.

Pauline se taisait parce qu'elle s'absorbait dans sa rêverie ; — Lascars, pour les motifs que nous connaissons, respectait ce mutisme de la jeune fille. — La gouvernante seule ne pensait à rien et n'avait de préoccupation d'aucun genre, aussi ce fut elle qui parla.

— Pauline, mon enfant, n'as-tu pas froid ? — demanda-t-elle tout à coup.

La jeune fille tressaillit.

— Que me veux-tu ? — murmura-t-elle, car elle avait entendu le bruit de la voix mais non point la question.

Madame Audouin répéta.

— Je n'ai pas froid... — répondit Pauline.

— J'ai eu soin d'apporter ta mante de laine, — poursuivit madame Audoin — je vais, si tu le désires, te la mettre sur les épaules...

— Non... — répliqua la jeune fille — je n'ai besoin de rien... — Je suis bien...

— Mademoiselle... ou plutôt ma sœur, — dit Lascars à son tour — la promenade vous semble-t-elle trop longue ? faites un signe et je virerai de bord aussitôt...

— Oh ! non... non... pas encore... — s'écria vivement Pauline. — A moins — ajouta-t-elle par réflexion ; à moins monsieur, que vous n'éprouviez quelque fatigue...

— Moi ! — fit Lascars en souriant — oh ! de grâce, ne vous inquiétez pas de moi... je suis infatigable...

— S'il en est ainsi, continuons... continuons ! — Je voudrais que cette promenade pût se prolonger pendant la nuit entière... Je voudrais me sentir emportée toujours par ce mouvement rapide, et si doux qu'on ne le sent pas.

— Il se fait tard, cependant... — hasarda la gouvernante.

— Tu te trompes, ma bonne Audouin — répondit Pauline — la soirée commence à peine...

— Je viens d'entendre sonner dix heures au clocher de Port-Marly...

— Eh ! bien, qu'importe ? — la nuit est longue...

— Mademoiselle Talbot a raison... — dit Roland à son tour — la nuit est longue, qu'importe l'heure ?...

Madame Audoin se tut, mais elle soupira.

Pauline, brûlant de satisfaire sa curiosité, et n'osant interroger Lascars d'une façon directe, employa toutes sortes de circonlocutions et de périphrases, et se lança dans d'interminables méandres, afin d'arriver, par des chemins couverts, au but de ses désirs.

Lascars avait trop d'expérience et trop de finesse pour ne pas deviner, dès les premiers mots, quel était ce but. — Il n'arrêta point la jeune fille, cependant, et comme les meilleures raisons du monde lui défendaient de la mettre au fait de la vérité, il se donna le temps de composer une histoire de pure fantaisie, d'un puissant intérêt et d'une suffisante vraisemblance...

Cette histoire étant mensongère depuis le commencement jusqu'à la fin, il nous paraît inutile de la reproduire. — Il nous suffira d'affirmer à nos lecteurs que Lascars, dans cette fiction, se faisait jouer un rôle magnifique, rempli de noblesse et de loyauté, et qu'il se posait en homme lâchement trahi, injustement persécuté, victime enfin de sa grandeur d'âme et de la générosité de son caractère.

Il est un point de ce récit sur lequel Lascars appuya d'une façon toute particulière, et avec une incontestable habileté, dans l'espérance assez bien fondée de produire sur Pauline une impression profonde. — Il parla longuement de l'immense soif d'affection qui le dévorait et que jamais il n'avait étanchée... — Il s'efforça de faire comprendre qu'une des causes principales de sa tristesse et de sa retraite était d'avoir cherché partout, sans le trouver nulle part, un cœur digne de comprendre et de partager les trésors de tendresse que renfermait le sien...

Ceci n'équivalait-il pas à dire à la jeune fille : — *Je ne demande qu'à vous aimer... — Aimez-moi...*

Ceci ne sous-entendait-il pas cette phrase: *Si vous*

êtes vraiment supérieure à toutes les créatures de votre sexe, vous me le prouverez en m'aimant...

Or, quelle est la femme — quelque modeste, quelque humble même qu'on se plaise à la supposer, — qui n'accueille avec joie l'idée d'une supériorité si complète et si manifeste?...

Lascars, d'ailleurs, avait souffert ; — il le disait du moins avec une éloquence entraînante ; — Pauline ne devait-elle pas trouver séduisant le rôle d'ange de consolation et d'amour... Ce rôle si cher aux âmes tendres?...

Lorsque le baron eut achevé son récit menteur, la jeune fille resta rêveuse pendant un instant, puis elle dit d'une voix émue :

— Le monde est donc ainsi!... Ennemi de tout ce qui est grand... injuste et cruel pour tout ce qui est noble et bon!... Ah! je suis contente de ne le point connaître, il me faudrait trop le mépriser, et vous devez le regretter bien peu...

— Le monde ne vaut ni votre mépris, ni mes regrets, chère enfant, — répondit Lascars ; — il n'existe plus pour moi ; — pour vous il n'existe pas encore...

— Et j'espère bien qu'il n'existera jamais... — s'écria Pauline.

— Vous avez raison, cent fois raison!... reprit Lascars, — le bonheur n'est pas là...

— Où donc est-il? — murmura la jeune fille machinalement, sans presque avoir conscience de la question qu'elle formulait.

— Il est dans la solitude à deux, — répliqua Roland d'une voix basse et passionnée, — dans la solitude avec l'amour... il est là et n'est point ailleurs...

A ces derniers mots succédèrent quelques minutes de silence.

— Tout va bien !... — se dit Lascars à lui-même en regardant à la dérobée l'orpheline qui, la tête penchée sur sa poitrine, abandonnait au fil de l'eau sa main distraite, — tout va bien, et je viens de jeter dans cette jeune tête des semences qui germeront...

Au bout d'un instant il reprit :

— Maintenant, chère sœur, c'est à vous de suivre l'exemple que je viens de vous donner... — Je vous ai dit ma vie... — mon passé tout entier s'est déroulé sous vos yeux... — Je n'ai plus de secrets pour vous et vous me connaissez aussi bien que je me connais moi-même... votre tour est venu... — J'attends...

— Eh! mon Dieu, — balbutia Pauline, — qu'attendez-vous?... qu'ai-je à vous apprendre?...

— Vous avez à m'apprendre tout ce qui vous concerne... — Je veux ma part de vos joies et de vos douleurs... — Parlez-moi de votre famille, de votre enfance... de vous enfin, de vous surtout et de ce qui se rapporte à vous.... — Ne comprenez-vous pas l'immense intérêt qu'auront pour moi les moindres détails?...

— Je le veux bien, puisque vous le souhaitez... — répondit la jeune fille; — mais j'existe à peine, et vous parler de moi, c'est vous parler à peu près exclusivement de mon père, le meilleur des homme, puisque je n'ai vécu qu'en lui et que pour lui jusqu'au jour où le plus terrible de tous les malheurs est venu nous séparer à jamais...

Lascars, malgré le profond endurcissement de son âme, pâlit en écoutant Pauline.

La famille de Pauline n'était pas noble, mais elle

17

appartenait à la bonne bourgeoisie de la ville de Tours.

Georges Talbot, le père de notre héroïne, et l'aîné de deux garçons, était de cinq ans plus âgé que Philippe, son frère.

Les deux jeunes gens se trouvèrent orphelins et maîtres d'une assez belle aisance au moment où Georges atteignait sa vingt-cinquième année et Philippe sa vingtième ; — ambitieux l'un et l'autre et dédaignant l'honorable médiocrité dans laquelle ils pouvaient vivre en province, ils quittèrent la Touraine, vinrent à Paris avec la volonté ferme d'y faire une brillante fortune et, grâce aux capitaux qu'ils avaient réalisés, se lancèrent dans de grandioses entreprises, dans de vastes *spéculations*. — (Le mot n'était pas encore créé, mais la chose existait déjà.)

Tout réussit pour eux au-delà même de leurs espérances. — En peu d'années ils devinrent très-riches et donnèrent au monde ce rare et charmant exemple de deux fortunes et de deux cœurs indissolublement unis, car entre Georges et Philippe la richesse restait commune et leurs capitaux ne s'étaient pas divisés en se centuplant.

Selon toute vraisemblance, cet état de choses pouvait et devait se continuer indéfiniment ; aucun nuage n'apparaissait dans le ciel pur de ces frères incomparables, et l'avenir semblait radieux comme l'était déjà le passé.

— L'union fait la force, — se disaient parfois Georges et Philippe.

— La force et le bonheur... — ajoutaient-ils en se serrant la main ; — notre affection est indissoluble... — rien ne nous désunira jamais !!!

Hélas ! — ils avaient compté sans l'amour !...

Dans la maison de l'un des principaux financiers de Paris ils rencontrèrent un jour une jeune fille bien née, merveilleusement belle, mais sans fortune. — Ils en devinrent épris l'un et l'autre, à première vue, et tous deux pâlirent lorsque, le soir, ils se firent la confidence de leur mutuelle passion.

— Nous aimons la même femme, — dit Georges à Philippe après un instant de silence — c'est un malheur... un grand malheur, mais du moins faisons en sorte que notre affection fraternelle sorte intacte de cette cruelle épreuve... — L'un de nous se sent-il le courage de faire à son frère le sacrifice de son amour?...

Philippe secoua la tête.

— Ce courage, je ne l'ai pas, répliqua-t-il, et je ne te demande point un pareil sacrifice...

— Alors, — reprit Georges profondément triste, — agissons du moins avec franchise et loyauté... — Que chacun de nous cherche à se faire aimer, et que mademoiselle de Varins prononce... — Si nous ne réussissons ni l'un ni l'autre, nous nous consolerons ensemble... — Si l'un de nous au contraire est agréé, jurons dès aujourd'hui que le vaincu conservera toute sa tendresse au vainqueur...

— Peux-tu jurer cela, toi, Georges? — demanda Philippe d'une voix sombre.

— Oui, mon frère et, j'en ai la certitude, la force ne me manquera pas pour tenir mon serment...

— Tu vaux donc mieux que moi, car je doute, et, dans le doute, je m'abstiens d'un serment que peut-être je trahirais...

— Eh ! quoi, — s'écria Georges douloureusement, — tu cesserais d'être mon ami, toi, mon frère !...

— On cesse d'être frères quand on devient rivaux !... — murmura Philippe, — un rival est un ennemi ! ! !

Georges soupira sans répondre.

Trois mois après l'échange de ces paroles de funeste augure, mademoiselle de Varins avouait à Georges qu'elle était touchée de son amour et qu'elle consentait à devenir sa femme.

L'immense joie que ressentit l'aîné des deux frères en écoutant cet aveu, fut mêlée d'une grande amertume.

— Mon Dieu, — se dit-il à lui-même, — ne vais-je pas payer bien cher mon bonheur !...

Il alla trouver Philippe.

— Mon frère, — balbutia-t-il avec le trouble et la rougeur d'un coupable qui s'accuse, — je te supplie de me pardonner... je te supplie de m'aimer encore...

Philippe devint livide. — Il retira brusquement ses mains que Georges s'efforçait de garder dans les siennes, et il dit :

— Ainsi, mademoiselle de Varins a prononcé ?
— Oui...
— Et c'est vous qu'elle choisit ?...
— C'est moi...

Un éclair de rage froide et de haine implacable s'alluma dans les yeux baissés de Philippe. — Tout un passé de tendresse sans bornes venait de s'anéantir en une seconde, comme ces palais splendides qu'un coup de foudre réduit en poussière.

Georges voulut parler. — Philippe ne lui en laissa pas le temps.

— L'amour d'une femme est plus précieux que le cœur d'un frère... — reprit-il d'une voix décomposée. — Vous avez le beau lot !... — Evitez donc de m'insulter par les vaines formules d'une compassion hypocrite... — Je ne veux point de votre pitié ; — il n'y a désormais rien de commun entre nous, pas même le nom, car j'en vais changer pour oublier que j'avais un frère et que ce frère m'a volé mon bien... — Reprenez votre fortune et souvenez-vous que je ne vous connais plus.

— Philippe — s'écria Georges désespéré et fondant en larmes, — Philippe, tu as un mauvais cœur !... — puisse Dieu t'éclairer et te rendre ton âme d'autrefois... — je le lui demande à genoux ?...

— Et moi, — répliqua Philippe en s'éloignant de son frère et en quittant brusquement la chambre, — je lui demande de m'envoyer la vengeance !...

Dès le lendemain les hommes d'affaires étaient à l'œuvre et s'occupaient du partage de ces deux fortunes, commencées ensemble, grandies ensemble, et qui auraient dû ne se séparer jamais... — Ce partage, promptement achevé, laissa chacun des frères Talbot possesseur d'un capital de deux millions.

Presqu'aussitôt après, le mariage de Georges et de mademoiselle de Varins fut célébré sans pompe ; nous pourrions dire, sans joie, quoiqu'un profond amour unît déjà les fiancés qui devenaient époux.

XXXVII

LA RUINE

Plusieurs années s'écoulèrent. Georges Talbot passait, aux yeux de tous ceux de qui il était connu, pour le plus heureux des hommes.

Aucun bonheur, en effet, ne semblait lui manquer. Sa femme, aussi belle qu'une jeune reine, était en même temps douce et bonne comme un ange ; — sa fortune s'augmentait de jour en jour; — le succès couronnait toutes ses entreprises; — il entourait d'un luxe princier son idole adorée et rien ne pouvait surpasser les splendeurs de son hôtel de la rue Coquillière et les magnificences de la délicieuse habitation qu'il avait fait bâtir dans l'un des plus beaux sites de la vallée de la Bièvre.

Au milieu du ciel éclatant de cette prospérité si complète et si pure, il y avait cependant deux nuages ; — Georges les cachait de son mieux à Marguerite — (c'était le nom de madame Talbot); — mais, lorsqu'il était seul, souvent son front penché se plissait, et son beau regard, ferme et franc, devenait sombre et soucieux.

Le premier de ces chagrins ne saurait être un mystère pour nos lecteurs ; — ils devinent sans peine que Georges ne se consolait pas d'avoir perdu sans retour l'affection d'un frère qu'il ne pouvait ni oublier, ni cesser d'aimer.

Le second motif de tristesse était d'une tout autre nature. — Talbot adorait les enfants, — il rêvait de devenir père, et le temps passait sans que rien lui fît espérer, pour un avenir plus ou moins prochain, la réalisation de ce rêve.

Enfin, un jour arriva où Georges faillit devenir fou de joie. — La blonde Marguerite — (elle était blonde comme Pauline devait l'être à son tour) — venait de lui annoncer en rougissant que le ciel avait exaucé ses vœux.

Pauline vint au monde.

Jamais enfant ne fut accueillie avec de plus vifs transports d'allégresse, et ne parut promise à de plus beaux destins. — Georges Talbot, dans son délire, oublia presque son frère et se dit qu'il n'avait plus rien à envier ici-bas.

C'est au moment où il croyait avoir atteint les sommets du bonheur, que le malheur allait entrer dans sa maison et frapper sur lui sans relâche.

La jeune mère, belle et vivace comme à dix-huit ans, fut atteinte d'un mal subit devant lequel la science des plus habiles médecins dut faire l'aveu de son impuissance.

Georges Talbot offrit sa fortune à qui sauverait Marguerite.

Les médecins secouèrent la tête, et répondirent :

— Dieu seul, s'il le veut, peut faire un miracle.

Dieu ne le voulut pas. — Marguerite mourut.

Georges, foudroyé par une de ces désespoirs qui blanchissent en une seule nuit les cheveux d'un homme, voulait suivre dans la tombe sa compagne bien-aimée, et sans aucun doute il se serait laissé mourir si le berceau de Pauline, placé sous ses yeux, n'était venu lui rappeler à temps que son enfant avait besoin de lui et qu'il fallait vivre pour elle...

Il fit un appel à tout son courage et il murmura :

— Je vivrai...

L'enfance de la petite fille se passa. — Pauline grandissait en grâce et en beauté et, lorsqu'elle atteignit sa quatorzième année, elle ressemblait si bien à sa mère que Georges la prenait parfois dans ses bras, et, après l'avoir contemplée longuement avec des yeux humides, l'embrassait en fondant en pleurs.

Le moment d'un nouvelle catastrophe approchait.

Entièrement absorbé dans son enfant qui pour lui était tout au monde, M. Talbot s'occupait beaucoup moins que par le passé de ses intérêts d'argent; il accordait une confiance aveugle à des gens placés par lui depuis longtemps à la tête de ses affaires, et de la loyauté desquels il croyait pouvoir répondre comme de la sienne.

Un coup de foudre inattendu dissipa cet aveuglement.

Georges apprit avec une stupeur épouvantée que ses fondés de pouvoir venaient de prendre la fuite, emportant des sommes énormes, et laissant derrière eux des engagements considérables, obligatoires pour lui puisqu'ils étaient signés en vertu de sa procuration ;

— à tout prix, donc, il fallait faire face à ces engagements, sous peine de faillite et de déshonneur.

Georges, en face de cette découverte effroyable, eut la force et l'héroïsme de résister à la folie qui se glissait dans son cerveau. Il passa trois jours et trois nuits à compulser jusqu'en leurs moindres détails les livres de sa maison et à se rendre un compte exact de sa situation.

Cette situation était effrayante, mais elle n'était pas absolument désespérée cependant.

La vente de l'hôtel et de la maison de campagne, faites dans de bonnes conditions, devaient suffire pour combler le déficit. — De nombreuses et importantes rentrées, qui s'échelonnaient à des dates plus ou moins proches, permettraient à Georges de reprendre les affaires. — Son crédit, sa bonne réputation, son habileté feraient le reste, et il reconstruirait pour sa fille l'édifice de sa fortune.

Seulement, tout cela devenait impossible si monsieur Talbot ne parvenait point à se procurer à l'instant, c'est-à-dire du jour au lendemain, une somme de cinq cent mille livres, indispensable pour faire face aux premiers engagements souscrits par ses agents infidèles.

Qu'un seul de ces engagements restât impayé, et le crédit s'évanouissait, — l'avenir était perdu sans ressources, — le dernier espoir s'envolait en fumée.

Georges Talbot ne perdit pas une heure. Il fit des démarches immédiates auprès des banquiers et des fermiers généraux qui le connaissaient... — Le bruit de l'abus de confiance dont il venait d'être victime s'était déjà répandu partout, — les mille voix de la Renommée avaient encore grossi le mal. On disait Talbot ruiné complétement. On voulait voir, avant de se mettre à découvert avec lui, s'il était en mesure de se relever.

— On lui prodigua les consolations et les encouragements, mais les caisses restèrent fermées.

— Allons... — pensa Georges en courbant la tête, quand il eut frappé vraiment à toutes les portes, — allons, je suis perdu!

Mais, presqu'aussitôt, il ajouta :

— Pas encore, puisque j'ai un frère et que mon frère est riche...

Alors il imposa silence à son orgueil en pleine révolte et, la tête en feu, le cœur bouleversé, le sang brûlé par une fièvre ardente, il se rendit à l'hôtel de Philippe.

Un vieux valet de chambre, qui avait été à son service avant le jour fatal de la désunion des deux frères, le reconnut malgré sa pâleur, malgré ses cheveux blanchis, malgré les rides empreintes sur son visage; lui baisa les mains en pleurant et l'introduisit sans demander à son maître s'il consentait à le recevoir.

Philippe, en voyant Georges paraître tout à coup devant lui, se leva brusquement, et ses sourcils se rapprochèrent par une contraction terrible.

— Qui êtes-vous? — demanda-t-il d'une voix sourde.

— Ne me reconnais-tu point? balbutia Georges, je suis ton frère.

— Je n'ai pas de frère! répliqua Philippe; — sortez de ma maison, vous qui prenez un titre menteur!

Georges ploya les genoux et joignit les mains.

— Au nom du Dieu de paix, — murmura-t-il, — au nom de notre sainte mère qui est au ciel, ne sois pas sans pitié... — je n'ai jamais rien fait contre toi... — Je t'ai toujours tendrement aimé... ne me chasse pas, mon frère... ne sois pas sans pitié... écoute-moi.

Les yeux de Philippe étincelèrent et une étrange hésitation se montra sur son visage.

— Que voulez-vous de moi? dit-il.

— Je veux plus que ma vie... je veux le salut et l'avenir de mon enfant... de ma chère Pauline adorée... — répliqua Georges.

Et, croyant trouver une sorte d'encouragement dans le silence de Philippe, il expliqua d'une façon nette et rapide, avec des termes d'une éloquence entraînante, la situation qui lui était faite et le secours qu'il venait chercher.

— Nous sommes perdus, tu le vois bien, si tu ne nous tends pas une main secourable... — s'écria-t-il en achevant, — sauve-nous donc, frère!... sauve-nous!

— Est-ce tout? demanda Philippe d'un ton qui glaça l'espoir naissant au plus profond du cœur de Georges.

— C'est tout... — balbutia ce dernier.

— Je vous ai laissé parler autant que vous avez voulu... — reprit Philippe avec un geste de haine inflexible. — Je vous répète maintenant que je n'ai pas de frère!...

— Philippe, seras-tu donc jusqu'au bout sans pitié?

— Sortez!... Je ne vous connais pas!...

Georges, nous l'avons dit, s'était agenouillé à demi; — il se releva, et d'une marche lente, qui ressemblait à celle des somnambules pendant le sommeil magnétique, il se dirigea vers la porte.

Au moment de l'atteindre il se retourna et il dit:

— Je prie Dieu de ne te point maudire, mon frère; mais crois-moi, ta cruauté te portera malheur!

— J'ai demandé à Dieu la vengeance?... murmura Philippe pour toute réponse, la vengeance est venue d'un pied boiteux, mais elle est venue à la fin.

Et la porte se referma derrière Georges.

Le malheureux père n'avait plus, désormais, qu'un parti à prendre... — Il le comprit, il abandonna tout espoir trompeur et il se résigna avec une courageuse fermeté.

— Pour unique héritage, pensa-t-il, Pauline aura mon nom sans tache, mais du moins cet héritage ne lui fera pas défaut...

Quelques heures plus tard Georges Talbot se trouvait nanti des cinq cent mille livres qu'à tout prix il lui fallait obtenir, seulement il avait aliéné, pour une somme bien inférieure à leur valeur réelle, son hôtel de Paris et sa maison des champs.

A l'aide de ce sacrifice immédiat, il fit face aux premières nécessités, puis il liquida sa situation, réalisa ses ressources, escompta ses rentrées futures, paya tout, et se trouva ruiné complètement, mais aussi honorable dans son infortune qu'il l'avait été dans sa prospérité.

Les seules épaves qu'il lui fut possible d'arracher à cet immense naufrage furent un petit capital représentant un revenu annuel de douze cents livres à peine, et quelques meubles.

Douze cents livres de rentes pour l'homme qui avait possédé des millions, c'était évidemment la misère la plus profonde !

Georges Talbot aurait accepté personnellement cette misère, sinon sans douleur, du moins sans murmure, mais il ne pouvait s'habituer à la pensée que sa fille, élevée au milieu de toutes les jouissances du luxe, allait connaître la pauvreté, et qu'elle aurait à en souffrir toute sa vie.

Il sut prendre assez sur lui, cependant, pour cacher

à Pauline ses poignantes douleurs, et son visage ne cessa jamais d'exprimer un calme, une résignation, une quiétude, hélas!... bien loin de son âme...

C'est alors qu'il loua le pavillon de la rue de Vendôme, dans lequel il s'installa avec sa fille et avec la bonne madame Audouin qui n'avait point voulu se séparer de Pauline, et qui, propriétaire d'une petite rente provenant de ses longues économies, appliquait cette rente, sans en rien dire à personne, aux besoins de l'humble intérieur...

Nous savons le reste ; — nous le savons beaucoup mieux que Pauline, et aussi bien que Lascars lui-même ; — nous n'avons, par conséquent, rien à ajouter.

FIN DU PREMIER VOLUME

I.	— La soirée du 29 mai 1770.	1
II.	— Entrevue nocturne.	9
III.	— Le cabaret du bord de l'eau.	16
IV.	— Cydalise.	25
V.	— Le jeu.	33
VI.	— L'outrage.	40
VII.	— Roland de Lascars.	50
VIII.	— Lorrain.	57
IX.	— Pauline Talbot.	65
X.	— Le désir de Pauline.	73
XI.	— Le prologue du drame.	81
XII.	— Le drame.	89
XIII.	— Roland, Bergamotte et Tancrède.	97
XIV.	— Le père et la fille.	108
XV.	— Le convalescent.	121
XVI.	— Un projet de Lascars.	129
XVII.	— Entente cordiale.	138
XVIII.	— Le rendez-vous.	145
XIX.	— Un drame sur la rivière.	153
XX.	— Un drame sur la rivière (suite).	161
XXI.	— Le départ.	168
XXII.	— A Bougival.	176
XXIII.	— Le moulin noir.	183
XXIV.	— Les lapins à l'œuvre.	191
XXV.	— Sauvageon.	199

XXVI.	— Rencontre prévue． ． ． ． ． ． ． ． ． ． ． ．	207
XXVII.	— Le chemin de la fortune． ． ． ． ． ． ． ． ．	214
XXVIII.	— Où Sauvageon veut se rendre utile ． ． ． ．	221
XXIX.	— Où Sauvageon veut se rendre utile (*suite*) ． ．	229
XXX.	— Pauline． ． ． ． ． ． ． ． ． ． ． ． ． ． ． ． ．	236
XXXI.	— Rouerie． ． ． ． ． ． ． ． ． ． ． ． ． ． ． ． ．	244
XXXII.	— Les suites d'une rouerie． ． ． ． ． ． ． ． ．	253
XXXIII.	— Pauline et Lascars． ． ． ． ． ． ． ．	
XXXIV.	— Où Sauvageon reparaît	
XXXV.	— Première	
XXXVI		
XXXVII.		

ÉMILE COLIN — Imp. de Lagny

www.ingramcontent.com/pod-product-compliance
Lightning Source LLC
Chambersburg PA
CBHW071526160426
43196CB00010B/1677